Brigitte Kaff (Hrsg.)

Junge Union 1945–1950

Jugendpolitik
in der sowjetisch besetzten Zone

Herausgegeben im Auftrag
der Konrad-Adenauer-Stiftung e.V.

FREIBURG · BASEL · WIEN

© Verlag Herder Freiburg im Breisgau 2003
www.herder.de

Gedruckt auf umweltfreundlichem,
chlorfrei gebleichtem Papier

Originalausgabe

Alle Rechte vorbehalten – Printed in Germany
Umschlagfotos: © Konrad-Adenauer-Stiftung (vorne),
Ullstein-Bildarchiv (hinten)
Satz: Barbara Herrmann, Freiburg
Druck und Bindung: fgb · freiburger graphische betriebe 2003
www.fgb.de
Umschlaggestaltung: Media Consulta, Köln
ISBN 3-451-20442-8

Brigitte Kaff (Hrsg.)

Junge Union 1945–1950

Inhalt

Vorwort 7

Die Anfänge der Jugendarbeit in der SBZ 9
Ulrich Mählert

Die Junge Union in der sowjetisch besetzten Zone
1945–1948
Anfänge – Organisation – Verbot 26
Ralf Thomas Baus

Enttäuschte Hoffnungen auf einen demokratischen
Neuanfang
Die „Junge Union" Sachsens 1945–1949 89
Mike Schmeitzner

Verfolgung und Widerstand von Studenten (RCDS/JU)
Die CDU-Hochschulgruppen in der SBZ/DDR 149
Johannes Weberling

Der Fall Liberal Organisation (LO)
Eine Widerstandsgruppe in Frankfurt/Oder 208
Jochen Stern

Katholische Jugend und FDJ in der SBZ und frühen
DDR 223
Wolfgang Tischner

Evangelische Jugend in der SBZ 245
Georg Wilhelm

Inhalt

Die Jugendpolitik der DDR 1950–1989 266
Peter Skyba

Jugendreferenten in den Landesverbänden der SBZ ... 287

Autorenverzeichnis 292

Abkürzungen 294

Abbildungen 295

Personenregister 302

Vorwort

Seit 1991 führt die Konrad-Adenauer-Stiftung jährlich eine Tagung zum Thema „politische Verfolgung" durch, die in Erinnerung an die beiden Diktaturen in Deutschland „Buchenwald-Gespräche" genannt wurden. Die Referate des 12. „Buchenwald-Gesprächs", das vom 25. bis 27. September 2002 in Berlin stattfand, sind in diesem Band vereint.

Thema war die junge Generation in der Nachkriegszeit, die von der sowjetischen Besatzungsmacht besonders umworben, aber auch überwacht wurde. Die Erziehung der Jugend im kommunistischen Sinn sollte mit Hilfe der FDJ durchgesetzt werden, die zugleich den Dachverband aller Jugendorganisationen bildete und schließlich als Kaderschmiede der SED instrumentalisiert wurde. Die Anfänge der Jugendarbeit in der SBZ beschreibt Ulrich Mählert. Peter Skyba stellt die offenen und die unterdrückten Krisen der FDJ in den folgenden Jahrzehnten dar: Einerseits wirkte die ständige Indoktrinierung durch die SED abschreckend auf die Jugend, die sich seit den 60er Jahren zunehmend am westlichen Lebensstil orientierte, andererseits führte eine partielle Liberalisierung der FDJ zu weitergehenden Forderungen nach individueller und gesellschaftlicher Freiheit.

1945/46 wurden auch Jugendverbände der „bürgerlichen" Parteien und kirchliche Jugendgruppen zugelassen. Georg Wilhelm und Wolfgang Tischner analysieren die erfolgreiche Doppelstrategie der evangelischen und katholischen Jugend, die sich am Zentralausschuß der FDJ beteiligten und gleichzeitig eigene Strukturen aufbauten, um das kommunistische Konzept einer Einheitsjugendorganisation zu unterlaufen.

Die Anfänge der Jungen Union auf Zonenebene, ihre Aufgaben, die Organisation sowie die Auseinandersetzungen mit FDJ und SMAD untersucht Ralf Thomas Baus. Am Beispiel Sachsens berichtet Mike Schmeitzner ausführlich über die Aktivitäten der Jungen Union. Johannes Weberling beschreibt Widerstand und Verfolgung der CDU-Hochschulgruppen an den Universitäten in Berlin, Jena, Halle, Leipzig, Greifswald und Rostock. Aus der Sicht eines Beteiligen schildert Jochen Stern den Widerstand Jugendlicher in Frankfurt/Oder.

Viele der damals politisch aktiven Jugendlichen wurden verfolgt, verhaftet und verbüßten für ihr kurzes politisches Engagement viele Jahre ihres Lebens in sowjetischen Lagern oder in Zuchthäusern der DDR. Bereits 1948 wurde die Junge Union in der SBZ verboten und in den „Jugendausschuß" der bereits weitgehend gleichgeschalteten Ost-CDU umgewandelt.

Mein herzlicher Dank gilt allen Autoren für die rasche Ablieferung ihrer Beiträge und die gute Zusammenarbeit. Für die redaktionelle Bearbeitung danke ich Denise Lindsay M.A. und Christopher Beckmann M.A.

Die Anregung zu diesem Thema ging von Staatsminister a. D. Heinz Schwarz aus, dem es – als Bundessekretär der Jungen Union von 1955 bis 1961 – ein besonderes Anliegen war, die „vergessene" CDU-Jugend in der SBZ wieder in Erinnerung zu bringen. Wir danken ihm für die Mittel, die er uns aus dem Verkauf der Bildungsstätte „Haus Steineck" zur Finanzierung der Tagung und dieser Publikation zur Verfügung gestellt hat.

Juni 2003   *Brigitte Kaff*

Die Anfänge der Jugendarbeit in der SBZ

Ulrich Mählert

„Die Zerschlagung des nazistischen Regimes hat dem bisherigen Denken der deutschen Jugend die Grundlage entzogen. Ideale, die sie noch bis vor kurzem mit allen Fasern ihres Lebens verteidigt hat, gerieten erheblich ins Wanken; und nicht wenige stellen die Frage: was nun? [...] Am aufgeschlossensten den neuen Aufgaben gegenüber sind die Jungen und Mädchen bis zum 18ten Lebensjahr. Die Älteren stehen den neuen Aufgaben verschlossener gegenüber."[1] So faßte ein im Oktober 1945 ausgearbeiteter Bericht des Leiters der Abteilung Jugend des ZK der KPD, Erich Honecker, die Stimmung innerhalb der Jugend zusammen. Zwar sei die NSDAP in den Augen der Jugendlichen weitgehend diskreditiert, dazu habe vor allem „das Nichteintreffen ihrer großspurigen Prophezeiungen, das offensichtlich durch die Nazipartei herbeigeführte Elend und die Feigheit ihrer Führer"[2] beigetragen, doch mache die „große Enttäuschung, die in der deutschen Jugend Platz gegriffen hat" diese zugleich auch „mißtrauisch gegenüber den neuen Problemen, die jetzt an sie herangetragen werden. Hinter allem wittern sie die Möglichkeit, daß sie von neuem ‚hinters Licht geführt' werden sollen. Nicht selten hört man den Ausruf: ‚Laß mich doch mit Politik in Ruh! Ich habe von der letzten noch die Nase voll. Gebt uns doch zu essen. Gebt uns Kleidung, davon haben wir wenigstens etwas.'"[3]

Und doch fanden sich unmittelbar nach Kriegsende Jugendliche – nicht selten jedoch auch „Junggebliebene" –, die vor Ort, in den Städten und Gemeinden, in eigener Initiative Jugendgruppen ins Leben riefen. Auch warben die neu bzw. wieder gegründeten Parteien, die Kommunistische Partei (KPD), die Sozialdemokraten (SPD), die Christlich-Demokratische Union (CDU) und die Liberal-Demokratische Partei (LDP), deren Gründung die Sowjetische Besatzungsmacht (SMAD) bereits fünf Wochen nach Kriegsende in ihrer Zone gestattet hatte, um die junge Generation. Sie boten ihr neue Sinnangebote sowie die Möglichkeit, durch das Engagement für einen demokratischen Neuanfang die individuelle Abkehr vom Nationalsozialismus zu dokumentieren.

Ein vielfältiges Vereinswesen entsprach jedoch nicht den Vorstellungen der sowjetischen Besatzungsmacht. Am 31. Juli 1945 befahl sie die Einrichtung von „antifaschistischen Jugendkomitees bei den Bürgermeistereien der großen und mittleren Städte" und verbot gleichzeitig „alle anderen Jugendorganisationen: gewerkschaftliche und Sportvereine, sozialistische und ähnliche gemeinschaftliche Organisationen außer den oben erwähnten antifaschistischen Jugendkomitees."[4] Schon einige Wochen zuvor hatte die KPD, die nicht nur ihre Jugendpolitik in ihren Grundzügen bereits im sowjetischen Exil in Übereinstimmung mit Moskau formuliert hatte, ihren Verzicht auf eine eigene Parteijugendorganisation erklärt und mittelfristig die Schaffung einer „einheitlichen, freien Jugendbewegung" gefordert.[5]

Angesichts einer in ihrer Mehrheit nationalsozialistisch erzogenen Jugend und der vielfach geteilten Überzeugung, daß die Zersplitterung der Hitlergegner vor 1933 den Aufstieg der Diktatur ermöglicht hatte, erschien vielen dieser Weg folgerichtig. Auf den ersten Blick war sicher wenig gegen die Idee einzuwenden, die Jugendarbeit vorläufig kommunalen Jugendausschüssen zu überantworten. Als Verwaltungsorgan der politischen Neutralität verpflichtet sollten die Ausschüsse Kultur-, Freizeit- aber auch Arbeitsangebote für Jugendliche entwickeln und anbieten. Und tatsächlich entwickelte sich überall dort, wo die Jugendausschüsse über geeignetes Personal und ausreichend Ressourcen verfügten, rasch eine rege Jugendarbeit, die durchaus auf Resonanz stieß.

Aus der bereits zitierten Analyse Honeckers wird jedoch deutlich, daß der Vorstoß von KPD und Besatzungsmacht bei den anderen Parteien sowie den Kirchen auf wenig Gegenliebe stieß: „In der Sozialdemokratie fördert man die Hoffnung, aus den nächsten Wahlen als weitaus stärkste Partei hervorzugehen und gleichzeitig damit eine eigene Jugendorganisation zu schaffen. [...] Von Seiten der Vorstände der beiden anderen Parteien ist bis jetzt keine Stellungnahme zu den Jugendausschüssen erfolgt [...]. Im Gegenteil, die Zeitungen ‚Neue Zeit' und ‚Der Morgen' entwickeln eine starke Diskussion über Jugendfragen, die eher dazu angetan sind, die Arbeit der Jugendausschüsse zu sabotieren. [...] Von Seiten der katholischen und evangelischen Kirche sind Bestrebungen im Gange, konfessionelle Jugendorganisationen zu schaffen."[6] Der Jugendreferent des evangelischen Bischofs von Berlin habe gar „offen erklärt, daß Vorbereitungen eigener evangelischer Jugendorganisationen abgeschlossen sind und nur noch auf die offizielle Genehmigung warten."[7]

Die bürgerlichen Parteien begegneten den Jugendausschüssen also mit großer Zurückhaltung, war doch die kommunistische Dominanz in den Leitungen dieser Einrichtungen nicht zu übersehen. Bei der Besetzung der Ausschüsse war der Verwaltungscharakter der Gremien betont worden, der einen politischen Proporz nicht erforderlich erscheinen ließ. Doch bald war deutlich geworden, daß die meisten „Verwaltungsangestellten" in diesen Ausschüssen das KPD- oder – in geringerer Zahl – SPD-Parteibuch besaßen und nun in unterschiedlicher Intensität die Gründung einer Jugendorganisation vorantrieben. Lediglich auf der Landes- sowie auf zentraler Ebene war man bemüht gewesen, nach Möglichkeit mindestens einen Mitarbeiter mit CDU- oder LDP-Parteibuch einzubinden. Diese waren jedoch keine offiziellen Parteivertreter.

Bereits kurz nach Gründung der CDU bildeten sich – nicht nur – in der sowjetischen Besatzungszone (SBZ) Arbeitsgemeinschaften und Ausschüsse jugendlicher Parteimitglieder, die zunächst unter verschiedenen Namen firmierten. So gab es in Thüringen eine „Arbeitsgemeinschaft Jahrgang 1910 und jünger", andere Gruppen nannten sich „Junge Generation" oder „Junge Aktion".[8] Mitte Juli 1945 konstituierte sich beim CDU-Parteivorstand ein „Jugendausschuß", der sich auf seiner zweiten Sitzung in „Junge Union" umbenannte.

Die LDP begann ebenfalls damit, die eigene Parteijugend zu organisieren. Dabei kümmerte man sich nur wenig um das Verbot, eigenständige Parteijugendorganisationen zu gründen. Wolfgang Mischnick, dessen politisches Engagement nach Kriegsende in Dresden begann, erinnerte sich über vier Jahrzehnte später: „Mitte September fing ich mit meiner neuen hauptamtlichen Jugendarbeit an. Der Auftrag lautete: erstens die Jugendorganisation für die LDP aufzubauen, zweitens im Stadtteil Dresden-Neustadt Stadtteilgemeinschaften zu gründen und zu betreuen."[9] Als Jugendvertreter der LDP wurde Mischnick auch in den lokalen Jugendausschuß entsandt. Auf seine Frage, was er denn dort solle, hieß es knapp: „Erst mal hören, was da los ist, und dann sicherstellen, daß wir als LDP an der Jugendarbeit beteiligt werden."[10]

In dem von Erich Honecker geleiteten Zentralen Jugendausschuß in Berlin war die LDP bis kurz vor seiner Auflösung im April 1946 überhaupt nicht präsent. Nur die CDU hatte mit Manfred Klein ein Mitglied in diesem Gremium.

Die Anfänge der Jugendarbeit in der SBZ

Zum Jahreswechsel 1945/46 mußte die KPD erkennen, daß ihr Ziel, die gesamte deutsche Jugend in allen Zonen in nur einem Jugendverband zu organisieren, nicht erreichbar war. So begann sie im Dezember 1945 die Gründung der Einheitsjugendorganisation in der SBZ vorzubereiten. Bis zum Jahresanfang 1946 hatten die Ausschüsse in den Städten der SBZ ungefähr 150.000 Jugendliche „mehr oder weniger lose erfaßt", wie Erich Honecker dem „lieben Genossen Pieck" am 23. Januar 1946 brieflich mitteilte. Inzwischen komme aus der Jugend „immer mehr die Forderung nach einer festen Organisation". Es bildeten sich bereits Jugendgruppen, die den Jugendausschüssen unterstünden, bei denen man „den Namen ‚Freie Deutsche Jugend' bewußt gefördert" habe.[11]

Tatsächlich hatte die Partei zu diesem Zeitpunkt bereits Kurs auf die Gründung einer einheitlichen Jugendorganisation genommen. Am 24. Januar 1946 kamen KPD und SPD überein, eine „breite demokratische Jugendorganisation, [...] die alle Jugendlichen erfassen soll", unter dem Namen „Freie Deutsche Jugend" zu schaffen und auf einen sozialistischen Jugendverband zu verzichten.[12] Bereits am Tag zuvor hatte sich Wilhelm Pieck während eines Gesprächs mit Marschall Bokow das grundsätzliche Einverständnis der SMAD zur „Schaffung von einheitlichen antifaschistischen Jugendorganisationen" geholt. Allerdings wurde ihm zu verstehen gegeben, daß diese Frage endgültig nur in Moskau entschieden werden könnte.[13] Als die Mitglieder des Zentralen Jugendausschusses am 26. Februar ihre Unterschrift unter den Gründungsbeschluß setzten, befanden sich unter den Unterzeichnern lediglich ein Christdemokrat, Manfred Klein, sowie je ein Vertreter der evangelischen und der katholischen Kirche. Letztere hatten ihre Unterschrift erst dann unter das Dokument gesetzt, als den Kirchen nach harten Verhandlungen das Recht auf eine autonome Jugendarbeit zugebilligt worden war.

Am 6. März 1946 notierte sich Pieck: „'Freie Deutsche Jugend' – Organisation genehmigt".[14]

Warum protestierten weder die CDU noch die LDP gegen die FDJ-Gründung? An erster Stelle muß daran erinnert werden, daß der demokratische Neuanfang unter der Aufsicht und Kontrolle der sowjetischen Besatzungsmacht erfolgte. Deren Pressezensur hätte keinerlei Kritik an derart grundsätzlichen Entscheidungen zugelassen. Ende 1945 hatte die CDU erleben müssen, daß die SMAD den Parteivorsitzenden Andreas Hermes absetzte, als der gegen die Ausgestaltung der Bodenreform zu opponieren wagte. Darüber hinaus schien der jugendpolitische Alleingang in der SBZ unter dem Vorbehalt einer baldigen gesamtdeutschen Lösung zu stehen. Und schließlich sollten in den FDJ-Leitungsgremien auf zentraler und Landesebene Vertreter aller Parteien eingebunden werden. Auf diese Weise glaubte man für einen überparteilichen Kurs des Jugendverbandes sorgen zu können. Mit einer Zeitungsnotiz gab die SMAD schließlich am 7. März 1946 die Erlaubnis zur Gründung der „Freien Deutschen Jugend" bekannt.[15]

Das im Juni in Brandenburg/Havel tagende I. Parlament der Freien Deutschen Jugend schloß den Gründungsprozeß des Jugendverbandes ab.[16] Es verabschiedete die „Grundsätze und Ziele der FDJ", in denen sich die Organisation zur deutschen Einheit, zu den Idealen der Freiheit, des Humanismus und der Demokratie bekannte. Die FDJ rief die Jugend zur Teilnahme am Neuaufbau Deutschlands auf, bei dem sie auch ein Mitbestimmungsrecht der jungen Generation einforderte. Erst an letzter Stelle stand die Schaffung von Freizeitangeboten in Form von Arbeitsgemeinschaften.[17]

Den 633 Delegierten versprach der auf dem Parlament gewählte Vorsitzende der FDJ, Erich Honecker, unter großem Beifall, „den überparteilichen Charakter unserer Organisation wie unseren eigenen Augapfel zu hüten".[18] Auf

Die Anfänge der Jugendarbeit in der SBZ

den ersten Blick schien sich die postulierte Überparteilichkeit auch in den Leitungsgremien des Verbandes widerzuspiegeln. Obwohl sich die bürgerlichen Parteien kaum in den Gründungsprozeß der FDJ eingebracht hatten, lenkten im Sekretariat des Zentralrates neben neun SED-Mitgliedern zwei junge Christdemokraten, ein junger Liberaler sowie zwei Kirchenvertreter die Arbeit des Verbandes. Das Bild wurde jedoch durch zweierlei Umstände getrübt. Während die wichtigen Ressorts, wie die Abteilungen Organisation, Schulung und Presse von der SED kontrolliert wurden, waren die bürgerlichen Vertreter für Sport, Kultur- und Mädchenarbeit verantwortlich. Für eindeutige Mehrheitsverhältnisse sorgte ferner der damals noch einflußreiche Zentralrat: Hier standen acht CDU-, drei LDP-Mitglieder, zwei Kirchenvertreter sowie zwei Parteilose 47 SED-Mitgliedern gegenüber.[19]

Das Konzept der Einheitsjugendorganisation war 1946 jedoch nicht nur in den „bürgerlichen" Parteien umstritten. So mancher Veteran der alten KPD, aber auch der Sozialdemokratie vermochte den Verzicht der Parteiführung auf eine eigene Jugendorganisation nicht nachzuvollziehen. Viele Kommunisten verstanden die Bündnispolitik der SED nicht. Wieso, so fragten sie sich im kleinen Kreis, wieso nutzte man nicht die Anwesenheit der Roten Armee im Lande, um endlich mit Sowjetdeutschland ernst zu machen? So wenig ihnen die Rücksichtnahmen im Parteienblock auf die Bürgerlichen und in der eigenen Partei auf die Sozialdemokraten gefielen, so wenig akzeptierten sie den Verzicht auf einen kommunistischen Jugendverband, in dem sie selbst ihre ersten politischen Sporen verdient hatten und der für die Erziehung des Parteinachwuchses unverzichtbar erschien. Mit der letzteren Überlegung stimmten sie mit vielen Sozialdemokraten überein, die vor 1933 über zahlreiche, massenwirksame Jugendorganisationen verfügten. Mit der sich überparteilich gebenden

FDJ wußten sie nichts anzufangen. Mancherorts begannen SED-Grundorganisationen daraufhin, eigene Parteijugendgruppen aufzubauen. Andernorts sorgten Veteranen der Arbeiterjugendbewegung dafür, daß die örtliche FDJ im alten Geist der kommunistischen Bewegung marschierte. Und schließlich verzeichnete die SED-Führung mit Sorge, daß manche SED-Ortsverbände die Jugendarbeit gänzlich ignorierten. Von diesen Vorbehalten waren auch junge SED-Mitglieder beeinflußt, die sich oft radikaler gaben als ihre politischen Ziehväter. So finden sich in internen Unterlagen stets Klagen, daß viele junge SED-Mitglieder nicht zum FDJ-Beitritt zu bewegen waren. Vereinzelt wurde offen ausgesprochen, was an der Parteibasis von manchem erhofft und vermutet wurde: Das ganze Projekt sei letztlich taktischer Natur.

Die FDJ drohte aus diesem Grunde schon auf dem I. Parlament zu scheitern. Ein Kirchenvertreter wurde Zeuge eines Gesprächs, in dem der Landesleiter der sächsischen FDJ, Robert Bialek, jungen kommunistischen Delegierten, die über die Rücksichtnahme gegenüber den Bürgerlichen verärgert waren, erklärte: „Ihr seid ja dumm, wir müssen die Kirchen erst an uns ziehen, umso leichter können wir ihnen dann den Schnorchel umdrehen!" Nur mit größter Mühe und kaum verhülltem Druck der SMAD konnten die kirchlichen Vertreter zum Verbleib im Jugendverband überredet werden.[20]

In den folgenden Monaten entwickelte sich bei den bürgerlichen Parteien ein Nebeneinander von zögerlicher Mitarbeit in der FDJ und dem Bemühen, eigenständige Parteijugendarbeit zu leisten.

Während sich der Parteivorstand der LDP zunächst jeglichen Kommentars bezüglich der FDJ enthielt, kam es auf Landesebene vereinzelt zu Beschlüssen, in denen sich die Partei zu einer Zusammenarbeit mit der FDJ bereit erklärte. Betont wurde dabei immer die Prämisse der strikten Überparteilichkeit des Verbandes. Dahinter steckte die Sorge, die Partei könne die Verbindung zur Jugend verlieren. Besorgt verzeichnete die SED im Spätherbst 1946 Masseneintritte von LDP-Mitgliedern in einige Grundorganisationen der FDJ, um – so zwei LDP-Parteihistoriker später – „den konsequent antifaschistisch-demokratischen Kurs des Jugendverbandes zu verwässern".[21]

Innerhalb der Jugend war die Resonanz der LDP beachtlich. Bis Juni 1948 war jedes vierte Parteimitglied unter 25 Jahre alt. Demgegenüber waren lediglich 6,1 % der SED- und 2,6 % der CDU-Mitglieder unter 20 Jahre bzw. 16 % und 11,4 % zwischen 20 und 30 Jahre alt.[22] Die jungen Liberaldemokraten rekrutierten sich vor allem an den Oberschulen sowie an den Universitäten und Hochschulen.

Zwischen der Mehrheit der jugendlichen LDP-Mitglieder und der FDJ entwickelte sich rasch ein gespanntes Verhältnis: „Da die LDP einen großen Prozentsatz jugendlicher Mitglieder zählte, die in nicht wenigen Ortsgruppen tonangebend waren, ergaben sich große Differenzen zur FDJ, die von der Parteijugend als echte Konkurrenzunternehmung angesehen wurde. Auf der unteren Ebene gab es oftmals nur die Wahl: entweder LDP oder FDJ."[23]

Auf Initiative des Jugendsekretariats des LDP-Landesvorstands Sachsen erfolgte im Sommer 1946 auf allen Parteiebenen die Gründung der Arbeitsgemeinschaft „Junger Liberal-Demokraten" (AJL). Deren Aufgabe war offiziell, die jugendlichen Mitglieder der Partei zu betreuen. Organisatorisch schufen sie den Grundstock für einen Parteijugendverband, dessen Einrichtung von der Parteibasis wiederholt gefordert worden war. Nach außen, insbesondere gegenüber der Besatzungsmacht, wurde zwar stets betont, es handele sich keineswegs um eine Jugendorganisation. Allerdings wurde deutlich, daß es die LDP ungeachtet des bisherigen Verzichts auf eine Partei-Jugendorganisation begrüßen würde, „wenn neben der FDJ eine Reihe von anderen Jugendbünden und -organisationen zugelassen werden" könnte.[24]

De facto war neben der FDJ eine eigenständige Jugendarbeit im Entstehen begriffen. Nicht nur die LDP bot neben Schulungskursen für die eigene jugendliche Mitgliedschaft auch öffentliche Bildungsabende und selbst Tanzveranstaltungen, Laienspielgruppen etc. an. Diese Aktivitäten, die unter dem Deckmantel erlaubter Parteiarbeit durchgeführt wurden, waren letztlich illegal.

Die programmatischen Differenzen zwischen der LDP-Jugend und der FDJ ließen sich auch 1947 nicht überbrücken. Im März 1947 bat die FDJ-Jugendhochschule die LDP um eine grundsätzliche Stellungnahme „zum Jugendproblem". Und so teilten die Liberaldemokraten der FDJ unmißverständlich mit, daß die LDP „seit langem und immer wieder in regelmäßigen Abständen die Zulassung von einander unabhängigen Jugendbewegungen" fordere. Sie sei der Auffassung, „daß der Vielfalt des jugendlichen Lebens nur in mehreren, weltanschaulich und politisch ungebundenen Jugendorganisationen Rechnung getragen werden" könne. „Der Einheitsgedanke in der Jugendbewegung birgt vor allen Dingen hinsichtlich etwaiger Ausschließlichkeitsbestrebungen Einzelner oder einzelner Gruppen mehr Gefahrenmomente in sich als er Vorteile aufzuweisen hat." Gleichzeitig wies Helmut Kiefer, der damalige Reichsjugendreferent, im Namen der LDP Bestrebungen der FDJ zurück, eine eigene Kinderorganisation zu gründen. Eine solche Organisation ließe sich zu leicht machtpolitischen Zwecken dienlich machen, ähnlich den Kampforganisationen im Stile der SA, SS und HJ.[25]

Etwa zum Jahreswechsel 1945/46 forderte die SMAD die CDU zum ersten Mal auf, die seit Sommer 1945 unter der Bezeichnung Junge Union (JU) gegründeten Parteijugendarbeitsgemeinschaften aufzulösen. Doch zunächst gingen die Sowjets nur halbherzig daran, das Verbot auch durchzusetzen. Im März 1946 konnten sich die bis dahin gegründeten regionalen Arbeitsgemeinschaften der Jungen Union der Sowjetzone zu einem „Arbeitsausschuß Junge Union für die sowjetische Besatzungszone und Berlin" zusammenschließen.[26] Die Weigerung zur Kooperation mit der FDJ und der halblegale Status der Jungen Union führten dazu, daß ihr politischer Handlungsspielraum immer mehr eingeengt wurde. Sowjetische Offiziere beobachteten jede Versammlung, und bestellte FDJ-Akteure versuchten, Gesprächsrunden der Jungen Union zu sprengen.[27] Nach dem Vorbild ihrer Mutterpartei strebten auch die Arbeitsgemeinschaften der Jungen Union der verschiedenen Besatzungszonen einen gesamtdeutschen Zusammenschluß an. Am 20./21. Januar 1947 trafen sich zum ersten Mal Sprecher der Jungen Union über die Zonengrenzen hinweg zu einer Arbeitstagung in Bad Königstein. Diese gesamtdeutschen Beratungen wurden fortgesetzt. So kamen vom 28. bis zum 31. Mai 1947 erneut 70 Delegierte und Landessekretäre der Jungen Union aus allen Besatzungszonen zu ihrem 2. Deutschlandtag, dieses Mal im sowjetischen Teil Berlins, zusammen. Obwohl es der SMAD nicht verborgen geblieben sein konnte, daß die JU der SBZ immer mehr den Charakter einer Keimzelle eines zukünftigen Parteijugendverbandes annahm, war ihr Verhalten gegenüber der „Organisation" zwiespältig. Einerseits hatte sie erst im März 1947 prominente JU-Mitglieder, darunter das FDJ-Gründungsmitglied Manfred Klein verhaftet.[28] Andererseits wurden die Delegierten des 2. Deutschlandtages der Jungen Union im „Haus der Sowjetkultur" vom Hauptmann Kratyn empfangen.[29] Vermutlich hoffte man seitens der Sowjets zunächst, mittels der jugendlichen CDU-Mitgliedschaft über die Zonengrenzen hinweg auf deren Mutterpartei Einfluß nehmen zu können.

Oberhalb der Kreisebene blieben die Vertreter der demokratischen Parteien innerhalb der FDJ ohne Einfluß. Die wenigen Christ- und Liberaldemokraten in den Landesleitungen bzw. auf zentraler Ebene wurden an den Rand gedrängt, zum Teil von den Sowjets verhaftet oder resignierten.

Die FDJ richtete ihre Arbeit immer offensichtlicher an den Interessen der SED aus. Ob bei den Kommunal- und Landtagswahlen oder bei der sozialistischen Umgestaltung der Wirtschaft, überall wurde der Jugendverband zum Fürsprecher der SED-Politik. Mit der zunehmend offeneren Indienstnahme der FDJ für die Interessen der SED verlor die Jugendorganisation jedoch zugleich ihre anfangs durchaus vorhandene Attraktivität und Überzeugungskraft. Bis 1948 wuchs die Zahl der Jugendlichen, die sich den damals noch geduldeten Jugendgruppen von CDU und LDP zuwandten. Auch bei den Gewerkschaften hatte sich eine von der FDJ unabhängige Jugendarbeit entwickelt. An den Oberschulen und Universitäten führte die FDJ ein Schattendasein.

Ende Januar 1948 legten die vier im Zentralrat verbliebenen Vertreter der CDU und LDP während einer Sitzung des Gremiums ihr Mandat nieder. Allen Beobachtern der politischen Szene war klar, daß dieser Schritt Signalcharakter haben sollte. Sowohl die CDU als auch die LDP waren ab Herbst 1947 unter verstärkten Druck der SMAD und der SED geraten. Dies zog schwere innerparteiliche Krisen nach sich. Zum Auslöser wurde in beiden Parteien die Frage, ob man an dem von der SED inszenierten I. Deutschen Volkskongreß teilnehmen sollte. Die eigentlichen Ursachen lagen jedoch tiefer: Die Parteien standen vor der Entscheidung, ob sie dem von der SED und der sowjetischen Besatzungsmacht eingeschlagenen Weg weiter folgen wollten oder nicht. In der CDU wie in der LDP forderte die Parteijugend eine stärkere Anlehnung an den Westen und opponierte gegen die Politik ihrer Parteiführung. Am 19./20. Dezember 1947 erzwang die SMAD die Absetzung des

CDU-Vorsitzenden Jakob Kaiser.[30] Mittlerweile waren 32 Funktionäre der CDU-Jugend in Ostdeutschland inhaftiert. Angesichts dieser Entwicklung erklärte der damalige Sprecher der Jungen Union der SBZ zum Jahreswechsel 1947/48, daß nunmehr eine Situation erreicht sei, in der für den politisch Handelnden „der nächste Schritt entweder Aufgabe entscheidender politischer Grundsätze oder den Märtyrerweg" bedeuten würde.[31] Konsequenterweise beschloß der „Deutschlandrat der Jungen Union" auf seiner Tagung vom 17./18. Januar, die Jugendarbeit in der SBZ einzustellen.[32]

In der LDP schwelte seit Sommer 1947 ein Konflikt zwischen dem Gesamtberliner LDP-Verband und der Zonenleitung. Letzterem warfen die Berliner vor, gegenüber der SED mit dem „Odium des Opportunismus" behaftet zu sein.[33] Ein Teil der Parteijugend schloß sich im Verlauf des Jahres 1947 der Berliner Linie an. Auf der Tagung des Hauptvorstandes der LDP am 6. Januar 1948 kam es zur offenen Konfrontation. Der „Ausschuß Jugend" stellte gegen den Parteivorsitzenden Külz einen Mißtrauensantrag, der allerdings im Laufe der Sitzung aufgrund mangelnder Unterstützung wieder zurückgezogen werden mußte.[34]

Der demonstrative Austritt der prominenten Bürgerlichen aus dem FDJ-Zentralrat sollte eine Austrittswelle von CDU- und LDP-Mitgliedern aus dem Jugendverband initiieren, wodurch die FDJ endgültig den Anschein der Überparteilichkeit verloren hätte.

FDJ und SMAD reagierten sofort. Am 30. Januar veröffentlichte das Zentralorgan der SED, „Neues Deutschland", Auszüge aus einem ADN-Interview mit Honecker: „‚Das Ausscheiden der CDU- und LDP-Vertreter aus dem Zentralrat hat keinerlei Einfluß auf den Kurs der freien deutschen Jugend.' [...] Die Überparteilichkeit der FDJ sei schon dadurch gewährleistet, daß 85 % ihrer Mitglieder keiner politischen Partei angehören und auch unter den Funktionären 60 % Parteilose tätig sind. Während die junge Union der Ostzone 16.000 Mitglieder aufweist, die jungen Liberalen 40.000 und die SED 250.000 jugendliche Anhänger zählen, kann die FDJ auf einen Mitgliederstand von 500.000 Jugendlichen verweisen. ‚Diese Zahlen verdeutlichen, daß eine Parteijugend niemals mit der überparteilichen Jugendorganisation konkurrieren kann,' führte Honecker aus. Der Austritt der CDU- und LDP-Funktionäre, begründet durch parteitaktische Erwägungen, habe auch keine Rückwirkung auf die Mitgliedschaft der FDJ gehabt."[35] Zwei Monate später war die „Überparteilichkeit" des Jugendverbandes wieder hergestellt. Der Zentralrat kooptierte anpassungsbereite CDU- und LDP-Mitglieder, ohne im Falle der LDP die Blockpartei auch nur zu informieren.[36]

Längst hatte der Erfolg oder Mißerfolg der FDJ für die SED-Führung unmittelbare politische und ökonomische Bedeutung. Wer und was dem (Produktions-)Fortschritt im Wege stand, wurde zum Feind. Und so vermag es nicht zu verwundern, daß zeitgleich mit dem Aufbau der Planwirtschaft der Ausbau der Diktatur in der SBZ vonstatten ging, der keine Partei, keine Organisation und kaum einen Bereich der Gesellschaft verschonte. Die SED-Führung unterzog die eigene Partei einer Säuberung mit dem Ziel, abweichendes Gedankengut auszulöschen. Alle gesellschaftlichen Organisationen, also auch die FDJ, wurden weiter zentralisiert und im Sinne der SED ideologisiert. Gleichzeitig erfolgte eine Abgrenzung ihrer Aufgaben, in deren Gefolge das Organisationsmonopol der FDJ Wirklichkeit wurde. Vertreter der bürgerlichen Parteien, die den neuen politischen Kurs nicht mitzutragen bereit waren, wurden eingeschüchtert, von der SMAD zum Teil aus den Funktionen enthoben, nicht wenige verhaftet. Ende 1948 war der Transformationsprozeß der FDJ weitgehend abgeschlossen. Offener Widerspruch war verstummt. Die FDJ war zur SED-Massenorganisation umgeformt worden, der feste Aufgaben zur Mobilisierung und Kontrolle der Jugendlichen übertragen wurde. Lediglich an den Universitäten und Hochschulen hatte die von jugendlichen Arbeitern geprägte Jugendorganisation trotz Unterstützung der SED nach wie vor aus eigener Kraft nicht Fuß fassen können. Und so bedurfte es des unverhüllten Terrors der sowjetischen Besatzungsmacht, die durch Verhaftungen und Todesurteile gegen liberal- und christdemokratische Studentenfunktionäre ihr Verständnis eines „antifaschistisch-demokratischen" Neuanfangs in unmißverständlicher Deutlichkeit dokumentierte. Allein in den Kirchen sollte eine autonome Jugendarbeit fortexistieren, die insbesondere in den fünfziger Jahren das Organisationsmonopol der FDJ erfolgreich in Frage stellte.

Innerhalb von knapp drei Jahren hatte sich das Erscheinungsbild der politischen Jugendarbeit in der SBZ grundlegend gewandelt.[37] Noch bis 1949/50 zogen sich die Auseinandersetzungen zwischen der SED, der SMAD und der FDJ auf der einen und einzelnen lokalen, meist an den Hochschulen verankerten oppositionellen LDP- und CDU-Gruppen auf der anderen Seite hin.[38] Die Entwicklung spiegelte den Transformationsprozeß wider, den die SBZ/DDR zwischen 1946 und 1950 durchlief. Mit dem Aufbau der stalinistischen Einparteiendiktatur wurden alle Ansätze einer pluralistischen politischen Kultur im Keim erstickt.

Anmerkungen

1 Stiftung „Archiv der Parteien und Massenorganisationen der DDR" im Bundesarchiv, NY 4036/726, Bl. 166 (Künftig zitiert als: SAPMO, BArch.).

2 Ebd.

3 Ebd., Bl. 167.

4 Vgl. „Tägliche Rundschau" vom 31.7.1945.

5 Walter Ulbricht, An die Jugend. Berlin (Ost) 1954, S. 18.

6 SAPMO, BArch. – ZPA, NL 36/726, Bl. 169f.

7 Ebd., Bl. 170.

8 Vgl. Heinz Schwarz, Zehn Jahre Junge Union Deutschlands, in: Ders. (Hrsg.), Junge Union Deutschlands. Handbuch 1957. Hamburg o. J. [1957], S. 8.

9 Wolfgang Mischnick, Von Dresden nach Bonn. Erlebnisse – jetzt aufgeschrieben. Stuttgart 1991, S. 206.

10 Ebd., S. 207.

11 SAPMO, BArch. – DY 30 IV 2/16/75, Bl. 29.

12 SAPMO, BArch. – NY 4036/726, Bl. 356.

13 SAPMO, BArch. – NY 4036/734, Bl. 151.

14 SAPMO, BArch. – NY 4036/726, Bl. 433.

15 Tägliche Rundschau, 7. März 1946.

16 Zur Geschichte der FDJ zwischen 1946 und 1949 vgl. Hermann Weber, Freie Deutsche Jugend (FDJ), in: Martin Broszat/Hermann Weber (Hrsg.), SBZ-Handbuch. Staatliche Verwaltungen, Parteien, gesellschaftliche Organisationen und ihre Führungskräfte in der Sowjetischen Besatzungszone Deutschlands 1945–1949. München 1990, S. 665ff.

17 Erstes Parlament der Freien Deutschen Jugend. Brandenburg an der Havel, Pfingsten 1946. Berlin o. J., S. 198.

18 Ebd., S. 52.

19 Vgl. SAPMO, BArch. – DY 30 IV 2/16/77, Bl. 10–12.

20 Vgl. Manfred Klein, Jugend zwischen den Diktaturen 1945–1956. Mainz 1968, S. 58ff.

21 Rudolf Agsten/Manfred Bogisch, LDPD auf dem Weg in die DDR. Zur Geschichte der LDPD in den Jahren 1946–1949. Berlin (Ost) [2]1977, S. 79.

22 Ekkehart Krippendorf, Die Liberal-Demokratische Partei Deutschlands in der Sowjetischen Besatzungszone 1945/48. Entstehung, Struktur, Politik. Düsseldorf o. J. [1961], S. 61.

23 Ebd., S. 117.

24 Vgl. (LDP-)Mitteilungsblatt Nr. 2, vom [8.] Oktober 1946, S. 5 (ab Nr. 24, vom 4. Oktober 1947 = LDP-Informationen).

25 Zitiert nach: Hanne-Lore Knobloch, Die Rolle des Zentralrates der Freien Deutschen Jugend im Kampfe um die Lösung der nationalen Frage in Deutschland 1946–1948. Diss. Rostock 1969, Anhang 3.2/2, S. 1ff.

26 Vgl. Schwarz, siehe Anm. 8, S. 15. Nach Schwarz waren in der gesamten SBZ ca. 42.000 junge Christdemokraten in der JU organisiert. Allerdings gehörten der JU alle Parteimitglieder bis zum 35. Lebensjahr an.

Die Anfänge der Jugendarbeit in der SBZ

27 Vgl. Horstwalter Heitzer, Gründung und Entwicklung der Jungen Union bis zu den „Würzburger Beschlüssen" 1950, in: Christoph Böhr (Hrsg.), Jugend bewegt Politik. Die Junge Union Deutschlands 1947 bis 1987. Krefeld 1988, S. 15–54, hier S. 39.
28 Zu den Verhaftungen, vgl. „Horizont. Halbmonatsschrift für junge Menschen", Nr. 8, 2. Jg., 13. April 1947, S. 11 und den Beitrag von Johannes Weberling in diesem Buch.
29 Vgl. Schwarz, siehe Anm. 8, S. 12f.
30 Vgl. Hermann Weber, Geschichte der DDR. München 1985, S. 160ff.
31 „Horizont. Halbmonatsschrift für junge Menschen". 3. Jg., 1948, Nr. 3, S. 8.
32 Ebd., S. 3.
33 Horst Dähn, Liberal-Demokratische Partei Deutschlands (LDP), in: Broszat/Weber, siehe Anm. 16, S. 554.
34 Marianne Müller/Egon Erwin Müller: „ ...stürmt die Festung Wissenschaft!" Die Sowjetisierung der mitteldeutschen Universitäten seit 1945. Berlin 1953, S. 222.
35 Neues Deutschland vom 31.1.1948.
36 LDP-Informationen, 2.Jg., 1948, Nr. 17, Septemberheft, S. 310.
37 Eine ausführliche Darstellung in: Ulrich Mählert, Die Freie Deutsche Jugend 1945–1949. Von den „Antifaschistischen Jugendausschüssen" zur SED-Massenorganisation: Die Erfassung der Jugend in der Sowjetischen Besatzungszone. Paderborn u. a. 1995. Ders., „Bürgerlich-demokratische" Jugendarbeit in der Sowjetischen Besatzungszone Deutschlands 1945 bis 1948, in: Helga Gotschlich (Hrsg.), „Links und links und Schritt gehalten ..." Die FDJ: Konzepte – Abläufe – Grenzen. Berlin 1994
38 Bis zu den Studentenratswahlen 1950 war vor allem die LDP an den Universitäten und Hochschulen stark vertreten. Aus Platzgründen kann an dieser Stelle auf dieses Kapitel der Nachkriegsgeschichte nicht eingegangen werden. Vgl. dazu Horst Köpke/Friedrich-Franz Wiese, Mein Vaterland ist die Freiheit. Das Schicksal des Studenten Arno Esch. Rostock 1990 sowie Marianne und Egon Erwin Müller, siehe Anm. 34.

Die Junge Union
in der sowjetisch besetzten Zone
1945-1948
Anfänge – Organisation – Verbot*

Ralf Thomas Baus

„Eine exakte Geschichte der Jungen Union zu schreiben, ist nicht ganz einfach. Das Erinnerungsvermögen der Gründungsakteure ... verblaßt zusehends, und wenn überhaupt noch etwas in verstaubten Akten über die Anfänge zu finden ist, dann meist auf vergilbtem und nahezu unleserlichem Vorwährungspapier. Chronisten, die noch später kommen, sind wirklich nicht zu beneiden. Die Schwierigkeit beginnt schon beim Gründungsdatum. War es nun 1945, 1946 oder ... 1947?"[1]

So lautet die Einschätzung eines prominenten Zeitzeugen aus dem Jahre 1957, nämlich von Heinz Schwarz, dem damaligen Bundessekretär und Herausgeber des Handbuches der Jungen Union. Und in der Tat ist die Quellenlage nicht immer befriedigend, ebenso wie Literatur und Erinnerungsberichte nur in einem begrenzten Umfang vorhanden sind. Im Folgenden soll versucht werden, ein knappes Bild der Entwicklung der Jungen Union in der sowjetisch besetzten Zone zu skizzieren. Dabei ist nicht nur auf die Gründung, den Aufbau und die Organisation der JU einzugehen, auch ihre Stellung gegenüber der FDJ und der sowjetischen Besatzungsmacht ist zu beachten.

Die Junge Union

I. Anfänge der Jugendarbeit in der sowjetisch besetzten Zone

1. Nachkriegsplanungen der KPD

Auf der ersten Funktionärskonferenz der KPD am 25. Juni 1945 stellte Walter Ulbricht klar, daß es eine kommunistische Jugendorganisation nicht geben werde, sondern eine „einheitliche, freie Jugendbewegung". Zur Vorbereitung dieser neuartigen Jugendorganisation bildete man bei den kommunalen Verwaltungen antifaschistische Jugendausschüsse, die zur Keimzelle der späteren Freien Deutschen Jugend (FDJ) werden sollten. Bereits am 31. Juli 1945 hatte die Sowjetische Militäradministration in Deutschland (SMAD) hierzu ihre Genehmigung erteilt. Mit der Genehmigung verbunden war ein Verbot „aller anderen Jugendorganisationen: gewerkschaftliche und Sportvereine, sozialistische und ähnliche gemeinschaftliche Organisationen außer den oben erwähnten antifaschistischen Jugendkomitees".[2] Bestehende, von den örtlichen Kommandanturen der SMAD bereits zugelassene, politische Jugendverbände mußten damit wieder aufgelöst werden. Bei ihren Überlegungen gingen die Kommunisten grundsätzlich von einer „schweren Schuld" der deutschen Jugend im Zusammenhang mit der nationalsozialistischen Diktatur aus.[3]

Aus einem im Oktober 1945 vom Leiter der Abteilung Jugend des ZK der KPD, Erich Honecker, ausgearbeiteten Bericht geht hervor, daß der Vorstoß der Kommunisten bei den bürgerlichen Parteien mit großer Zurückhaltung aufgenommen wurde: „Von Seiten der Vorstände der beiden anderen Parteien ist bis jetzt keine Stellungnahme zu den Jugendausschüssen erfolgt, obwohl man in einigen Städten Deutschlands (z. B. Halle, Bremen und Leipzig) auch in dieser Frage gemeinsam arbeitet. Im Gegenteil, die Zeitungen ‚Neue Zeit' und ‚Der Morgen' entwickeln eine starke Diskussion über Jugendfragen, die eher dazu angetan [ist], die Arbeit der Jugendausschüsse zu sabotieren."[4] Immerhin konnten in den Ausschüssen aber bis zum Jahresanfang 1946 ungefähr 150.000 Jugendliche mehr oder weniger lose erfaßt werden.

Nur acht Monate später, am 7. März 1946, gab die SMAD in ihrem Presseorgan, der „Täglichen Rundschau", die Lizenzierung der FDJ, die „die gesamte demokratische Jugend in der Sowjetzone vereinigen" sollte, bekannt.[5] An den entscheidenden Besprechungen waren die bürgerlichen Vertreter und die Kirchen nicht beteiligt, obwohl die KPD im Zentralen Jugendausschuß ihre Mitarbeit als unbedingt notwendig erachtete. Das Einverständnis der bürgerlichen Vertreter zur Gründung der neuen Jugendorganisation wurde erst im nachhinein eingeholt.[6] Als deutlich wurde, daß die Gründung der FDJ nicht mehr zu verhindern und mit der Zulassung weiterer Organisationen in absehbarer Zeit nicht zu rechnen war, erklärten sich die bürgerlichen Parteien zur Mitarbeit bereit.

Mit der Gründung der FDJ im Frühjahr 1946 war es der KPD gelungen, eine in den dreißiger Jahren im sowjetischen Exil entwickelte Konzeption durchzusetzen. Seit dem VII. Weltkongreß der Kommunistischen Internationale 1935 hatte die KPD einen politischen Kurswechsel vollzogen. Die durch das Referat des Generalsekretärs der Komintern, Georgi Dimitroff, eingeleitete neue politische Orientierung war von den deutschen Kommunisten in einer Rede Piecks auf der „Brüsseler Konferenz" nachvollzogen worden.[7]

Hauptziel der taktischen Neuorientierung war die Schaffung einer Einheits- und Volksfront. Pieck ließ jedoch von Anfang an keinen Zweifel daran, daß die neue taktische Orientierung „keineswegs die Zurückstellung des revolutionären Endzieles, das wir uns mit der proletarischen Revolution, mit dem Sturz des kapitalistischen Systems und der Aufrichtung der Sowjetmacht gestellt haben", bedeute.[8]

Vor diesem Hintergrund erklärte die KPD die Schaffung einer „einheitlichen proletarischen Jugendorganisation" zu ihrem Ziel. In ihr sollten die Mitglieder „das volle demokratische Recht" haben, den Namen der Organisation sowie das innere Leben frei zu gestalten. Allerdings sollte die Kontrolle der Jugendorganisation durch kommunistische Kader in den Leitungsgremien gesichert werden. Die hier vollzogene Neuorientierung bedeutete eine Absage an die Errichtung einer kommunistischen Parteijugendorganisation und die Orientierung auf eine „überparteiliche" Massenorganisation. Bereits in der Zeit des Exils bildeten sich zunächst in Prag, später in London Gruppen aus unterschiedlichen politischen Lagern, die sich den Namen „Freie Deutsche Jugend" gaben.[9]

Noch vor Kriegsende hatten die Moskauer Exilkommunisten im Rahmen des Vorrückens der Roten Armee sogenannte „Initiativgruppen" zum Aufbau erster Verwaltungsstrukturen entsandt. Zwar betrieben diese „Initiativgruppen" keine eigenständige Jugendpolitik, doch schufen sie in den Städten strukturelle und personelle Voraussetzungen für die zukünftige kommunistische Steuerung der Jugendarbeit. So wurden die städtischen Volksbildungsdezernenten und Personalchefs ausschließlich mit Kommunisten besetzt.[10]

2. Jugendausschüsse

Die KPD hatte damit auch auf dem Sektor der Jugendpolitik alle Machtinstrumente in ihrer Hand. Der durch die Tätigkeit der „Initiativgruppen" erreichte Vorsprung der Kommunisten konnte durch die „bürgerlichen" Parteien in den kommenden Jahren nicht mehr aufgeholt werden. Die Initiative in den für eine Übergangszeit existierenden

Jugendausschüssen lag eindeutig bei den unter der Führung Ulbrichts straff organisierten Kommunisten. Die Jugendausschüsse waren grundsätzlich an die Verwaltungen für Volksbildung gebunden. Diese bestimmten in Absprache mit SMAD und KPD auch die hauptamtlichen Jugendarbeiter. Die Jugendausschüsse waren somit Instrumente in den Händen der KPD. Mit Methoden, die bis zur Nötigung reichten, wurden die Jugendlichen in die Ausschüsse hineingezwungen.[11]

Die von den Landesverwaltungen erlassenen Ausführungsbestimmungen über die Bildung von Jugendausschüssen sahen vor, daß die zuständigen Referenten möglichst vor 1933 in der antifaschistischen Jugendbewegung tätig gewesen sein sollten. Insbesondere wurde darauf hingewiesen, die Ausschüsse „auf keinen Fall" unter dem „Gesichtspunkt der Parität der Blockparteien" zu bilden. Die Beherrschung der Ausschüsse durch die Kommunisten und das Zurückdrängen der bürgerlichen Vertreter waren damit programmiert.[12] Bereits die personelle Zusammensetzung des Zentralen Jugendausschusses unter Vorsitz von Erich Honecker ergab ein deutliches Bild. Von den 14 Mitgliedern gehörten sechs der KPD und mindestens drei der SPD an, alle fünf Landesleiter waren Kommunisten.

Die von Anfang an vorhandene Dominanz der KPD belegt auch das spätere Eingeständnis von Hermann Gerigk (CDU), damals Mitglied des Zentralrats (ZR) der FDJ, der 1949 an die SMAD schrieb: „Die Vorläufer der FDJ waren die antifaschistischen Jugendausschüsse. Sie waren durchweg weltanschaulich einseitig orientiert in absoluter Abhängigkeit der SED. Die FDJ aus ihnen heraus zu entwickeln, war einer der größten Fehler und belastet als Erbsünde noch heute die Organisation."[13] Zudem war wohl den meisten Jugendfunktionären der CDU klar, daß die Jugendausschüsse vor allem vorbereitende Arbeiten für den Aufbau einer einheitlichen Jugendorganisation zu leisten hatten. Der Name „Freie Deutsche Jugend" wurde schon im Herbst 1945 genannt.[14]

In Sachsen machte Robert Bialek (KPD) seine Vorstellungen einer kommunistischen Jugendpolitik unverhohlen klar. Am 10. Oktober 1945 hielt er als Vorsitzender des Landesjugendausschusses ein Grundsatzreferat, in dem er offen forderte, daß die wichtigsten Hebel der Jugendarbeit in den Händen der Kommunisten liegen müßten. Zudem sah er in der Jugendarbeit einen Weg, um Mitglieder für die KPD zu gewinnen. Wörtlich führte er aus: „Die Arbeit der Jugendbewegung ist eine Maschine: Ich betrachte 1. den Heimabend als Saugrohr der Maschine, das einen unpolitischen Jugendlichen anzieht, 2. als ersten Arbeitsvorgang der Maschine das Jugendaktiv, 3. als zweiten Arbeitsvorgang dieser Maschine die Arbeitsgemeinschaft und 4. die individuelle Bearbeitung der Jugendlichen durch unsere Genossen in der Jugend und durch die Partei als letzten Arbeitsvorgang der Maschine, und schwupp, da marschiert der Parteianwärter und werdende Kommunist in die KPD."[15]

II. Gründung der Jungen Union

Den Ausgangspunkt für die Gründung von CDU und Junger Union bildete die Katastrophe der nationalsozialistischen Gewaltherrschaft und des Zweiten Weltkrieges. Nach dieser bestürzenden Erfahrung wollten die jungen Männer und Frauen eine gemeinsame Plattform für ihr demokratisches Engagement schaffen. Dabei war die Junge Union nach Auffassung ihrer Initiatoren eine praktische Konsequenz aus den Lehren der Weimarer Republik. Die breite Masse der jüngeren Generation sollte der Demokratie verpflichtet werden.[16]

Ebenso wie die CDU wurde auch die Junge Union überall in Deutschland fast gleichzeitig ins Leben gerufen, ohne daß ihre Gründer voneinander wußten. Von der Vision eines neuen Weges, die von der Gründung der Union ausging,[17] wurden große Teile der um ihre Jugendträume betrogenen Kriegsgeneration ergriffen. Auch die Jugendorganisation der CDU entstand spontan. Persönliche Bekanntschaften aus der Vorkriegszeit, aus Studentenzeiten oder dem gemeinsamen Fronterleben sowie die Zusammenarbeit in kirchlichen Jugendgruppen bildeten das Fundament der ersten Diskussionskreise.[18] Während man sich in Berlin von Anfang an „Junge Union" nannte, bezeichnete man sich in Thüringen als „Arbeitsgemeinschaft Jahrgang 1910 und jünger". Die ersten Arbeitskreise junger Parteimitglieder wurden bereits im September 1945 ins Leben gerufen. Die Haltung derer, die sich hier zusammenfanden, war überwiegend geprägt durch die frühere Zusammenarbeit in kirchlichen oder bündischen Jugendgruppen.[19]

Unter den vielfältigen Motiven zur Gründung der Jungen Union lassen sich vier hervorheben: erstens das Bewußtsein zu einer verratenen, aber auch ganz neu geforderten Generation zu gehören; zweitens ein durch die ungewöhnlichen Erlebnisse des Krieges und der Zeitenwende 1945 hervorgerufenes Selbstbewußtsein; drittens hieraus folgend der Wunsch, sich in eigenen Diskussionskreisen zusammenzuschließen, um sich gegenüber den Älteren, die im politischen Handeln und Debattieren erfahrener waren, durchzusetzen; und schließlich viertens die antikommunistische Einstellung vieler heimkehrender Soldaten.[20]

Ein erstes entscheidendes Treffen zur Gründung der Jungen Union fand bereits während der Gründungsphase der CDU in Berlin statt. Heinrich Krone – Mitgründer der Partei, vor 1933 Reichstagsabgeordneter und Vorsitzender der Windthorstbunde, der Jugendorganisation des Zentrums – fragte im Juni 1945 Ernst Leuninger, ob er bereit sei, an der „Gründung einer überkonfessionellen Organisation in der CDU mitzuwirken, die sich vornehmlich der jungen Menschen annehmen" solle. Nur kurze Zeit später, im Juli 1945, trafen sich Ernst Leuninger, Manfred Klein, Georg Wrazidlo und Günther Hahn[21] im Büro von Krone in der Jägerstraße 59/60 zu einer Organisationsbesprechung. Ernst Leuninger wurde mit dem Amt des Jugendsekretärs betraut. Auf der zweiten Sitzung des in der Reichsgeschäftsstelle etablierten „Jugendausschusses" war der Kreis durch Fred Sagner[22], Peter Lorenz, Edith Marga Lindner[23], Rudolf Franzkowiak und Dorothee Dovifat[24] erweitert worden. Bei dieser Sitzung wurde der Entschluß gefaßt, die Organisation „Junge Union" zu nennen.[25]

Auf einer Delegiertenkonferenz des Zonenverbandes der CDU im Oktober 1945 gab Ernst Leuninger einen Rechenschaftsbericht über die Arbeit der ersten drei Monate. Kurze Zeit später erklärte der sowjetische Verbindungsoffizier zur CDU, Hauptmann Kratyn, die Junge Union sei eine nicht lizenzierte Organisation und müsse deshalb verboten werden. Mit Rücksicht hierauf nannte sich die Junge Union deshalb anfangs auch „Jugendausschuß" innerhalb der CDU, ähnlich wie die Frauen-Arbeitsgemeinschaft. Die Kritik Kratyns stand offenbar im Zusammenhang mit den zunehmenden Spannungen zwischen der SMAD und der CDU-Führungsspitze vor dem Hintergrund der brutal durchgeführten entschädigungslosen Bodenreform. Nach der Absetzung von Andreas Hermes und Walther Schreiber im Dezember 1945 hatte das Jugendreferat der Reichsgeschäftsstelle Hermes ausdrücklich seiner Solidarität versichert.[26]

Dennoch hat die Junge Union ihren Namen nie aufgegeben. Mit den sowjetischen Besatzungsoffizieren fand ein ständiges zähes Ringen um die Bezeichnung „Jugendausschuß der CDU" oder „Junge Union" statt. Nach Auffassung von Fritz Klauck wünschten die Besatzungsoffiziere den Begriff „Junge Union" nicht, „weil er zu sehr verbunden war mit Offenheit, Mut, Klarheit und Wahrheit im

Auftreten."²⁷ Von den Landesverbandsvorsitzenden hatten nach Angaben von Klauck lediglich Hugo Hickmann, Kurt Landsberg und Walther Schreiber genügend Mut, der Jungen Union die Verwendung ihres Namens zu gestatten.

Anfang 1946 existierten bereits in allen vier Besatzungszonen Landesverbände der „Jungen Generation", der „Arbeitsgemeinschaft 1910 und jünger", der „Jungen Aktion" oder der „Aktionsgemeinschaft Junger Deutscher in der CDU". Diese zunächst völlig unabhängig voneinander arbeitenden Gruppen machten in ihren Bereichen das Startpotential der späteren Jungen Union aus.

Der Ursprung des Namens Junge Union läßt sich heute nicht mehr einwandfrei nachweisen. Er tauchte in verschiedenen Ländern fast gleichzeitig auf. In der britisch besetzten Zone wurde der Name „Junge Union" recht schnell zum Allgemeingut. Er findet sich dort zum ersten Mal in einem Rundschreiben der Bremer CDU vom 12. Juli 1946 dokumentiert. Die Abkürzung JU wurde erst 1947 allmählich gebräuchlich.²⁸ Wolfgang Seibert²⁹ vermutet, daß sich der Name „Junge Union" in der sowjetisch besetzten Zone bereits Ende 1945 über Gesprächszirkel an den Universitäten, die sich „Arbeitskreis Junge Union in der CDUD" nannten, einbürgerte.³⁰ Im Laufe des Jahres 1946 setzte sich die Bezeichnung „Junge Union" dann mehr und mehr durch.

Auch in Brandenburg, Mecklenburg, Sachsen, Sachsen-Anhalt und Thüringen gab es Bestrebungen, die junge Generation in der Partei zu sammeln; die führenden Köpfe der Jungen Union in den einzelnen Landesverbänden waren 1946 Hermann Gerigk³¹ (Brandenburg), Wilfried Parge³² (Mecklenburg), Hans-Bernhard Alpermann³³ (Sachsen), Ewald Ernst³⁴ (Sachsen-Anhalt) und Wolfgang Seibert (Thüringen). Zwischen den einzelnen Gruppen der jungen christlichen Demokraten in der SBZ entstanden nach Überwindung der ersten verkehrstechnischen Schwierigkeiten sehr bald engere Verbindungen, und man einigte sich im November 1945 auf fünf gemeinsame Arbeitsaufgaben: „1. Gewinnung der jungen Generation für die politische Mitarbeit, 2. Einführung junger Parteimitglieder in die politische Verantwortung, 3. Politische Bildung der jungen Parteimitglieder, 4. Praktische soziale Arbeit, 5. Anbahnung freundschaftlicher Beziehungen zu den übrigen Jugendorganisationen und der jungen Generation der anderen Völker."[35] Aber auch den Brückenschlag von der Jugend zur älteren Generation innerhalb der CDU sollte die Junge Union vollziehen. Vielfach verstand man sich als „Gewissen der Union" und „Motor der Partei". Dabei gestaltete sich das Verhältnis zur CDU lange Zeit problematisch. Zum einen war das weltanschaulich-politische Spektrum breiter, zum anderen hielten die Honoratioren der Union die Jugend auf Distanz.[36] Vor dem Hintergrund der genannten Arbeitsziele ergab sich im März 1946 auch ein organisatorischer Zusammenschluß der einzelnen Gruppen zum „Arbeitsausschuß Junge Union für die sowjetische Besatzungszone und Berlin". Um das Anliegen der jungen Generation auch in der CDU zum Ausdruck zu bringen, wurden im Zonenvorstand und in den Landesvorständen Sprecher der Jungen Union installiert.

Mitte April 1946 übernahm Rudolf Franzkowiak das Amt des Jugendsekretärs in der Reichsgeschäftsstelle; ab dem 1. November 1946 trat Wolfgang Seibert an seine Stelle. Zunächst galt es vor allem, Apathie und Scheu vor jeglichem politischen Engagement zu überwinden. Die Jugend hatte nach zwölf Jahren Diktatur vielfach von Politik und Parteien einfach „die Nase voll".[37] Eine der Hauptaufgaben der Jungen Union bestand daher darin, die politikenttäuschte, oft auch politikfeindliche Jugend zu gewinnen. In Dessau traf sich z. B. ein Arbeitskreis jüngerer CDU-Mitglieder, diskutierte politische Vorstellungen, warb um neue Mitglieder und versuchte erste Schritte in der politischen Bildungsarbeit. Man las gemeinsam nun endlich zugängliche Literatur und leistete sich gegenseitig Hilfe in den weit verbreiteten Notlagen.[38]

Die JU in der sowjetisch besetzten Zone setzte sich wie ihre Freunde im Westen für eine Schuldloserklärung der Jugend hinsichtlich des nationalsozialistischen Regimes,[39] für eine Amnestie und die Abschaffung der Vorladung vor die Entnazifizierungsausschüsse ein. Zudem beschäftigte sie sich mit Fragen der Dienstverpflichtung, der Parteipublizistik, des Beitritts zur Einheitsgewerkschaft, dem Verhalten der regionalen Jugendbehörden und den Umarmungsversuchen der FDJ.

Kritik wurde auch gegenüber Politikern der CDU laut, die sich allzu kompromißbereit gegenüber der SED zeigten. So wurden etwa Leo Herwegen und Reinhold Lobedanz wegen ihrer „Kleinmütigkeit und Kriecherei" verachtet. Über solche Politiker dachte man allgemein: „Unsere Politiker sollten nicht Kohle, sondern Wasser für das Feuer der SED sein."[40] Stark ausgeprägt war das überzonale, gesamtdeutsche Denken. Es kann daher nicht verwundern, daß die Junge Union in der sowjetisch besetzten Zone zu den treibenden Kräften für eine „reichsweite Organisation" der Parteijugend zählte.[41]

Die Gründungsgeschichte hat Peter Lorenz zusammengefaßt: „Die Junge Union Deutschlands ist aus eigener Initiative entstanden und nicht als Ergebnis parteitechnischer Planung. Sie wurde fast gleichzeitig überall in Deutschland ins Leben gerufen, ohne daß ihre Gründer voneinander wußten. Gemeinsam war allen der Wille zu christlicher Erneuerung der Politik, ohne Bindung an überholte parteipolitische Organisationen und vorgefaßte politische Rezepte."[42]

Die Junge Union

III. Organisation und Programm

1. Die gesamtdeutsche Junge Union

Im Frühjahr 1946 gewannen Bestrebungen, den zunächst sehr unterschiedlichen Gruppen feste organisatorische Strukturen zu geben, an Gewicht. So konstituierte sich in der sowjetisch besetzten Zone im März 1946 ein „Arbeitsausschuß Junge Union für die SBZ und Berlin". Auf dem ersten Berliner Parteitag der CDU in der sowjetisch besetzten Zone im Juni 1946, auf dem es zu einer überzonalen Fühlungnahme der jungen Generation kam, dachte man auch schon an eine gesamtdeutsche Vereinigung der christlich-demokratischen Parteijugend.[43] Berlin, Bayern und der Zonenausschuß in der britischen Besatzungszone unternahmen dann Ende des Jahres den Versuch, die Organisation der Jungen Union über die Länder- und Zonengrenzen hinweg auf ganz Deutschland auszudehnen.

Der erste Deutschlandtag der Jungen Union, bei dem Vertreter aus allen vier Besatzungszonen in Königstein/Taunus zusammen kamen, fand vom 17. bis 21. Januar 1947 statt. Hauptinitiatoren waren neben dem Landesverband Hessen, den CDU-Verbänden der britischen Zone und der Jungen Union Bayerns Mitglieder der Jungen Union Berlins. Dieser erste Deutschlandtag gilt allgemein als Gründungsversammlung der Jungen Union.[44]

An der Tagung in Königstein/Taunus nahmen lediglich Wolfgang Seibert vom Jugendreferat des Zonenvorstandes und sechs Delegierte der JU Berlin (Dorothee Dovifat, Ilse Fechner, Heinrich Keul, Fritz Klauck, Peter Lorenz, Rudolf Luster) teil, die über die Tagungsergebnisse informieren konnten. Den Jugendreferenten aus den fünf Ländern der sowjetisch besetzten Zone hatte die SMAD die Reiseerlaubnis verweigert. So hatte z. B. Ewald Ernst, Jugendreferent in Halle, sowohl über die Reichsgeschäftsstelle als auch als

Landtagsabgeordneter vergeblich versucht, eine Reisegenehmigung zu erhalten. Der „Jugendoffizier" der Kommandantur in Halle gab Ernst deutlich zu verstehen, die FDJ und nicht die unerwünschte JU müsse gestärkt werden.[45]

In einer „Königsteiner Erklärung" forderte die Junge Union die Sicherung der Existenzbedürfnisse im zerstörten Deutschland, einen gerechten Lastenausgleich, ein Siedlungsprogramm und eine Bodenreform sowie das Recht auf Mitbestimmung der Arbeitnehmer in den Betrieben. Außerdem appellierte sie an die Siegermächte, zu einer Lösung in der Kriegsgefangenenfrage unter internationaler Kontrolle zu kommen.[46]

Noch im gleichen Jahr folgten die Deutschlandtage in Berlin vom 28. bis 31. Mai 1947 und in Hamburg vom 12. bis 15. Oktober 1947. In Hamburg wurde die Errichtung eines Deutschland-Sekretariats beim Generalsekretariat der CDU/CSU-Arbeitsgemeinschaft in Frankfurt am Main beschlossen. Zum Bundesvorsitzenden wurde der nordrheinwestfälische Landtagsabgeordnete Dr. Bruno Six aus Köln gewählt. Als oberstes Organ der Vereinigung konstituierte sich der Deutschlandrat der Jungen Union, der aus den gewählten Landesvorsitzenden und deren Stellvertretern gebildet wurde. JU-Delegierte aus der SBZ konnten in Hamburg nicht teilnehmen.

Zum organisatorischen Rahmen der Jungen Union faßte man in Königstein folgenden Beschluß: „Die Junge Union umfaßt grundsätzlich alle Mitglieder der Union bis zum 40. Lebensjahr zum Zweck der politischen Bildung und Aktivierung der jungen Generation." Einigkeit wurde auch darüber erzielt, daß die Junge Union „kein Verein für sich und keine Partei für sich" darstelle.[47] Dies entsprach weitgehend der Position der Jungen Union in der sowjetisch besetzten Zone. Dort hatte Anfang Mai 1947 eine Tagung der „Arbeitskreise" das Selbstverständnis der christdemokratischen Jugendorganisation so erklärt: „Die ‚Junge

Union' beschränkt sich auf den unionspolitischen Arbeitsbereich unter Ausschluß aller übrigen Jugendarbeit. Die ‚Junge Union' ist also keine Jugendorganisation. Innerhalb der Gesamtpartei nimmt die ‚Junge Union' folgende Stellung ein: Sie umfaßt in der Regel alle CDU-Mitglieder bis zu 35 Jahren ... Sie stellt daher keine selbständige Organisationsform innerhalb der Union dar".[48] Die Altersgrenze von 35 Jahren hatte sich erst allmählich durchgesetzt. Noch 1946 gingen etwa die Landesverbände Sachsen und Brandenburg von einer Altersgrenze bis zu 25 Jahren aus.[49]

2. Die Junge Union in der sowjetisch besetzten Zone

a. Organisatorischer Aufbau
In der sowjetisch besetzten Zone und Berlin hatte sich der organisatorische Aufbau der Jungen Union seit 1946 weiter verstärkt.[50] Im Januar des Jahres fand bereits eine erste Arbeitstagung in Berlin-Tempelhof statt. Auf dem Programm standen Referate von Emil Dovifat („Propaganda und Aktivität"), Günther Hahn („Unsere Zukunft – Unsere Mitarbeit"), Georg Dertinger („Union und Sozialismus") und Manfred Klein („Mitarbeit in den Jugendausschüssen"). Gesprochen wurde außerdem über die weibliche Jugend in der Union sowie über Gewerkschaftsfragen.[51] Am Schluß der Tagung sang man gemeinsam das alte Kampflied „Wann wir schreiten Seit an Seit ...". Neben Vertretern der Kreisverbände der Jungen Union Berlins waren auch Mitglieder der Landesverbände Brandenburg und Thüringen anwesend.

Günther Hahn begründete die Eckdaten einer Mitarbeit der Jugend in Partei und Gesellschaft. Dabei forderte er, die Interessen der Jungen Union gegenüber der Parteiführung deutlich zum Ausdruck zu bringen. Für die Jugend insgesamt strebe man einen intensiven Austausch auf internationaler Ebene an. Zudem sei die Jugend verpflichtet, sich mit den Gepflogenheiten der Demokratie vertraut zu machen. Wichtig seien hierfür Möglichkeiten, schnell und gründlich zu lernen, sowie entsprechendes Informationsmaterial.[52] In der abschließenden Resolution wurde gefordert, den Leiter des Jugendreferates, Ernst Leuninger, in den Parteivorstand der Union zu berufen. In den Landes- und Kreisverbänden waren nach der Einrichtung von Arbeitskreisen ebenfalls Vertreter der Jugend in die Vorstände aufzunehmen. Zudem forderte man, ein hauptamtliches Jugendreferat mit entsprechender Ausstattung einzurichten.[53]

Auf einer Sitzung der Landesjugendreferenten am 9. Juli 1946 berichtete Peter Lorenz, daß das Jugendreferat des Landesverbandes Berlin seit dem 1. Juli des Jahres durch einen hauptamtlichen Jugendreferenten und eine Sekretärin besetzt sei. Bereits im März 1946 war der Landesverband in der ehemaligen Reichshauptstadt gegründet worden. Peter Lorenz[54] war zum ersten Vorsitzenden gewählt worden, Heinrich Keul[55] zum Landessekretär. Schnell gelang es, eine schlagkräftige Organisation aufzubauen. 1947/48 verfügte man mit Rudolf Luster[56] und Fritz Klauck[57] über zwei hauptamtliche Sekretäre sowie drei weitere Mitarbeiter.

Für Thüringen teilte Wolfgang Seibert auf dieser Sitzung mit, in jedem Kreis sei jetzt ein Kreisjugendbeauftragter eingesetzt, der zum Teil gewählt, zum Teil vorläufig beauftragt worden sei. Aus Sachsen konnte Hans-Bernhard Alpermann melden, daß Gerhard Schelzel[58] als Vertreter der jüngeren Generation in den Landesvorstand der CDU aufgenommen worden sei. Dies galt jedoch nur für den erweiterten Landesvorstand, während Schelzel im engeren, geschäftsführenden Vorstand nicht vertreten war. Dem Bericht Gerigks zufolge war die Arbeit in Brandenburg nur sehr schleppend angelaufen. Zwar sei er als Vorsitzender eines Bezirksverbandes der CDU bereits im Februar 1946 in den Landesvorstand gewählt worden, doch habe er der Jugendarbeit bis zur Unionstagung im Juni des Jahres nur wenig Beachtung geschenkt.[59]

Die organisatorische Aufbauarbeit war noch weitgehend durch Eigeninitiative und Improvisation gekennzeichnet. Zu den Aufgaben des Jugendreferenten in Sachsen-Anhalt gehörten beispielsweise die Kontaktpflege zu den JU-Gruppen im Landesverband, die Initiierung von Neugründungen, die Organisation von Rednerlehrgängen und Tagungen für Kreisreferenten sowie die Zusammenarbeit mit dem Jugendreferat in der Reichsgeschäftsstelle. Zu den ersten flächendeckenden Arbeitstagungen der Kreisjugendreferenten kam es in Thüringen und Brandenburg im Vorfeld der Wahlen im Juli 1946.[60]

Von der Reichsgeschäftsstelle aus versuchte man die Aufbauarbeit in den einzelnen Landesverbänden zu unterstützen. Im Frühjahr 1946 berichtete das Jugendreferat von zahlreichen Anfragen aus den Ländern und Provinzen, die auf eine einheitliche Ausrichtung der Jugendarbeit abzielten.[61] Um die finanziellen Möglichkeiten zu verbessern, stellten Ewald Ernst und Fred Sagner auf der Sitzung des Parteivorstandes am 5. Dezember 1946 einen Antrag auf Zuwendung von monatlich 2.000 RM. Zur Aktivierung der Jugendarbeit sollten mit diesen Mitteln in allen Landesverbänden hauptamtliche Jugendreferenten angestellt werden. Ferner waren Beihilfen für Arbeitstagungen und Fahrtkosten vorgesehen.[62] Bei derselben Sitzung stellte der Reichsjugendausschuß einen Antrag auf Unterstützung verfolgter Unionsmitglieder. Dabei wurde auf die Festnahme von Rudi Franzkowiak und sechs weiteren JU-Mitgliedern, auf die Verhaftung von fünf Jenaer Studenten, Exmatrikulationen, die Streichung von Beihilfen, den Entzug der Wohnung oder Aufenthaltsgenehmigung verwiesen, um eine finanzielle Unterstützung durch die Partei zu erwirken.[63] CDU-Mitglieder, die wegen ihrer Aktivität für die Partei in Not gerieten, sollten übergangsweise unterstützt werden.

b. Schulungsarbeit

Im Jahre 1946 baute die CDUD auch ihre Schulungsarbeit systematisch aus. Dabei sollten – so erklärte man im Landesverband Sachsen – besonders die jugendlichen Mitglieder politisch gebildet werden, um sie mit den neuen Gegebenheiten bekannt und vertraut zu machen. Die „innere Wandlung" vom Nationalsozialismus zur Demokratie sollte so geistig untermauert und gefestigt werden. In Dresden wurden in mehreren Stadtbezirken kleine Arbeitsgemeinschaften zur politischen Schulungsarbeit gebildet.[64]

Auch Jugendreferenten konnten an den 14tägigen politischen Lehrgängen in der Bildungsstätte der CDU in Blankenburg/Harz teilnehmen, die politisches Grundwissen – christliche Ethik, Demokratie, Sozialismus – und die Positionen der CDU in der Innen-, Außen- und Kulturpolitik vermittelten, aber auch Anleitung für die Praxis – Umgang mit Medien, Rhetorik – gaben.[65]

Bei den Vorstandswahlen in den Ortsgruppen und Kreisverbänden Anfang 1947 drängte die Junge Union darauf, die Jugendreferenten, die bislang häufig nur von den Vorständen eingesetzt oder geduldet wurden, durch Wahlen der Mitglieder- oder Kreisversammlung demokratisch zu legitimieren. Der Einfluß der JU auf die Parteiarbeit sollte damit verstärkt werden.[66] Einwirken konnte die Junge Union auch auf die Landtagsfraktionen der CDU, da in allen Landesverbänden mindestens ein Vertreter der CDU-Jugend als Kandidat für den Landtag nominiert und gewählt wurde, so z. B. Annerose Zibolsky in Brandenburg, Wilfried Parge in Mecklenburg-Vorpommern – er gehörte auch dem Jugendausschuß der Landtagsfraktion an[67] – und Wolfgang Ullrich[68] in Sachsen, Ewald Ernst in Sachsen-Anhalt und Walter Rücker in Thüringen.

Auch die Vereinheitlichung der Namensbezeichnung kam nur schleppend voran. Im Sommer 1947 genehmigte die SMA des Landes Sachsen-Anhalt offiziell die Bezeichnung „Junge Union". Das Betätigungsfeld der jungen CDU-Mitglieder sollte damit allerdings nicht geändert werden. Der organisatorische Aufbau war weiterhin ausdrücklich durch die Struktur der Orts-, Kreis- und Landesjugendreferate gekennzeichnet. Ziel der Genehmigung seitens der SMA war die Förderung des gesamtdeutschen Zusammenhalts der jungen Generation. Für die Arbeit der Jungen Union in der sowjetisch besetzten Zone hieß es in einem Bericht des Landesjugendreferenten, Franz Hylla[69], ausdrücklich: „Die Arbeit bezieht sich ... ausschließlich auf politische Schulungs- und Bildungsarbeit sowie Ausspracheabende, die rein politischen Charakter tragen."[70] An diesen Schulungsabenden durften keine parteilosen Jugendlichen teilnehmen. Auch durfte die Junge Union keine eigenständige kulturelle Jugendarbeit etwa in Laienspiel- oder Volkstanzgruppen durchführen. In Sachsen-Anhalt verfügte die Junge Union zu diesem Zeitpunkt in allen 38 Kreisverbänden über je einen Kreisjugendreferenten. Vertreter im geschäftsführenden Landesvorstand der CDU waren Gerald Götting, im erweiterten Hans Jaroni[71] und Fritz Gralmann.

In Thüringen hatte das Referat „Jahrgang 1910 und jünger" Anfang Februar 1946 Richtlinien für seine Arbeit erlassen. Demnach sollten innerhalb des Landesverbandes, der Kreisverbände und der Ortsverbände alle Mitglieder dieser Jahrgänge zusammengefaßt werden. Zu den besonderen Aufgaben des Referates zählte man die aktive Werbung und Propaganda, die politische Ausrichtung und Schulung, die Rednerausbildung, die Schaffung von Interessengemeinschaften, die Mitarbeit in den Jugendausschüssen beziehungsweise der FDJ, die sogenannte Mädelarbeit, die Gewerkschaftsarbeit, die Studentenarbeit und Neulehrerwerbung, die Kriegsopfer- und Hinterbliebenenbetreuung und den Suchdienst.[72]

In Sachsen wollte man nach Möglichkeit auf Orts- und Kreisverbandsebene je einen männlichen und weiblichen

Jugendreferenten einsetzen. Beim Landesjugendreferat sollten folgende Verbindungsstellen, die auch bei den Kreisverbänden errichtet werden konnten, zusammenlaufen: Propaganda und Aktivität, Presse und Information, Kultur, Hochschul- und Studentenfragen, Heimkehrerbetreuung, Sozialpolitik und Betriebsjugend, evangelische und katholische Jugend, weibliche Jugend sowie FDJ.[73] In der politischen Schulungsarbeit sollten die Richtlinien der CDU, die verschiedenen Weltanschauungen und politische Tagesfragen mit dem Hauptziel der Erziehung zur Demokratie erörtert werden.

In Berlin hatte man für den organisatorischen Aufbau – so etwa im Kreisverband Wedding – die Jugendleiter der katholischen Kirchen, der evangelischen Gemeinden und jüngere Mitglieder aus der Union in Arbeitskreisen zusammengefaßt.[74] Schulung und Werbung standen neben den Wahlen 1946 im Mittelpunkt der gesamten Arbeit. Dabei galt es, sich besonders mit dem Marxismus und Liberalismus auseinanderzusetzen. Für die CDU gab das Jugendreferat beim Landesverband die Parole aus: „Wir sind keine Dogmen-Partei, wir sind die Union der Tat."[75]

c. Sprecher und Jugendreferenten

Das Amt des Jugendsekretärs in der Berliner Reichsgeschäftsstelle bekleidete seit Mitte April 1946 Rudolf Franzkowiak. Er hatte Ernst Leuninger, der im Juli 1945 mit dem Amt betraut worden war, abgelöst. Leuninger war Anfang 1946 aus privaten Gründen in den Westen gegangen. Neben dem hauptamtlichen Jugendsekretär arbeiteten im Jugendreferat eine Sekretärin, Annemarie Rosga, und einige freiwillige Mitarbeiter. Franzkowiak, der auch schon von den Nationalsozialisten verfolgt worden war, wurde während des sächsischen Landtagswahlkampfes im August 1946 in Dresden auf offener Straße verhaftet.[76] Nach scharfen Protesten, auch der britischen Besatzungsmacht – Franzkowiak wohnte im britischen Sektor von Berlin –, wurde er am 4. November 1946 wieder freigelassen. Nach seiner Entlassung war Franzkowiak nicht mehr bereit, seine Arbeit für die Union fortzusetzen.[77] Sein Fall ist ein Beispiel für erfolgreiche Einschüchterungsmaßnahmen der sowjetischen Besatzungsmacht. Die Stelle des Jugendreferenten übernahm am 1. November 1946 Wolfgang Seibert, bisher Jugendreferent in Weimar, der Mitte Juli 1947 sein Amt aus Protest gegen die Sowjetisierung demonstrativ niederlegte.

Jugendreferenten in den Landesverbänden waren in Berlin Heinrich Keul, in Thüringen Walter Rücker[78], Wolfgang Seibert (bis 31. Oktober 1946) und Kurt Hellwig[79], in Sachsen-Anhalt Ewald Ernst (April 1946 bis März 1947) und Franz Hylla (seit 24. März 1947)[80], in Sachsen Hans-Bernhard Alpermann (1946) und Hans-Joachim Endler[81] (1947/48), in Brandenburg Hermann Gerigk und in Mecklenburg Wilfried Parge. Die Landesjugendreferenten trafen sich einmal monatlich mit dem Jugendsekretär beim Hauptvorstand zu Besprechungen. Die erste Zusammenkunft dieser Art fand am 9. Juli 1946 statt. Auf der Tagesordnung standen ein Rückblick auf den Parteitag, die Wahlvorbereitungen und organisatorische Fragen des Jugendreferates.[82]

Die Sprecher der Jungen Union erhielten im Juni 1946 durch einen Beschluß des ersten Parteitages im Zonenvorstand und in den Landesvorständen Stimmrecht, um die Interessen der jüngeren Mitglieder zu vertreten. Seitdem gehörten Fred Sagner (Junge Union Berlin) und Ewald Ernst (Junge Union in der SBZ) dem Parteivorstand an, seit Frühjahr 1947 kam noch Anneli Feurich (Dresden) hinzu.[83] Anstelle des verhafteten Ewald Ernst wurde Dr. Josef Bock aus Pirna, Leiter der CDU-Bildungsstätte in Blankenburg/Harz, im Sommer 1947 neben Sagner zum Sprecher der Jungen Union und Mitglied des Parteivorstands gewählt. Die offizielle Vertretung der CDU in der FDJ gehörte nicht zu den Aufgaben von Sagner und Ernst. Sie wurde in Absprache mit dem Parteivorsitzenden Jakob Kaiser von Manfred Klein wahrgenommen.[84]

Seit Oktober 1946 versandte Fred Sagner monatlich einen „Brief aus Berlin", um den Informationsaustausch mit der Basis der jungen Parteimitglieder zu verbessern. Zweck des Briefes war es zweifellos auch, die politischen Auffassungen Jakob Kaisers in die Parteijugend zu tragen.[85] Einfluß auf die CDU versuchte die Junge Union umgekehrt auf allen Parteiebenen vor allem durch die Wahrnehmung von Ämtern in den CDU-Vorständen und durch persönliche Kontakte auszuüben. Wo immer möglich, versuchte man, mehr als einen Vertreter der „Jugend" im jeweiligen Vorstand zu plazieren. In den Vorständen einiger Ortsverbände stellten die jüngeren Parteimitglieder sogar die Mehrheit.

Immerhin machten die jungen Parteimitglieder je nach Landesverband etwa 19 bis 35 % der Gesamtmitgliedschaft aus. Um die Jahreswende 1947/48 betrug die Zahl der jungen Mitglieder in der sowjetisch besetzten Zone etwa 42.000.[86] Im Kreis Leipzig machte der Anteil der Jugendlichen bei den Mitgliedern in der Altersgruppe der 16 bis 35jährigen in der CDU 39,6 %, in der LDP 36,5 und in der SED etwa 38 % aus.[87] Vergleicht man nur die 16 bis 25jährigen, so zeigt sich, daß CDU und LDP in dieser Altersgruppe gegenüber der SED weit vorne lagen. Während der Anteil in der SED lediglich 11,6 % betrug, lagen CDU (22,9 %) und LDP (21,2 %) fast doppelt so hoch.[88] In den Bezirken Dresden, Leipzig und Chemnitz machte der Anteil der Mitglieder der Jungen Union im Oktober 1946 28, 35 und 27 % aus.[89] In Sachsen-Anhalt lag der Anteil der Mitglieder im Juli 1947 sogar bei 37,4 %.[90] Eine Statistik über die Altersstruktur der CDU-Funktionäre im Landesverband Sachsen vom Dezember 1946 weist aus, daß die Altersgruppe der 16- bis 35jährigen mit 19 % vertreten war.[91]

d. Junge Union an den Hochschulen

Bereits im November 1945 konstituierten sich auch an den Universitäten, so etwa in Jena, Halle und Berlin, erste christlich-demokratische Hochschulgruppen.[92] Diese und weitere seit 1946 bestehende Gruppen fungierten anfangs allerdings noch vielfach getarnt als Ausschüsse und Referate. Im Januar 1946 wurde beim Jugendreferat des Hauptvorstandes ein „Hochschulreferat" eingerichtet, das Verbindung mit den Hochschulen in Berlin und in der gesamten sowjetischen Zone sowie mit der studentischen Jugend in Kirchen und anderen Parteien herstellen sollte. Mit dieser Aufgabe wurden betraut: Horst Selle (Köpenick) für die männliche Jugend und Edith Marga Lindner (Lichterfelde) für die weibliche Jugend.[93] Über die Gründung einer „Studenten-Union", „einer Vereinigung der Studenten, die sich der christlich-abendländischen Kultur verpflichtet fühlen" in Berlin und den einzelnen Landesverbänden wurde diskutiert.[94] Im Juni 1946 entstand aus dem „Kulturausschuß" der CDU beim Hauptvorstand ein „Unterausschuß für Universitäten" unter Leitung von Emil Dovifat und Hermann Mau[95], dem die Studenten Wrazidlo und Selle angehörten. Nach dem Weggang von Mau folgte Ende 1947 Ernst Benda als stellvertretender Leiter des Studentenreferates.[96] Auch auf Landesebene war vorgesehen, einen „Universitätsausschuß" als Unterausschuß der Jungen Union einzusetzen.[97]

Auf Initiative der Leipziger Gruppe kam es im März 1947 zu einem ersten gesamtdeutschen Treffen in Marburg. Lediglich aus der französischen Besatzungszone konnte aufgrund eines Verbotes niemand teilnehmen. Auf dem Treffen sprachen Konrad Adenauer, Johann Baptist Gradl und Emil Dovifat vor über 60 studentischen Vertretern über die geistige, politische und wirtschaftliche Situation Deutschlands.

3. Programm der Jungen Union
   in der sowjetisch besetzten Zone

Bereits Anfang des Jahres 1946 formulierte die Jugend der CDU in einer Resolution ihre Vorstellung von der künftigen Rolle der Jungen Union innerhalb der Partei. Demnach fühlte man sich mitverantwortlich für die Zukunft des deutschen Volkes und forderte die Anerkennung einer entsprechenden Position in der Partei.

Den neuen Kurs Jakob Kaisers und sein Programm des Christlichen Sozialismus unterstützte die Junge Union nachhaltig. Die CDU war nach Auffassung der Jugend nicht mehr als „bürgerliche" Partei anzusprechen.

Der Christliche Sozialismus wurde aus Sicht der CDU auch als Chance einer Neuorientierung der Jugend verstanden.[98] So betonte Leo Herwegen auf einer Vorstandssitzung am 27. Februar 1947 die Wichtigkeit der weltanschaulichen Schulung. Schließlich sei das Christentum „als sozialistischer Gedanke" älter als die Lehre von Marx. Die Aufklärungsarbeit in den Reihen der Jugend müsse daher hier ansetzen.[99] Die Begeisterung der Parteijugend der CDU für den von Jakob Kaiser geforderten Sozialismus aus christlicher Verantwortung kam in einem Flugblatt im Wahlkampf 1946 zum Ausdruck. Unter der Aufforderung „Wir rufen die deutsche Jugend!" hieß es wörtlich: „Nur in völliger Neuordnung unseres sozialen Lebens, davon sind wir überzeugt, kann die Not unserer Tage gewendet werden, aus christlichem Geiste – aber in sehr aktiver Tat und Leistung. Der Sozialismus aus christlicher Verantwortung wird der große soziale Grundakkord des kommenden Zeitalters sein."[100]

Bei den Wahlen im Herbst 1946 engagierte sich die Junge Union mit ganzer Kraft im Wahlkampf für die CDU und stellte nahezu alle Aktivitäten hierauf ab.[101] Zu den eifrigsten Versammlungsrednern der Jungen Union gehörte

Wolfgang Seibert, der allein bis Februar 1947 in über 120 öffentlichen Versammlungen der CDU auftrat.[102] Während des Wahlkampfes hegte man wie Jakob Kaiser die Hoffnung, den Anspruch der SED als Staatspartei brechen zu können. In einem „Berliner Brief" an Mitglieder der Jungen Union gab Fred Sagner der Hoffnung Ausdruck, daß durch die Landtagswahlen auch endlich der „Vorherrschaftswahn" der SED gebrochen werden könne, der sich in allen Ämtern und Dienststellen ohne jegliche Begründung breitgemacht habe.[103]

Als eine herausgehobene Zielgruppe bemühte sich die Junge Union besonders um die Heimkehrer. 1944/45 hatten über zwei Millionen junge Männer im Alter zwischen 17 und 25 Jahren im Kriegseinsatz gestanden. Im Herbst 1944 waren hunderttausende Angehörige des Jahrgangs 1928 und im März 1945 waren auch 15jährige einberufen worden. Vor diesem Hintergrund wurde im Juni 1946 Heinrich Keul die Leitung einer neu errichteten „Verbindungsstelle Heimkehrer" im Jugendreferat der CDUD übertragen. In den Landesverbänden bestand lediglich in Sachsen ein hauptamtliches Referat für Flüchtlinge, Heimkehrer und Umsiedler. Ewald Ernst forderte daher vor dem Jugendausschuß des ersten Parteitages der CDU die Einrichtung von Heimkehrerreferaten in allen Landesverbänden. Auf diesem Wege wollte man sich darum bemühen, die Heimkehrer persönlich anzusprechen, um sie möglichst schnell in die Gesellschaft zu integrieren. Klage wurde aber auch darüber geführt, daß die Heimkehrer in den Auffanglagern immer wieder einseitiger parteipolitischer Beeinflußung ausgesetzt seien.[104] Vielfach machte sich die Junge Union auch öffentlich zum Anwalt der aus dem Krieg zurückgekehrten Soldaten. Gegen einen Artikel in der „Neuen Zeit", der über die Tapferkeit und das Heldentum der sowjetischen Soldaten während der Kämpfe um Stalingrad berichtete, die Leistungen der deutschen Soldaten aber mit keinem Wort erwähnte, erhob das Jugendreferat der CDU scharfen Protest.[105]

Auf dem 2. Parteitag der CDU im September 1947 nahm der Jugendausschuß eine Entschließung an, in der er grundsätzlich zu mehreren politischen Themen Stellung bezog.[106] Hierin bekannte sich die Junge Union „zu einer Politik, die mit dem Christentum radikal ernst macht, vor allem auch auf dem Gebiete der Völkerverständigung und der sozial-wirtschaftlichen Neuordnung unseres Volkes." Das „bittere Leid heimatvertriebener Mitmenschen" sowie der verhafteten Parteifreunde und vieler Jugendlicher sah man als „große Verpflichtung" an. Vor diesem Hintergrund appellierte der Jugendausschuß an die Besatzungsmächte, „uns den Weg aus Furcht und Not zu ebnen". Dabei erhob man erneut die Forderung, „mit der politischen Schuldloserklärung der deutschen Jugend endlich ernst zu machen und auch jene nicht büßen zu lassen, die als Soldaten und Offiziere frei von Schuld ihre Pflicht taten." Indirekt wurde in der Entschließung auch die Position Kaisers unterstützt, wenn es hieß: „Wir vertrauen allein jenen Politikern, die im Dienste unseres Volkes verantwortungsbewußt, opferbereit und wahrheitsliebend den Mut zur Tat finden."

Die Beziehungen zu den Freunden der Jungen Union in den Westzonen spielten für die programmatische Entwicklung keine ausschlaggebende Rolle. Kontakte zum Westen waren durch die sowjetischen Reisebeschränkungen sowie die ungenügenden Verkehrsmöglichkeiten stark eingeschränkt. Die Initiative zur Kontaktpflege ging vielfach von den Westzonen aus. So wurde dort der Wunsch geäußert, für einen allgemeinen Austausch mit Mitgliedern der JU in der SBZ in einen Briefwechsel zu treten. Aus Bayern trug man an das Jugendreferat der Reichsgeschäftsstelle die Bitte heran, Juristen, Soziologen, Verfassungsrechtler und Sozialpolitiker an das bayerische Landessekretariat zu melden, um so über die Zonengrenzen hinweg eine Dis-

Die Junge Union

kussion über die Struktur eines föderativen deutschen Staates in Gang zu bringen.[107] Aber auch aus studentischen Kreisen in der sowjetisch besetzten Zone kam der Wunsch nach einer Kontaktaufnahme mit dem Westen und der Übernahme von Patenschaften der Universitäten in den westlichen Besatzungszonen.[108] Obwohl die Kontaktaufnahme mit Gruppen der JU in den Westzonen schwierig war, suchte die Parteijugend in weiten Teilen eine stärkere Anlehnung an den Westen. – Die vom I. Volkskongreß Ende 1947 betriebene Verstärkung der Ostorientierung wurde abgelehnt.

IV. Junge Union und FDJ

Am 7. März 1946 wurde die FDJ unter Vorsitz von Erich Honecker gegründet. Seinen Abschluß fand der Gründungsvorgang durch das I. Parlament der FDJ vom 8. bis 10. Juni 1946 in Brandenburg/Havel mit der Verabschiedung der Verfassung, der Grundsätze und Ziele der FDJ und der Proklamation der Grundrechte der jungen Generation. Eine Bezugnahme auf die SED oder den Sozialismus wurde dabei vermieden. Vielmehr standen allgemeine demokratische Forderungen, unter anderem nach einer stärkeren Berücksichtigung der Jugend im politischen Leben, der Herabsetzung des Wahlalters auf 18 Jahre,[109] der Verbesserung des Arbeitsschutzes und dem Recht auf Bildung im Vordergrund.

Zur Beruhigung der bürgerlichen FDJ-Mitglieder hatte Erich Honecker unter dem „stürmischen Beifall" der Delegierten erklärt, die Mitglieder und Funktionäre der FDJ hätten „die Verpflichtung, den überparteilichen Charakter unserer Organisation wie unseren eigenen Augapfel zu hüten".[110] Dennoch war es am Rande des I. Parlaments zu einem Eklat zwischen kommunistischen und bürgerlichen

Jugendvertretern gekommen. In einem inoffiziellen Gespräch hatten die FDJ-Landesleiter von Sachsen und Sachsen-Anhalt, Bialek und Gerats, das Verhältnis zur Kirche diskutiert und die Zugeständnisse an sie als rein taktisch charakterisiert. Aufgrund dieses Zwischenfalls zog Waldemar Pilaczek[111] zunächst seine Kandidatur für den Zentralrat zurück. Das Verlesen einer Protesterklärung und ein demonstratives Verlassen der Konferenz durch 55 christlich orientierte Teilnehmer konnte von Seiten der Kommunisten nur mit Mühe abgewendet werden. Eine offene und lautstarke Sympathiekundgebung für die christlichen Vertreter – die zweifellos rein taktisch motiviert war – verhinderte einen dauerhaften Bruch. Dennoch ergab sich ein fader Nachgeschmack. In einem Bericht der Jugendvertreter der Union klagte man über das spontane Absingen von zum Teil stark einseitig ausgerichteten Liedern oder parteipolitischen Äußerungen wie „Traktoren-Stoßbrigade", die das I. Parlament teilweise gekennzeichnet hatten.[112]

Im Sekretariat des Verbandes saßen neben neun SED-Mitgliedern zwei Christdemokraten, ein Liberaler sowie zwei Kirchenvertreter. Für die wichtigen Ressorts, wie die Abteilungen Organisation, Schulung und Presse waren Funktionäre der SED zuständig, während die bürgerlichen Vertreter für Sport, Kultur und Mädchenarbeit verantwortlich zeichneten. Im Zentralrat der FDJ waren die Mehrheitsverhältnisse noch eindeutiger. Hier standen 47 SED-Mitgliedern acht CDU-, drei LDP-, zwei Kirchenvertreter sowie zwei Parteilose gegenüber. Trotz dieser erdrückenden Mehrheitsverhältnisse ging manchem jungen kommunistischen Delegierten die Rücksichtnahme gegenüber den bürgerlichen Kräften zu weit. Ihnen mußte der Landesleiter der sächsischen FDJ, Robert Bialek, erklären: „Ihr seid ja dumm, wir müssen die Kirchen erst an uns ziehen, umso leichter können wir ihnen dann den Schnorchel umdrehen!"[113]

Vor dem Hintergrund des Gründungsprozesses der Jungen Union und der Machtverhältnisse in der FDJ entwickelte sich in den folgenden Monaten ein Nebeneinander von zögerlicher Mitarbeit in der FDJ und dem Bemühen um eine eigenständige Jugendarbeit der Jungen Union. Dieses Nebeneinander war auch durch die Hoffnung begründet, doch noch die Zulassung einer weiteren Jugendorganisation in der sowjetisch besetzten Zone zu erreichen. Sollte in Berlin die Genehmigung eines Christlichen Jugendringes (CJR) gelingen, so wollte man diesen auch für die sowjetische Zone beantragen.[114] Dessen ungeachtet versuchte die SMAD immer wieder, die Arbeitskreise der jüngeren CDU-Mitglieder zum kollektiven Beitritt zur FDJ zu bewegen. Die sowjetischen Forderungen wurden meist mit der Begründung zurückgewiesen, die Junge Union sei weder von der Altersstruktur noch von der Aufgabenstellung her ein Jugendverband.[115]

Die Aktivitäten in den Ausschüssen und Arbeitsgemeinschaften der Ortsgruppen der Jungen Union glichen immer mehr denen einer Parteijugendorganisation. Neben Schulungskursen wurden auch öffentliche Bildungsabende und sogar Tanzveranstaltungen angeboten. Letztlich waren diese Aktivitäten, die unter dem Deckmantel erlaubter Parteiarbeit durchgeführt wurden, illegal.[116] Der halblegale Status der Jungen Union führte dazu, daß ihr politischer Handlungsspielraum immer mehr eingeengt wurde. Die Kontrolle durch SMAD und SED war auch hier nahezu total.

Die Führung der CDU in Berlin schenkte der Freien Deutschen Jugend zunächst nur wenig Beachtung. In der Entschließung zur Jugendpolitik, die der erste Parteitag der CDU im Juni 1946 verabschiedete, wurde die Existenz der FDJ nicht einmal erwähnt. Allerdings war nach dem Parteitag von einer materiellen Unterstützung des Zentralrats der FDJ für die Errichtung einer Bibliothek die Rede.

Hierfür waren bereits 3.000 RM angewiesen worden.[117] Auch von den Landesverbänden war die Gründung der FDJ zumindest vordergründig positiv aufgenommen worden. So wurde in Sachsen die Konstituierung der Jugendorganisation am 20. März 1946 von der CDU „stark besucht und unterstützt", wie es in einem Bericht an die Sowjetische Militäradministration hieß. In Chemnitz proklamierte man die Mitarbeit in der FDJ als „unbedingte Pflicht", und in Leipzig erteilte man von Seiten des CDU-Landesverbandes die verbindliche Anweisung, „unter allen Umständen in der FDJ vorbehaltlos mitzuarbeiten".[118]

Auf dem Parteitag der CDUD im Juni 1946 war die Haltung der Jungen Union zur FDJ im Ausschuß für Jugendfragen kontrovers diskutiert worden. Dabei betonte Wolfgang Seibert, man habe bislang Konzessionen machen müssen, die kaum noch zu verantworten seien. Man müsse sich jetzt darüber klar werden, ob in dieser Weise weiter mitgearbeitet werden könne. Die Jugendlichen in der sowjetisch besetzten Zone wollten schließlich nicht nur Konzessionen sehen, sondern erwarteten eine starke Haltung der Jungen Union. Manfred Klein erklärte daraufhin, es könne auf der Sitzung nicht darum gehen, einen Beschluß zu fassen, aus der FDJ auszutreten. Die derzeitige Haltung der CDU sei folgende: Die Union unterstütze jede Jugendorganisation, nicht nur die FDJ. Sollten andere Jugendorganisationen zugelassen werden, so werde die FDJ zur Zusammenarbeit aufgefordert. Lehne sie diese ab, so sei der Beweis erbracht, daß sie den Anspruch auf eine Staatsjugend erhebe. Von einem vorzeitigen Ausscheiden der Jungen Union riet Klein nachdrücklich ab.[119]

Klein sah jedoch von Anfang an aufgrund der Monopolstellung der FDJ in der sowjetisch besetzten Zone eine unterschiedliche Entwicklung der Jugendarbeit dort und in Berlin. So bestünde in Kreisen der kirchlichen Jugendarbeit eine scharfe Opposition gegenüber der FDJ, während andere Gruppen für eine Zusammenarbeit einträten.[120]

Die Haltung der Union in Berlin zur FDJ und die weiteren Ziele machte Peter Lorenz auf einer Sitzung des Hauptvorstandes am 6. November 1946 deutlich. Dabei unterstrich er die Bereitschaft zur Zusammenarbeit mit jedem, der guten Willens ist. Man wolle jedoch, „daß die kommende Generation Herr ihres Gewissens ist, daß sie freiwillig unter toleranter Achtung anderer Ansichten am Neubau ihres Staates mitarbeitet, und sich nicht in steigendem Maße im Kampf um ihre Freiheit seelisch und physisch erschöpft."[121] Um materieller Vorteile willen wolle man seine Gesinnung nicht preisgeben. Wenn man bereit sei, alles für die neue Demokratie einzusetzen, so sei man ebenso entschlossen, nie seine Freiheit zu opfern. Weiterhin machte Lorenz deutlich, daß die baldige Bildung freier Jugendorganisationen angestrebt werde, da die Erziehung der Jugend in einer einzigen Organisation unmöglich sei. Die bisherige Schulungsarbeit der FDJ sei rein marxistisch ausgerichtet. Auch über die Erfahrungen aus dem Wahlkampf konnte Lorenz nichts Positives berichten. Zusammenfassend urteilte er: „Wir betrachten die FDJ in ihrer heutigen Form nur als Übergangslösung und sind der Auffassung, daß man zu geeigneter Zeit eine neue gemeinsame Plattform der Zusammenarbeit finden muß."[122] Nach allgemeiner Einschätzung der Jungen Union endete die sogenannte Überparteilichkeit der FDJ oftmals schon bei den Kreisleitungen. Den örtlichen Funktionären warf man vor, aus der FDJ zumeist eine SED-Jugendorganisation gemacht zu haben.[123]

Die Einflußlosigkeit der Jungen Union innerhalb der FDJ läßt sich am Schicksal der acht CDU-Mitglieder im Zentralrat deutlich machen: Bereits am 26. Juli 1946 beschloß das Sekretariat der FDJ-Landesleitung Sachsen, Waldemar Pilaczek, Mitglied des Landesverbandes der CDU Sachsen und Mitglied des Zentralrats der FDJ, aus dem Jugendverband auszuschließen. Grund für den Ausschluß war ein Referat, in dem Pilaczek angeblich erklärt hatte: „Wir haben noch nicht die Möglichkeit, eine eigene Jugendorganisation zu bilden, daher müssen wir in der FDJ mitarbeiten."[124]

Ein weiteres CDU-Mitglied des Zentralrats, Manfred Klein, wurde am 13. März 1947 verhaftet. Klein hatte zum Teil in enger Abstimmung mit dem katholischen Domvikar Robert Lange im Zentralrat Gegenpositionen zur SED bezogen. Um dem Totalitätsanspruch der FDJ entgegenzuwirken, stellte er im Zentralrat Anfang 1947 den Antrag, den vier Grundrechten als fünftes das Recht auf Freiheit hinzuzufügen und jede Anwendung von Gewalt zu ächten. Der Zentralrat lehnte den Antrag ab.[125]

Auf einer Tagung des Zentralrats am 15./16. April 1947 mußte das Sekretariat zudem bekanntgeben, daß Günther Hahn schriftlich seinen Austritt aus der FDJ mitgeteilt habe. Seiner Ansicht nach war der Einfluß der SED auf den Jugendverband zu stark geworden. Hahn, der als Redakteur bei der Zeitung „Neues Leben" arbeitete, hatte bereits im November 1946 auf der 4. Tagung des Zentralrats die „SED-Propaganda" an den FDJ-Schulen kritisiert.[126] Hintergrund der programmatischen Auseinandersetzungen im Zentralrat der FDJ Ende 1947 war nicht nur die zunehmende Annäherung an die SED. CDU- und LDP-Vertreter forderten dort auch eine direkte Absage der FDJ an jede Form von Gewalt in der politischen Auseinandersetzung sowie ein Abrücken von der einseitigen Bindung an sowjetische Positionen.

Im Januar 1948 verließen auch Edith Marga Lindner und Rita Wrusch die FDJ.[127] Damit schieden fünf der acht auf dem ersten Parlament der FDJ gewählten Mitglieder der CDU innerhalb der ersten zwei Jahre aus. Im April 1950 wurde die „Entlarvung" des „kaisertreuen Doppelzünglers" Paul Schyma, der in den Westen geflohen war, bekanntgegeben. Das Schicksal Kurt Lindners ist bislang unklar. Lediglich Annerose Zibolsky[128] paßte sich an die

Verhältnisse in der SED-Diktatur an. Von den wichtigen Repräsentanten der Jungen Union auf Landesebene flohen Wilfried Parge (Mecklenburg), Ferdinand Treimer (Halle) und Franz Hylla (Sachsen-Anhalt) 1946–1948 in den Westen.[129] Hans-Bernhard Alpermann (Sachsen) nahm ein Augenleiden zum Vorwand, um sich krank schreiben zu lassen und sich aus der Politik zurückzuziehen.[130]

Bereits auf dem II. Parlament der FDJ vom 23. bis 26. Mai 1947 in Meißen kam es zu einer verstärkten politischen Akzentuierung und dem Beschluß zur Uniformierung der Mitglieder durch das Blauhemd und die blaue Fahne mit der aufgehenden Sonne. Noch vor Gründung der DDR wurde auf dem III. Parlament vom 1. bis 5. Juni 1949 in Leipzig eine neue Verfassung verabschiedet, in der sich die FDJ die Ziele der SED zu eigen machte, die geheimen Wahlen innerhalb der Jugendorganisation abschaffte und die Voraussetzungen für ein straffes Schulungssystem schuf. Zudem waren alle Mitglieder des vom Zentralrat im Anschluß an das III. Parlament im Juni 1949 gewählten Sekretariats Mitglieder der sozialistischen Partei. Damit war die FDJ für ihren eigentlichen Auftrag, „Reserve und zuverlässiger Helfer der SED" zu sein, bestens gerüstet.[131]

Auf dem IV. Parlament vom 27. bis 30. Mai 1952 in Leipzig wurde der Führungsanspruch der SED durch die Abänderung der 1949 verabschiedeten Verfassung des Jugendverbandes dann auch unverhohlen anerkannt. Es wurde bekräftigt, die FDJ gehöre ins „Lager des Friedens, der Demokratie und des Sozialismus, an dessen Spitze die große Sozialistische Sowjetunion steht". Die Freie Deutsche Jugend anerkenne „die führende Rolle der Arbeiterklasse und der großen Sozialistischen Einheitspartei Deutschlands".[132] Wohin sich die FDJ entwickelt hatte, machte ein Grußwort des zweiten Sekretärs des sowjetischen Komsomol deutlich. Am Ende seiner Rede rief er den Delegierten zu: „Es lebe der Führer des deutschen Volkes, Wilhelm Pieck! Ruhm dem großen Führer der Werktätigen, dem heißgeliebten Genossen Stalin!"[133]

Die hier geschilderten Vorgänge bildeten den Kern der Auseinandersetzung mit der Sowjetischen Militäradministration und deren Festlegung auf lediglich eine staatlich kontrollierte und damit kommunistisch gesteuerte Jugendorganisation. Dabei bedeuteten für die Junge Union sämtliche Tätigkeiten der FDJ ein kontrollierendes Element, da diese die Übereinstimmung von SED-Vorgaben und tatsächlichem Verhalten Jugendlicher überprüfte und ihre Macht zur Beeinflussung einsetzte.[134]

V. Verfolgung und Widerstand

Die Mitgliedschaft in der JU hatte in Einzelfällen Repressalien, Festnahmen und langjährige Inhaftierungen zur Folge. Bereits im Zusammenhang mit den Wahlen 1946 kam es zu zahlreichen Verhaftungen; viele der meist jugendlichen Plakatkleber wurden für einige Wochen eingesperrt.[135] Das Spektrum „nachhelfender" Terrormaßnahmen war breit: Razzien machten die Versammlungsteilnehmer namhaft, FDJ-Trupps sprengten Gesprächsrunden, Mitglieder des FDGB diskriminierten Angehörige der Jungen Union in den Betrieben, und Schülern wurde mit dem Schulverweis gedroht. Beachtenswert war auch der Widerstand junger Menschen gegen die Scheinwahlen in der DDR. So wurden in den Jahren 1950 bis 1951 zahlreiche Studenten, Oberschüler und Lehrlinge von Landgerichten der DDR oder von sowjetischen Militärgerichten zu hohen Freiheitsstrafen, in einigen Fällen sogar zum Tode verurteilt.[136]

Unmittelbar nach dem Marburger Studententreffen im März 1947 begannen in der sowjetischen Zone verschärfte Repressionsmaßnahmen. Durch Manipulationen aller Art, Strafandrohungen, Relegationen und Verhaftungen wurden die Hochschulen im sowjetisch besetzten Teil Deutschlands der kommunistischen Diktatur unterworfen. Bei den Wahlen für die Studenten- und Fakultätsräte gab es nach der Gründung der DDR im Oktober 1949 nur noch Einheitslisten. Dennoch dauerte es noch bis in das Jahr 1950 hinein, bis die studentischen Vertreter von CDU und LDP ausgeschaltet waren. Vereinzelt konnten sich sogar – wie etwa in Rostock – Hochschulgruppen der CDU als Widerstandszirkel bis 1952 halten.

Schwerpunkte der Opposition von Studenten und Hochschullehrern bildeten 1948 bis 1950 die Universitäten Greifswald, Halle, Jena, Leipzig, Rostock und Berlin. Unter der SED-Diktatur wurden mindestens 1.200 Studenten und Professoren verhaftet und verurteilt. Unter ihnen waren Arno Esch (Rostock, LDP) und Herbert Belter (Leipzig, parteilos), die zum Tode verurteilt und in Moskau erschossen wurden.[137] Mit massiven Verfolgungen durch Todesurteile, Deportationen und Verurteilungen bis zu 25 Jahren Zwangsarbeitslager wurde jeglicher Widerstand durch die Besatzungsmacht und die SED-Schergen gebrochen. Als Beispiel seien hier nur drei Menschen genannt, die im Kampf für die Freiheit ihr Leben opferten: Der Berliner Student und Leiter der Jungen Union Schönweide, Wolfgang Schipke, der 1948 im Lager Sachsenhausen den Tod fand und Werner Ihmels aus Leipzig, der 1949 im berüchtigten „Gelben Elend" in Bautzen verstarb. Der 1927 geborene Karl Alfred Gedowski aus Rostock kam nach seiner Verurteilung zum Tode 1951 in der Sowjetunion um.[138]

Ein eindrucksvolles Beispiel für die Verfolgung freiheitlich orientierter Studenten war die Berliner Universität. Die Zielvorgabe der Sowjets wurde hier schnell deutlich. Sie erstrebten die alleinige Kontrolle der Universität und deren Sowjetisierung, „das heißt die totale Unterordnung unter die politischen und wirtschaftlichen Notwendigkeiten, die die Heranbildung einer ausschließlich der Partei ergebenen Elite für den Aufbau einer sozialistischen Gesellschaftsordnung möglich machte".[139]

Mit der Schaffung der Zentralverwaltung für Volksbildung am 12. September 1945 ging nicht nur die Verwaltung der Berliner Universität vom Magistrat auf diese über, auch der „Zentralausschuß der Studentenschaft beim Magistrat von Groß-Berlin" existierte von nun an nicht mehr. Nach der formalen Auflösung im November 1945 wurde statt seiner die „Studentische Arbeitsgemeinschaft im Jugendausschuß der Stadt Berlin" gegründet. Vorsitzender dieser Arbeitsgemeinschaft wurde das CDU-Mitglied Georg Wrazidlo.[140]

Wrazidlo war Offizier der Wehrmacht gewesen, hatte dies allerdings gegenüber den amtlichen Stellen verschwiegen. Als Mitglied einer „antifaschistischen Widerstandsgruppe" war er später mit dem Attentat des 20. Juli 1944 in Verbindung gebracht worden. Die Amerikaner hatten den durch die Nationalsozialisten zum Tode Verurteilten im April 1945 aus dem Konzentrationslager Buchenwald befreit. Die Einsetzung Wrazidlos signalisierte, daß die Kommunisten an ihrer Strategie festhielten, an den Universitäten eine breite „antifaschistisch-demokratische" Basis zu etablieren. Vor diesem Hintergrund war man bereit, bürgerliche und zur Zusammenarbeit mit den Kommunisten bereite Studenten zu fördern. Eine ehrliche Zusammenarbeit strebte auch Wrazidlo an, zumal die Vorbereitungen zur Wiedereröffnung der Universität große Fortschritte machten.

Allerdings kam es anläßlich der Feiern zum 1. Mai 1946 zu einem Eklat. Noch unter dem Eindruck der Vereinigung von KPD und SPD wenige Tage zuvor hatten SED-Vertreter an der Universität rote Fahnen und ein Transparent mit dem neuen Parteiemblem gehißt. Lautsprecherwagen warben zudem für den Sieg des Sozialismus. In einem offenen Brief protestierten hiergegen etwa 30 Mitglieder der Studentischen Arbeitsgemeinschaft. Die Gruppe bekannte sich zwar nachdrücklich dazu, daß die akademische Jugend an diesem Feiertag die werktätige Bevölkerung grüße und daß die Fahnen der alliierten Siegermächte an der Universität gezeigt würden. Weiter hieß es jedoch: „Aber wir unterzeichnenden Studenten und Studentinnen aller Fakultäten erheben öffentlich und in aller Form Protest dagegen, daß an der Universität Fahnen und Symbole politischer Parteien gezeigt werden. Die Universität dient der Wissenschaft und Bildung und ist keine Parteiinstitution. Wir bitten, in Zukunft von der Anbringung derartiger Symbole Abstand zu nehmen."[141] Nach dieser mutigen Protestaktion wurde Georg Wrazidlo sofort seines Amtes als Vorsitzender der Arbeitsgemeinschaft enthoben. Den anderen Unterzeichnern wurden disziplinarische Maßnahmen angedroht.

Gut ein Jahr später fielen die Reaktionen der sowjetischen Besatzungsmacht auf den Widerstand studentischer Vertreter nicht mehr so moderat aus. Am 6. Februar 1947 fanden die Wahlen des Studentenrates (28 Sitze) und der Fakultätsräte (54 Sitze) an der Berliner Universität statt. In die Fakultätsräte wurden keine SED-Vertreter gewählt! Der Studentenrat bestand aus sechs Vertretern der SPD, vier der CDU, zwei der LDP, vier der SED und zwölf Parteilosen.

Eine Reaktion auf die für die Kommunisten so deutlich verlorenen Wahlen ließ nicht lange auf sich warten. Die Unterdrückung oppositioneller Meinungen schlug nun in offenen Terror um. Am 8. März 1947 verhaftete der NKWD die im Zulassungsbüro beschäftigte parteilose Studentin Gerda Rösch, einige Tage später das Mitglied des Studentenrates und den CDU-Vertreter im Zentralrat der FDJ, Manfred Klein, ferner den parteilosen Chemiestudenten Wolf-Arnim Probst[142] sowie Georg Wrazidlo. Wrazidlo war von verschiedenen Studenten im Ostsektor in einem amerikanischen Jeep gesehen worden, was allgemein als Tollkühnheit galt.[143] Der 29jährige Medizinstudent aus Berlin-Reinickendorf wurde am 13. März 1947 im Cafe Kranzler, Unter den

Linden, nach Kontrolle seiner Papiere abgeführt.[144] Festgenommen wurden bei dieser Verhaftungswelle außerdem Joachim Begler und Joachim Wolf[145] (beide Berlin), Anita Grekowski (Weimar), Siegfried Pistorius (Dresden), Hans Schmidt (Leipzig), der Redakteur beim „Neuen Weg" in Halle, Schmitz-Stölting, Walter Stephan und Günther Sögtrop[146] (ebenfalls beide Halle) und Hans Westphal (Plauen).

Ein Grund für die Verhaftung von Manfred Klein war wohl sein unerschrockenes Wirken gegen Gewaltanwendung und für Freiheitlichkeit in der FDJ.[147] In der Zeit des Nationalsozialismus hatte er sich in der katholischen Jugendarbeit engagiert und war 1942 von der Gestapo verhaftet worden. 1944 hatte Klein nach einer schweren Kriegsverwundung ein Studium der Germanistik in Breslau begonnen. Nach weiterem Kriegsdienst und russischer Kriegsgefangenschaft hatte er eine Antifa-Schule der Roten Armee absolviert, aus der er am Ende des Krieges entlassen worden war.[148] In der katholischen Gemeinde Sankt Gertrud in der Greifswalder Straße hatte sich in den folgenden Monaten eine Jugendgruppe um Manfred Klein gebildet, die eine Mitarbeit in der FDJ und in der Jungen Union anstrebte.[149] Seit November 1945 gehörte Klein der CDU an und war Vorsitzender der Jungen Union Prenzlauer Berg. 1945 bis 1947 war er Mitglied im Zentralen Jugendausschuß der SBZ bzw. im Zentralrat der FDJ. Nach seiner Verurteilung zu 25 Jahren Freiheitsentzug saß er von 1947 bis 1956 in Bautzen und Torgau in Haft.

Auch der offene Protest des Studentenrates und die Verteilung von Flugblättern konnten keine ordentlichen Gerichtsverfahren für die Verhafteten erzwingen. Am 28. März 1947 erschien im „Neuen Deutschland" lediglich ein Kommuniqué.[150]

Im Zusammenhang mit diesen Terrormaßnahmen stand auch die Verhaftung von Ewald Ernst, Mitglied des Vorstandes der CDU und Landtagsabgeordneter in Sachsen-Anhalt, der in Halle am 16. März 1947 beim Betreten seiner Wohnung von zwei Zivilisten mit vorgehaltener Pistole abgeführt wurde.[151] Ernst hatte seine politische Tätigkeit im Herbst 1945 in Dessau begonnen, wo seit September eine Ortsgruppe der CDU unter Vorsitz von Ludwig Müller bestand. Gemeinsam mit Barbara Spaleck war Ernst am 11. Februar 1946 in den Ortsvorstand der Dessauer Union als Vertreter der Jugend gewählt worden. Seit April 1946 war er als Jugendreferent des CDU-Landesverbandes der Provinz Sachsen in Halle tätig. Das neu geschaffene Jugendreferat wurde als Sonderabteilung dem Landessekretariat zugeordnet. Zu den Aufgaben von Ernst gehörten die Jugend- und Studentenarbeit, die Heimkehrerbetreuung und die Erstellung der Vorstandsprotokolle.[152] Im Herbst 1946 wurde Ernst in den Landtag gewählt, wo er das Amt des Fraktionsgeschäftsführers und des Schriftführers übernahm. Seit dem ersten Parteitag im Juni 1946 gehörte er gemeinsam mit Fred Sagner dem Reichsvorstand der CDU an.

Am 11. März 1947 verschwand auch Joachim Wolf aus Berlin-Oberschönweide, der Leiter der dortigen Ortsgruppe der Jungen Union. Verhaftet wurde ebenso der 19jährige Student der Veterinärmedizin und Pressereferent der FDJ, Günther Sögtrop, der zu den CDU-Mitgliedern der ersten Stunde in Halle gehörte und an der Universität Berlin immatrikuliert war. Zwischen dem 8. und 17. März 1947 waren in Berlin und anderen Orten der sowjetisch besetzten Zone insgesamt etwa 20 Personen inhaftiert worden. Die Verhaftungsaktionen richteten sich sowohl gegen den studentischen Widerstand als auch gegen die CDU-Jugendarbeit in der sowjetisch besetzten Zone.[153]

Nach einer ungewöhnlich langen Untersuchungshaft im sogenannten „U-Boot" in Berlin-Hohenschönhausen verurteilte Ende 1948 ein sowjetisches Militärtribunal Wrazidlo, Klein und Ernst zu 25 Jahren Zuchthaus. Zu den in diesem Prozeß Verurteilten gehörten ferner der parteilose

Ingenieur Werner Bar, der Student Georg-Robert Blum (verhaftet am 8. September 1946 in Mühlhausen), der am 4. November 1946 verhaftete Volksschullehrer Klaus Schmidt und der Student Günter Sögtrop.

Auch Mitglieder anderer studentischer Gruppen, die der JU, der CDU oder der kirchlichen Jugend nahestanden, wurden 1947 und in den folgenden Jahren inhaftiert.

Werner Ihmels, der aus einer Leipziger Theologenfamilie kam, steht beispielhaft für den christlichen Widerstand zum Ende des nationalsozialistischen Regimes und zum Beginn der SED-Diktatur. Am Ende des Krieges hatte Ihmels sein Theologiestudium fortgesetzt und sich in der christlichen Jugendarbeit engagiert. Der FDJ trat er unbefangen und frei gegenüber. Er war Verbindungsmann zwischen der evangelisch-lutherischen Landeskirche Sachsens und der kommunistisch gesteuerten Jugendorganisation. Seit Dezember 1945 gehörte er der CDU an. Sein Widerstand gegen die immer stärker werdende kommunistische Vereinnahmung der Jugendlichen in der SBZ veranlaßte ihn und andere Mitstreiter, Material zu sammeln, das der Londoner Außenministerkonferenz übermittelt werden sollte. Mitte September 1947 wurde er auf dem Leipziger Hauptbahnhof völlig unerwartet verhaftet und bald darauf zu 25 Jahren Arbeitslager verurteilt. Gleichzeitig mit ihm wurden auch der 16jährige Oberschüler, Horst Krüger, und der Immatrikulationsreferent im Studentenrat, das CDU-Mitglied Wolfgang Weinoldt, verhaftet.[154]

Fast zur selben Zeit wurde in Leipzig eine Gruppe katholischer Studenten verhaftet: Edmund Bründl[155], der in München Zahnmedizin studierte, die Philologiestudentin Luise Langendorf[156], die in der CDU-Studentengruppe aktiv war, der Jura-Student Karl Schwarze[157] und Otto Gallus[158], ein Freund Bründls aus der katholischen Jugend. Über Bründl bestand eine Verbindung zum Christlichen Nachrichtendienst (CND) nach München, weshalb die Verurteilung wegen Spionage erfolgte.

Verhaftet wurde auch Bernhard Becker[159] im Zusammenhang mit dem Widerstand der Union gegen den Volkskongreß. Auf dem Weg zur Frühmesse wurde der 24jährige am 7. Dezember 1947 von einem sowjetischen Besatzungsoffizier in Frankfurt/Oder abgeführt. Mit 31 Jahren kehrte er in die Freiheit zurück. Anklage und Verurteilung zu 25 Jahren Zuchthaus stützten sich auf den Vorwurf einer „oppositionellen Einstellung zur Besatzungsmacht". Als Kreisvorsitzender der Jungen Union hatte er die politischen Ziele und Ideale Jakob Kaisers vertreten und mit einer liberalen Widerstandsgruppe in Frankfurt/Oder, der „LO", zusammengearbeitet.[160]

Hans Beitz[161] war Vorsitzender der CDU-Hochschulgruppe und Stadtverordneter in Jena, wo er den politischen Widerstand organisierte. Ferner beteiligte er sich an der Herstellung und Verteilung der in West-Berlin erscheinenden Zeitschrift „Der Freie Student". Beitz wurde Anfang November 1950 verhaftet und zu 25 Jahren Zwangsarbeit verurteilt.

VI. Verbot

Seit Mitte 1947 nahmen die Spannungen zwischen CDUD und der sowjetischen Besatzungsmacht deutlich zu. Hinsichtlich der Jungen Union führte die scharfe Absage an die von der Besatzungsmacht geförderte FDJ zu den Auseinandersetzungen mit den Kommunisten und dem hinter ihnen stehenden Besatzungsregime.[162]

Noch Anfang Mai 1947 hatte eine Aussprache zwischen Vertretern des Zonenarbeitskreises der Jungen Union und Hauptmann Kratyn von der SMAD stattgefunden. Diese Unterredung stellte klar, daß seitens der sowjetischen Besatzungsmacht gegen die Anwendung der Bezeichnung

„Arbeitskreis Junge Union der Christlich-Demokratischen Union" keine Bedenken bestanden. Von seiten der SMAD wurde jedoch eine Beschränkung „auf den unionspolitischen Arbeitsbereich unter Ausschluß aller übrigen Jugendarbeit" verlangt. Die Aussprache machte noch einmal deutlich, daß die Junge Union keine Jugendorganisation sei. Innerhalb der CDU sollte man alle Mitglieder bis zum 35. Lebensjahr erfassen, „um sie über ihre nominelle Mitgliedschaft hinaus für eine aktive Mitarbeit am Aufbau einer neuen Demokratie in antifaschistischem Sinne heranzubilden".[163] Obwohl die Genehmigung der SMAD für die Führung des Namens „Arbeitskreis Junge Union" damit vorlag und die politischen Rahmenbedingungen abgesteckt waren, wurde die Arbeit von den örtlichen Besatzungsstellen noch nicht überall anerkannt.[164]

Trotz dieser vermeintlichen Verbesserung der Arbeitsbedingungen wurde von einzelnen Mitgliedern der Jungen Union eine weitergehende Zusammenarbeit mit den Kommunisten strikt abgelehnt. Zu den schärfsten Kritikern einer schleichenden Anpassungspolitik gehörte Wolfgang Seibert. Bereits im Februar 1947 schrieb er an Generalsekretär Georg Dertinger einen Brief, in dem er das in der sowjetisch besetzten Zone bestehende Unrecht mit dem in der Zeit des Nationalsozialismus verglich. Ausgehend von den Zielen des Gründungsaufrufes der Union hielt er der Partei schonungslos den Spiegel der politischen Entwicklung vor.[165]

Im Sommer 1947 resignierte Wolfgang Seibert endgültig und schied als Jugendreferent aus der Reichsgeschäftsstelle aus. In seinem Rücktrittsschreiben an Jakob Kaiser stellte er unmißverständlich fest: „Wer glaubt, einem Marxisten nur den kleinen Finger geben zu müssen und die restlichen neun für sich selbst behalten zu können, irrt sich. Gegenüber einem Kommunisten gibt es nur ein Ja oder Nein, eine fruchtbare Zusammenarbeit ist angesichts der Unaufrich-

Die Junge Union

tigkeit der Gegenseite unmöglich."[166] Eine eigenständige Entwicklung der CDU in der Ostzone schloß er daher aus. In der total kontrollierten Existenz der bürgerlichen Parteien sah Seibert lediglich den Zweck, der Welt gegenüber den Schein von Freiheit und Demokratie zu wahren. Er glaubte auch nicht an die Möglichkeit einer Synthese zwischen Ost und West und distanzierte sich damit klar von den Vorstellungen Jakob Kaisers. Mit seinem Schritt wollte er einer weiteren „Sozialisierung" der sowjetisch besetzten Zone durch seine Beteiligung keinen Vorschub leisten. Die Haltung Seiberts korrespondierte mit einer allgemeinen politischen Lethargie und Hoffnungslosigkeit im Sommer 1947, in dem auch die CDU in eine tiefe Krise geriet.[167] Nach dem zweiten Parteitag der Union im September 1947 beschloß Oberst Tulpanow die Absetzung Jakob Kaisers.[168]

Der zweite Deutschlandtag der Jungen Union vom 28. Mai bis 1. Juni 1947 wurde bewußt in die sowjetisch besetzte Zone nach Berlin gelegt, um die Solidarität der westlichen Landesverbände mit den Mitgliedern im Osten zu bekunden. Von den etwa 70 Delegierten kamen 43 aus Westdeutschland, 19 aus der sowjetischen Zone und sieben aus Berlin. Die Tagung fand in der Reichsgeschäftsstelle der CDU in der Jägerstraße, die Abschlußkundgebung in der Taberna Academica statt.[169] Bei fast allen Sitzungen waren Vertreter der alliierten Militärregierungen, besonders der sowjetischen, anwesend. Im Rahmen des Deutschlandtages wurden die Delegierten auch von den Militärregierungen eingeladen. Gerade hierin zeigte sich das doppelseitige Verhalten der SMAD gegenüber der „Jugendorganisation" der CDU. Denn einerseits hatte die sowjetische Besatzungsmacht erst im März 1947 prominente JU-Mitglieder verhaftet, andererseits bat sie nun zu einem Empfang im „Haus der Sowjetkultur" durch Hauptmann Kratyn. An der Tatsache der Existenz der JU in den westlichen Besatzungszonen und somit ihrer gesamtdeutschen Bedeutung konnte die

SMAD nicht vorbeigehen. Vermutlich hoffte man, mittels der jugendlichen CDU-Mitglieder auf die gesamtdeutsche CDU Einfluß nehmen zu können.[170] Bei diesem Treffen gelang es den Russen zwar, so erinnerte sich Peter Lorenz später, „‚manchen unter den Tisch zu trinken‘, aber es gelang ihnen nicht, die Teilnehmer des Deutschlandtages ‚über den Tisch zu ziehen‘."[171]

In der sowjetischen Besatzungszone war die Junge Union seit 1947 brutalen Verfolgungen ausgesetzt. Auch aufgrund ihrer Weigerung, offizielle Vertreter in den Zentralrat der FDJ zu entsenden sowie der geringen Beteiligung der JU-Mitglieder in der FDJ, verstärkte die sowjetische Besatzungsmacht ihre Repressionen.[172]

Das Verbot der Jungen Union entwickelte sich unmittelbar aus der Konfrontation der CDU mit den Kommunisten im Zusammenhang mit der Frage des Volkskongresses. Am 18. Dezember 1947 sprach der Zonenarbeitskreis der JU dem Parteivorsitzenden Jakob Kaiser das volle Vertrauen aus. Am 23. Dezember 1947, nach der Absetzung Jakob Kaisers, lehnten die Sprecher der JU eine Beteiligung an dem auf Befehl der SMAD gebildeten Koordinierungsausschuß der CDU ab. Als Vorsitzender der Jungen Union wies Alfred Sagner auch Aufforderungen Hickmanns und Nuschkes zurück, seine Haltung zu überdenken und die Leitung der Jugendarbeit der CDU fortzuführen. Die Jugendverbände in Sachsen und Thüringen erklärten ebenso ihre Solidarität mit Kaiser und Lemmer. In Mecklenburg und Sachsen-Anhalt steckte die Arbeit noch in den ersten Anfängen. In Brandenburg hatte man bereits am 7. Januar 1948 seine Bereitschaft zur Teilnahme am Volkskongreß signalisiert.[173] Auch in Sachsen gab es in den folgenden Wochen kontroverse Diskussionen über die Haltung der Jungen Union, die zur Bildung von zwei Lagern führten.[174]

Der Jugendausschuß Thüringen forderte noch im Mai 1948 in einer Entschließung „ohne Anpassung" einen Sozialismus aus christlicher Verantwortung, der „antikapitalistisch, antikollektivistisch und antitotalitär" sein müsse; einen Rechtsstaat, der „das Menschenleben, die Freiheit und Würde der Persönlichkeit und das Privateigentum" schütze und einen „demokratischen Staat" gegründet auf „sittlichen Ordnungen". Schließlich hieß es: „Wir kämpfen für die Zukunft eines freien und einigen Deutschlands. Die Jugendbewegung darf keine Staatsjugend sein, sie muß sich aus freien Interessengemeinschaften der Jugendlichen auf freiwilliger Basis entwickeln".[175]

Noch im Dezember 1947 war auch der Chefredakteur der „Neuen Zeit", Wilhelm Gries, von der SMAD abgesetzt worden. Mit ihm verließen zahlreiche Redakteure die Zeitung, alsbald auch die Mitgründerin der Jungen Union, Dorothee Dovifat.[176]

Aufgrund der zugespitzten Lage trat der Deutschlandrat der Jungen Union am 17. und 18. Januar 1948 zu einer außerordentlichen Sitzung in Berlin zusammen. Das Ergebnis der Beratungen fand in der folgenden Entschließung seinen Niederschlag: „Die Junge Union Deutschlands unterstützt die Forderung auf Einberufung eines frei gewählten außerordentlichen Parteitages der CDU in der sowjetisch besetzten Zone und Berlin, da nur so demokratische Verhältnisse wiederhergestellt werden können. Sollte diese Forderung nicht erfüllt werden, so muß dies für die Junge Union ... dazu führen, daß sie ihre Arbeit in der sowjetisch besetzten Zone ruhen läßt. Durch diesen Entschluß muß sichergestellt werden, daß die Junge Union sich nicht mitschuldig macht an der Aufrechterhaltung einer Fiktion von Demokratie, die sich in der sowjetisch besetzten Zone seit 15 Jahren nicht mehr durchsetzen konnte, da dort die eine totalitäre Partei durch eine andere abgelöst wurde."[177]

Zudem distanzierte sich die Versammlung ausdrücklich von den Mitgliedern, die sich am Volkskongreß beteiligten. Die anwesenden Vertreter der SMAD verboten daraufhin noch während der Sitzung den Vertretern aus der sowjetisch besetzten Zone und dem Ostteil Berlins eine weitere Mitarbeit in der Jungen Union.[178] Der JU in der sowjetisch besetzten Zone hatte man auf der Tagung geraten, ihre politische Arbeit einzustellen, da man den Volkskongreß strikt ablehne und Jakob Kaiser das vollste Vertrauen ausspreche.

Am 26. Januar 1948 gestaltete die SMAD schließlich die christlich-demokratische Jugendorganisation in der sowjetisch besetzten Zone neu. Hauptmann Kratyn beauftragte den bisherigen Arbeitsausschußleiter Brandenburgs, Hermann Gerigk, mit der Leitung des neugegründeten „Zonenjugendausschusses der CDU". Die Führung der Bezeichnung „Junge Union" wurde gleichzeitig für die gesamte Besatzungszone verboten. Hierauf erklärten die beiden gewählten Sprecher der Jungen Union, Fred Sagner und Josef Bock, in einem offenen Brief an alle Mitglieder, daß die Arbeit in der sowjetischen Besatzungszone ab sofort ruhe, da die Forderung, einen außerordentlichen Parteitag einzuberufen, nicht erfüllt worden sei.[179]

In der Wahl Sagners zum neuen Bundesvorsitzenden der Jungen Union auf der vierten Tagung des Deutschlandrates am 17. November 1948 in Königstein kam das „Bekenntnis der christlich-demokratischen Jugend zu ihren auf vorgeschobenem Posten arbeitenden Schwestern und Brüdern" deutlich zum Ausdruck. In der sowjetisch besetzten Zone wurde das Verbot der Bezeichnung „Junge Union" parteiintern damit begründet, „erstens eine Einheitlichkeit in unserer Zone zu gewährleisten, andererseits um Mißverständnisse zu vermeiden und nicht zuletzt um eine Konzentration aller Kräfte in der CDU zu fördern".[180] Gerald Götting wies in dem Rundschreiben auch daraufhin, daß sich die Haltung der CDU zur FDJ in keiner Weise ändere. Die Hauptaufgaben der zukünftigen politischen Aktivitäten sollten vor allem in der praktischen Arbeit (Aktivierung junger CDU-Mitglieder, politische Bildung, praktische Sozialarbeit) liegen.

VII. Fazit

Die Geschichte der Jungen Union ist untrennbar mit der Geschichte der CDUD in der sowjetisch besetzten Zone verbunden. Sie ist gekennzeichnet durch immer wieder stattfindende Eingriffe von SMAD und SED in die politischen Entscheidungsprozesse der Union. Dabei unterwarf die sowjetische Besatzungsmacht die CDU einem dichten Kontroll- und Anleitungssystem. Verhaftungen und Repressalien verschiedenster Art führten zu Angst und Resignation. Die Methoden von SMAD und SED bei der Unterdrückung der rechtsstaatlich und demokratisch orientierten CDU beinhalteten alle Elemente von der Desinformation bis zum offenen Terror. Dies galt gleichermaßen für die Junge Union. Hunderte junger Menschen, die sich für den politischen Wiederaufbau nach zwölf Jahren NS-Diktatur einsetzten, die auf Freiheit, Demokratie und Rechtsstaat hofften, bezahlten ihr Engagement mit Verhaftung, Flucht, langjährigem Zuchthaus und manche sogar mit dem Leben.

Die bereits parallel zur Gründung der Parteien installierte Blockpolitik war der Beginn der Gleichschaltung der CDU in der SBZ. Die Blockpolitik wirkte wie ein „permanentes Ermächtigungsgesetz", mit dem SMAD und SED von den „bürgerlichen" Parteien die Durchführung ihrer Politik erpressten. Die Gleichschaltung der CDUD setzte also nicht erst mit der Absetzung von Jakob Kaiser Ende 1947 ein. Vielmehr war die Kontrolle der SMAD über die politischen Parteien von Anfang an nahezu total. Eine realistische Chance für einen demokratischen Neuanfang gab es somit nicht.

Beim politischen System der sowjetisch besetzten Zone handelte es sich faktisch um eine Diktatur von Anfang an. Die Geschichte der CDUD 1945 bis 1948, die auch ein Teil der Vorgeschichte des am 7. Oktober 1949 gegründeten ostdeutschen Staates ist, zeigt, daß die DDR ein Staat ohne demokratische und nationale Legitimation war. Die SED war die Staatspartei, die „bürgerlichen" Parteien waren von Anfang an Fassade, instrumentalisiert, unterdrückt, ferngesteuert und gleichgeschaltet. Die Junge Union war ein Teil dieser Geschichte.

Anmerkungen

* Für die Bereitstellung zahlreicher Akten und die Unterstützung bei der Entstehung dieses Aufsatzes gilt mein besonderer Dank Frau Dr. Brigitte Kaff. Ohne sie wäre er nicht zustande gekommen.

1 Heinz Schwarz: Zehn Jahre Junge Union Deutschlands, in: Ders. (Hrsg.), Junge Union Deutschlands. Handbuch 1957. Hamburg o. J., S. 7–22, hier S. 7.

2 „Mitteilung über die Schaffung antifaschistischer Jugendkomitees", in: Tägliche Rundschau vom 31.7.1945.

3 In einem Moskauer Rundfunkkommentar hieß es im Oktober 1945: „Hitler hat durch seine wahnwitzige Politik der Gewalt und der Aggression, durch seine Politik des Krieges, der Ausplünderung, der Vernichtung der Völker, über das deutsche Volk, das jetzt mit Recht zur Verantwortung gezogen wird, größtes Unheil gebracht. Auch auf der deutschen Jugend lastet eine schwere Schuld. Sie wird sich von dieser Schuld um so eher befreien, je schneller sich das deutsche Volk von der Nazi-Ideologie freimacht ...". Vgl. „Die Lage der deutschen Jugend. Bedeutsamer Moskauer Kommentar", in: Volkszeitung. Organ der KPD für die Provinz Sachsen vom 23.10.1945.

4 Zit. nach Ulrich Mählert: „Bürgerlich-demokratische" Jugendarbeit in der Sowjetischen Besatzungszone Deutschlands 1945 bis 1948, in: Helga Gotschlich (Hrsg.), „Links und links und Schritt gehalten ..." Die FDJ: Konzepte – Abläufe – Grenzen. Berlin 1994, S. 82–96, hier S. 83.

5 „Freie Deutsche Jugend", in: Tägliche Rundschau vom 7.3.1946.

6 Gert Noack, Die Jugendpolitik der KPD und die Gründung der FDJ, in: Gotschlich, siehe Anm. 4, S. 70–81, hier S. 81. Im Zentralen Jugendausschuß in Berlin, der von Erich Honecker geleitet wurde, war die LDP bis kurz vor seiner Auflösung im April 1946 überhaupt nicht präsent; die CDU war durch Manfred Klein vertreten.

7 Georgi Dimitroff, Die Offensive des Faschismus und die Aufgaben der Kommunistischen Internationale im Kampf für die Einheit der Arbeiterklasse gegen den Faschismus, in: Wilhelm Pieck/Georgi Dimitroff/Palmiro Togliatti, Die Offensive des Faschismus und die Aufgaben der Kommunisten im Kampf für die Volksfront gegen Krieg und Faschismus. Berlin (Ost) 1957, S. 85–177. Wilhelm Pieck, Der neue Weg zum gemeinsamen Kampf für den Sturz der Hitlerdiktatur. Aus der Rede auf der Brüsseler Konferenz der KPD, 4. Oktober 1935, in: Ders., Im Kampf um den Frieden. Ausgewählte Reden und Schriften 1918–1959, Berlin (Ost) 1985, S. 127–148.

8 Pieck, siehe Anm. 7, S. 136. Die Feststellung Piecks ging auf Ausführungen Dimitroffs in seinem Referat auf dem VII. Weltkongreß der Kommunistischen Internationale über die Regierung der Einheitsfront zurück.

9 Ulrich Mählert, „Die gesamte junge Generation für den Sozialismus begeistern". Zur Geschichte der Freien Deutschen Jugend, in: Jürgen Weber (Hrsg.), Der SED-Staat: Neues über eine vergangene Diktatur. München 1994, S. 73–98, hier S. 76.

10 Noack, siehe Anm. 6, S. 73f.

11 Gisela Gneist/Horst Neuendorf, Nachkriegsunrecht an Wittenberger Jungen und Mädchen, in: Rocco Räbiger, „Allenfalls kommt man für ein halbes Jahr in ein Umschulungslager..." Nachkriegsunrecht an Wittenberger Jugendlichen (Schriftenreihe Torgauer Strafvollzugsbeiträge, 4). Torgau 1998, S. 27–41, hier S. 27.

12 Hermann Weber: Freie Deutsche Jugend (FDJ), in: Martin Broszat/Hermann Weber (Hrsg.), SBZ-Handbuch. München 1990, S. 665–690, hier S. 667.

13 Noack, siehe Anm. 6, S. 76.

14 Informationsbrief Nr. 2 des Jugendreferats beim Landesverband Berlin der CDU, Berlin, 20.7.1946 (ACDP 03-013-670/4).

15 Noack, siehe Anm. 6, S. 78.

16 Peter Lorenz hat hierzu in einem Erinnerungsbericht ausgeführt: „Am Beginn der Jungen Union stand 1945 keineswegs der Beschluß, eine Organisation innerhalb der CDU zu gründen. Vielmehr ergab sich, daß die Heimkehrer-Generation, die die Weimarer Republik

nicht bewußt miterlebt hatte, sich in besonderer Weise gefordert fühlte hinsichtlich der künftigen Gestaltung des Staatswesens." Vgl. Peter Lorenz, Die Geschichte der Jungen Union Deutschlands 1945 bis 1950. Erinnerungen an die Gründerjahre, in: Christoph Böhr (Hrsg.), Jugend bewegt Politik. Die Junge Union Deutschlands 1947 bis 1987. Krefeld 1988, S. 55–68, hier S. 55.

17 Im Gründungsaufruf der CDUD vom 26.6.1945 wird die Jugend mehrfach angesprochen. So heißt es über den Nationalsozialismus und die Jugend: „Mit verlogenen nationalen Phrasen und hohlen Friedensbeteuerungen hat ... [Hitler] das eigene Volk und andere Völker getäuscht und den Idealismus unserer Jugend schändlich mißbraucht. So mußte diese Jugend das Opfer einer wahnwitzigen Führung werden." Zu den Erziehungsfragen hieß es: „Das Recht der Eltern auf die Erziehung der Kinder muß gewahrt werden, die Jugend in Ehrfurcht vor Gott, vor Alter und Erfahrung erzogen werden. Der von der Kirche geleitete Religionsunterricht ist Bestandteil der Erziehung. Durch die verderblichen Lehren des Rassenhasses und der Völkerverhetzung hat Hitler weite Teile der Jugend vergiftet. Sie muß wieder zur Kenntnis wahrer sittlicher Werte geführt werden." Am Schluß des Aufrufes hieß es: „Wir rufen die Jugend, die durch Krieg und Zusammenbruch schwer getroffen, vor allem zur Gestaltung der Zukunft mit verpflichtet ist." Der Aufruf befindet sich in verschiedenen Ausgaben, unter anderem auch im Großformat im ACDP (07-011-2376). Zur Gründungsgeschichte der CDU in der sowjetisch besetzten Zone vgl. Ralf Thomas Baus, Die Christlich-Demokratische Union Deutschlands in der sowjetisch besetzten Zone 1945 bis 1948. Gründung – Programm – Politik (Forschungen und Quellen zur Zeitgeschichte, 36). Düsseldorf 2001, S. 69–180.

18 Konrad-Adenauer-Stiftung (Hrsg.), Kleine Geschichte der CDU. Stuttgart 1995, S. 290f.

19 Vgl. Lorenz, siehe Anm. 16, S. 56; Schwarz, siehe Anm. 1, S. 15.

20 Winfried Becker, CDU und CSU 1945–1950. Vorläufer, Gründung und regionale Entwicklung bis zum Entstehen der CDU Bundespartei (Studien zur politischen Bildung, 13). Mainz 1987, S. 207.

21 Dr. Günther Hahn (geb. 1890), Schriftleiter, 1945 CDU.

22 Alfred (Fred) Sagner (geb. 1919), 1946 Jugendreferent beim LV Berlin, 1947 letzter gewählter Vorsitzender der JU der SBZ, 1948/49 Bundesvorsitzender der Jungen Union, Referent im Gesamtdeutschen Ministerium bzw. im Verteidigungsministerium, Oberst, Militärattaché in Korea.

23 Dr. Edith Marga Lindner (geb. 1922), wissenschaftliche Referentin, 1945 CDU, nach 1950 Auswanderung in die USA.

24 Dorothee Dovifat (verheiratete von Dadelsen, geb. 1920), 1945 CDU, 1945–1947 Redakteurin „Neue Zeit", 1948–1953 Feuilleton-Leiterin beim West-Berliner „Tag".

25 Fritz Klauck: Junge Union contra Sowjetmacht, in: Schwarz, siehe Anm. 1, S. 23–26, hier S. 23. Über die Zusammentreffen mit Heinrich Krone findet sich in dessen Tagebuch kein Hinweis (vgl. Heinrich Krone. Tagebücher, Bd. 1: 1945–1961, bearb. von Hans-Otto Kleinmann [Forschungen und Quellen zur Zeitgeschichte, 28]. Düsseldorf 1995).

26 Schreiben des Jugendreferates der CDUD an Andreas Hermes, Berlin, 22.12.1945 (ACDP 01-090-015/1). Das Schreiben war unterzeichnet von Ernst Leuninger, Edith Marga Lindner, Rudolf Daske, Alfred Sagner, Günther Hahn und Manfred Klein.

27 Klauck, siehe Anm. 25, S. 23.

28 Hans-Otto Kleinmann, Geschichte der CDU 1945–1982. Stuttgart 1993, S. 102. Horstwalter Heitzer gibt an, der spätere Name der Parteijugend sei in der britischen Besatzungszone erstmals am 20.7.1946 erwähnt worden (Horstwalter Heitzer, Gründung und Entwicklung der Jungen Union bis zu den „Würzburger Beschlüssen" 1950, in: Böhr, siehe Anm. 16, S. 15–54, hier S. 17).

29 Wolfgang Seibert (geb. 1921), Rechtsanwalt, 1946 CDU, 1946/47 Jugendreferent bei der Reichsgeschäftsstelle Berlin, 1949–1956 Kreisvorsitzender der CDU Schlüchtern, 1964–1970 Landrat.

30 Wolfgang Seibert, Die Gründung der Jungen Union in den vier besetzten Zonen, in: Die Entscheidung, 2/1987, S. 17f., hier S. 17.

31 Hermann Gerigk (1924–1960), Oberregierungsrat, 1945 CDU, März–Dezember 1950 Bürgermeister von Potsdam, ab 24.5.1950 Vorsitzender des CDU-Landesverbandes Brandenburg, Mitglied im Zentralrat der FDJ, 1952 sämtlicher Ämter enthoben, Februar 1960 Selbstmord nach Festnahme in West-Berlin.

32 Wilfried Parge (geb. 1918), Redakteur, 1946 Mitglied des Landesvorstands der CDU Mecklenburg-Vorpommern, Vorsitzender der Jungen Union in Mecklenburg, 1946 bis zur Flucht in den Westen 1950 MdL Mecklenburg-Vorpommern, Mitglied im Reichsvorstand der CDU Berlin.

33 Hans-Bernhard Alpermann (1923–1998), März–November 1946 Landesjugendreferent der CDU Sachsen. Zu weiteren Angaben vgl. den Beitrag von Mike Schmeitzner in diesem Buch.

34 Ewald Ernst (1921–2001), 1945 CDU, 1946 MdL Sachsen-Anhalt, 1947 Verhaftung, 1948 Verurteilung zu 25 Jahren Arbeitslager, 1954 Haftentlassung, zuletzt Mitarbeiter im Bundessozialministerium.

35 Fred Sagner, Die Arbeit der Jungen Union in der sowjetischen Besatzungszone ruht, in: Helmut Ziegler (Hrsg.), Sechs Jahre Junge Union. Bonn o. J. [1952], S. 27–29, hier S. 28.

36 Kleine Geschichte der CDU, siehe Anm. 18, S. 291.

37 So auch Heitzer, siehe Anm. 28, S. 15.

38 Ewald Ernst, Verhaftungswelle christlicher Demokraten der jungen Generation im Frühjahr 1947, in: Brigitte Kaff (Hrsg.), „Gefährliche politische Gegner": Widerstand und Verfolgung in der sowjetischen Zone/DDR. Düsseldorf 1995, S. 206–210, hier S. 206.

39 Im Dezember 1946 brachten die CDU-Fraktionen in den Landtagen der sowjetisch besetzten Zone Anträge auf eine Schuldloserklärung der deutschen Jugend ein. Danach sollte kein Jugendlicher schuldig sein, der mit Erreichung des 18. Lebensjahres der NSDAP oder einer ihrer Gliederungen beigetreten oder korporativ zugeführt worden war. Hiervon ausgenommen werden sollten lediglich Jugendliche, die höhere Ämter bekleidet hatten. Vgl. Entwurf einer Schuldloserklärung der deutschen Jugend (ACDP 01-298-001/3); Artikel „Schuldloserklärung der Jugend", in: Der Kurier vom 13.12.1946 und Artikel „CDU fordert Jugendamnestie", in: Der Abend vom 13.12.1946.

40 In der Fortsetzung des Zitates heißt es: „Dann werden viele Leute das Vertrauen zur Union und den Weg zu ihr finden." Mit diesen Worten hatte Wolfgang Seibert in der zweiten Sitzung des Ausschusses „Junge Union" die Meinung der jungen Generation zu bestimmten Arbeitsmethoden, die gelegentlich bei Politikern der Zone erkennbar waren, umrissen. Artikel „Junge Union tagt", in: Neue Zeit vom 7.9.1947.

41 Heitzer, siehe Anm. 28, S. 38.

42 Zit. nach Helmut Ziegler, Werden und Wachsen der Jungen Union Deutschlands, in: Ders., siehe Anm. 35, S. 6–26, hier S. 6.

43 Kleinmann, siehe Anm. 28, S. 101.

44 Vgl. auch die Teilnehmerliste der Gründungsversammlung der Jungen Union vom 17. bis 21.1.1947 im Kurhaus in Königstein/Taunus, in: Böhr, siehe Anm. 16, S. 237–241.

45 Bundesvorstand der Jungen Union Deutschlands (Hrsg.), Fünfzig Jahre Junge Union Deutschlands. Bonn 1997, S. 24.

46 Vgl. Schwarz, siehe Anm. 1, S. 10 und Ziegler, siehe Anm. 42, S. 7.

47 Junge Union der Christlich-Demokratischen Union, Werkblatt 11 („Junge Union tagt in Königstein"), Februar 1947 (ACDP 01-155-008).

48 Union teilt mit, Nr. 2, 1.8.1947, S. 4.

49 Rundbrief A, Landesverband Sachsen der CDU, Jugendreferat, Hans-Bernhard Alpermann, 27.6.1946 (ACDP 03-013-670/4); Arbeitsbericht des Referats für Jugendfragen, Landesverband Brandenburg der CDU, Hermann Gerigk, 5.12.1946 (ACDP 03-033-144).

50 Auf der Königsteiner Tagung zeichnete man ein knappes Bild der zurückliegenden Aufbauarbeit: „Junge Union (Jahrgang 1910 und jünger) ging von Berlin und Thüringen aus, wurde aktive Gruppe der Partei. Organisation: Ortsgruppen, Kreisverbände, Landesverbände. Die Vorsitzenden dieser Gruppen sind geborenes Mitglied der entsprechenden Parteivorstände. ‚Arbeitskreise der Jungen Union' ... Ehrenamtliche und hauptamtliche Mitarbeiter. Jugendkonferenz: wöchentliche Zusammenkunft aller Bezirks- und Kreisjugendleiter Berlins. Gute Zusammenarbeit zwischen alt und jung. Neben politischer Schulung auch kulturelle Veranstaltungen ... Mitgliederzahl in Groß-Berlin etwa 5.000, davon 30 % Studenten. Konfessionelle Unterschiede spielen keine Rolle." Vgl. Junge Union der Christlich-Demokratischen Union, Werkblatt Nr. 11 („Junge Union tagt in Königstein"), Februar 1947 (ACDP 01-155-008).

51 Tagesordnung der Arbeitstagung der Jungen Union, 12./13.1.1946, Berlin-Tempelhof (ACDP 01-279-001/1).

52 Protokoll über die Arbeitstagung der jungen Parteifreunde, 12./13.1.1946, Berlin-Tempelhof (ACDP 03-013-670/4).

53 Resolution der ersten Arbeitstagung der Sachbearbeiter für Jugendfragen für die Reichsgeschäftsstelle, die Landes- und Kreisverbandsvorsitzenden und ihre Jugendreferenten, Berlin, 15.1.1946 (ACDP 03-013-670/4). Unterzeichnet war die Resolution von den Mitarbeitern des Jugendreferates Ernst Leuninger, Manfred Klein, Günther Hahn, Alfred Sagner, Georg Wrazidlo, Hans-Otto Weigel, Horst Selle, Rudolf Daske, Edith Marga Lindner und Annemarie Rosga.

54 Peter Lorenz (1922–1987), Rechtsanwalt, 1945 CDU, 1946–1949 und 1953 Vorsitzender der JU Berlin.

55 Heinrich Keul (geb. 1918), Staatssekretär, 1946 CDU, 1967–1975 MdA Berlin.

56 Rudolf Luster (1921–2000), Rechtsanwalt, 1945 CDU, Mitgründer der JU Deutschlands, 1950–1952 Vorsitzender der JU Berlin. Vgl. Rudolf Luster, Berlin – Deutschland – Europa. Ein politischer Weg. Sindelfingen 1993.

57 Fritz Klauck (1923–1967), Journalist, 1946 JU, 1955/56 Landesvorsitzender der JU Berlin, 1959–1967 MdA Berlin.

58 Gerhard Schelzel (geb. 1910), Geschäftsführer, 1945 CDU, Mitglied des CDU-Landesverbandes Sachsen, 1945/46 Jugendreferent, 1947 Austritt aus der Ost-CDU, 1951 Sekretär beim CVJM in Braunschweig.

59 Protokoll über die Sitzung der Landesjugendreferenten am 9.7.1946 in Berlin-Tempelhof (ACDP 03-033-144).

60 Monatliche Besprechung der Landesjugendreferenten, Halle, 27.7.1946 (ACDP 03-033-144); Ewald Ernst, Ein guter Kampf. Fakten – Daten – Erinnerungen 1945–1954. Sankt Augustin 1998, S. 29f.

61 Bericht des Jugendreferates der Reichsgeschäftsstelle der CDUD, Manfred Klein, über die Lage der Jugend, Berlin, 16.4.1946 (ACDP 03-013-670/4).

62 Antrag des Reichsjugendausschusses der Jungen Union auf finanzielle Unterstützung für die Jugendarbeit, 5.12.1946 (ACDP 03-013-670/4).

63 Ebd.

64 Arbeitsbericht des Landesverbandes der CDU Sachsen für den Monat März 1946, S. 21–21a (ACDP 03-035-006). Themen waren: „Warum CDUD?", „Christentum und Politik", „Probleme und Lehren der deutschen Geschichte", „Politische Aufgaben von heute", „Die Arbeit der Partei". Vgl. Rundschreiben des Referates „Jahrgang 1910 und jünger" KV Weimar vom 16.1.1946: Erster Schulungsabend mit Dr. Lukaschek am 24.1.1946 (ACDP 03-013-670/4).

65 Z. B. nahmen am 3. Lehrgang, 2.–12. Juni 1947 fünf Jugendreferenten teil (ACDP 01-171-002/8). Vgl. Martin Rißmann, Kaderschulung in der Ost-CDU 1949–1971. Zur geistigen Formierung einer Blockpartei (Forschungen und Quellen zur Zeitgeschichte, 27). Düsseldorf 1995, S. 75–82.

66 Vierter „Brief aus Berlin" von Fred Sagner an Mitglieder der Jungen Union, 13.1.1947 (ACDP 03-035-060).

67 Weitere Mitglieder waren Annemarie von Harlem (geb. 1894) und Kurt Herzog (geb. 1910). Vgl. Die Ausschüsse der CDU-Landtagsfraktion Mecklenburg, o. D. (ACDP 07-012-1245).

68 Wolfgang Ullrich (1923–1973), 1945 CDU, 1946–1948 Kreisjugendreferent der CDU Dresden, ab Frühjahr 1947 Mitglied der Kreis- und Landesleitung der FDJ, ab 1949 Mitglied des Zentralrates der FDJ, 1946–1950 MdL Sachsen. Zu weiteren Angaben vgl. den Beitrag von Mike Schmeitzner in diesem Buch.

69 Franz Hylla (geb. 1921), 1947/48 CDU-Jugendreferent in Halle, 1948 Flucht.

70 Bericht der Jungen Union für den Monat Juni/Juli 1947, Landesjugendreferat des CDU-Landesverbandes Sachsen-Anhalt, 5.8.1947 (ACDP 01-297-001, Franz Hylla).

71 Hans Jaroni (geb. 1923), Lehrer, 1945 CDU, Mitglied im Landesvorstand der CDU Sachsen, 1948 Flucht in den Westen.

72 Richtlinien des Referates „Jahrgang 1910 und jünger", CDU, Landesverband Thüringen, Weimar, 1.2.1946 (ACDP 03-013-670/4).

73 Rundbrief A, Landesverband Sachsen der CDU, Jugendreferat, Hans-Bernhard Alpermann, 27.6.1946 (ACDP 03-013-670/4).

74 Bericht Junge Union, Kreisverband Wedding, für die Reichsgeschäftsstelle der CDU, 10.11.1945 (ACDP 03-013-670/4).

75 Informationsbrief Nr. 2 des Jugendreferats beim Landesverband Berlin der CDU, Berlin, 20.7.1946 (ACDP 03-013-670/4).

76 Rudolf Franzkowiak (geb. 1922), Verfolgung bereits unter den Nationalsozialisten als „Mischling 1. Grades", 1944 Organisation Todt, 23. August 1946 Verhaftung in Dresden, 4. November 1946 Haftentlassung, Auswanderung nach Großbritannien. Seine Mutter Klara Franzkowiak war von den Nationalsozialisten in das Konzentrationslager Theresienstadt verschleppt worden, von wo sie Ende Juni 1945 nach Berlin zurückkehrte. Vgl. Heinrich Herzberg, Dienst am Höheren Gesetz. Dr. Margarete Sommer und das „Hilfswerk beim Bischöflichen Ordinariat Berlin". Berlin 2000, S. 138. Von der Verhaftungsaktion durch das NKWD am 23./24.8.1946 waren insgesamt sechs Verbindungsleute zwischen katholischer Jugend sowie Junge Union und FDJ betroffen, unter ihnen der Jugendseelsorger des Bistums Meißen, Domvikar Kenter, der Theologiestudent Wolfgang Trilling und Rudolf Franzkowiak (vgl. ebd., S. 146).

77 Vgl. Ernst, siehe Anm. 60, S. 34 und Manfred Klein, Jugend zwischen den Diktaturen 1945–1956. Mainz 1968, S. 72–75.

78 Walter Rücker (geb. 1905), Religionslehrer, 1946 Beratende Versammlung Thüringen, 1946–1950 MdL Thüringen, Dezember 1947–Juni 1950 Landesgeschäftsführer CDU Thüringen, Juni–Oktober 1950 stv. Landesvorsitzender CDU Thüringen, Juli–November

1950 Minister für Handel und Versorgung in Thüringen, Oktober 1950 Parteiausschluß (geplanter Übertritt in eine andere Partei).

79 Kurt Hellwig (geb. 1920), 1945 CDU, Jugendsekretär in Weimar.

80 Der bei Becker (siehe Anm. 20, S. 206) auch noch für die Provinz Sachsen angegebene Ferdinand Treimer (geb. 1916) war Kreisjugendreferent in Halle. Er floh am 2.11.1946 in den Westen.

81 Hans-Joachim Endler (geb. 1923), 1945 CDU, Juli–Oktober 1946 Kreisgeschäftsführer in Löbau/Sachsen, 1946–1948 Landesjugendreferent, Dezember 1949–März 1950 Kreissekretär Kreisverband Dresden-Land, März 1950–Oktober 1951 Kreisrat für Gesundheitswesen Landkreis Dresden, Dezember 1951–September 1952 Kreisrat für Handel in Freiberg, September 1952 stv. Vorsitzender des Rates des Kreises Freiberg, 1953 Flucht in den Westen.

82 Einladung an die Jugendreferenten der Landesverbände der CDU, Berlin, 2.6.1946 (ACDP 03-033-144). Monatliche Besprechung der Landesjugendreferenten, Halle, 27.7.1946 (ACDP 03-033-144).

83 Einladung vom 25.4.1947 (ACDP 03-033-144). – Annelie Feurich (geb. 1923), Mitglied des CDU-Landesverbandes Sachsen, Anfang 1947 bis September 1947 Mitglied des Parteivorstandes.

84 Ernst, siehe Anm. 60, S. 31f. Nachdem der Parteivorstand der CDU beschlossen hatte, zwei junge Parteifreunde, und zwar einen Vertreter aus der sowjetischen Besatzungszone und einen Vertreter aus Berlin, aufzunehmen, diskutierte der Ausschuß für Jugendfragen auf dem Parteitag am 16.6.1946 die Personalvorschläge. Nach einer längeren Debatte entschloß man sich, für Berlin Alfred Sagner, Günther Hahn, Dorothee Dovifat und Edith Marga Lindner und für die sowjetisch besetzte Zone Ewald Ernst (Halle), Peter Goebbels (Hildburghausen) und Anneliese Weissbender (Leipzig) vorzuschlagen. Vgl. Protokoll über die zweite Sitzung des Ausschusses für Jugendfragen, Berlin, 16.6.1946 (ACDP 03-033-144).

85 Erster „Brief aus Berlin" von Fred Sagner an Mitglieder der Jungen Union, 9.10.1946 (ACDP 03-033-149). Informationen der JU-Landesverbände finden sich in ACDP 03-035-060 und 03-033-144.

86 Christoph Brand, Verantwortung wagen!, in: CIVIS 1–2, Juni 1991, S. 48–55, 69, hier S. 48.

87 Sagner, siehe Anm. 35, S. 28. Weber, siehe Anm. 12, S. 677, nennt lediglich die Zahl von 16.000 jugendlichen CDU-Mitgliedern.

88 Tabelle Altersgliederung der Mitglieder der LDP, CDU und SED im Kreise Leipzig in Prozent, Stand 1.9.1946, in: Baus, siehe Anm.

17, S. 485. Die Angaben bei der SED gelten für die Altersgruppen der 16- bis 40jährigen!

89 In der Literatur ist zurecht darauf hingewiesen worden, daß die Altersstruktur der SED spätestens seit 1949 durch einen kontinuierlichen Prozess der Überalterung gekennzeichnet war. Vgl. Mike Schmeitzner/Stefan Donth, Die Partei der Diktaturdurchsetzung. KPD/SED in Sachsen 1945–1952 (Schriften des Hannah-Arendt-Instituts für Totalitarismusforschung, 21). Köln u. a. 2002, S. 524f.

90 Aufstellung über die Altersstatistik des Landesverbandes der CDU Sachsen, Anlage 4a, Dresden, 11.11.1946 (ACDP 07-011-803).

91 Bericht der Jungen Union für den Monat Juni/Juli 1947, Landesjugendreferat des CDU-Landesverbandes Sachsen-Anhalt, 5.8.1947 (ACDP 01-297-001, Franz Hylla).

92 Tabelle Alter und Beruf der CDU-Funktionäre des Landesverbandes Sachsen, insgesamt 138 Personen, Stand 1.12.1946, in: Baus, siehe Anm. 17, S. 487.

93 Protokoll vom 12./13.1.1946 (ACDP 01-279-001/1).

94 Ebd.

95 Dr. Hermann Mau (1913–1952), Privatdozent, 1945 CDU, Vorsitzender der Hochschulgruppe Leipzig, 1947 Verhaftung, nach der Haftentlassung Flucht in den Westen, 1951 Generalsekretär des Instituts für Zeitgeschichte.

96 Vermerk vom 3.6.1946 (ACDP 01-171-001/3); Vierteljahresbericht der Jungen Union in der sowjetischen Zone, 9.1.1948 (ACDP 04-064-178).

97 Vermerk „Der Arbeitskreis Junge Union" vom Juni 1947 (ACDP 03-033-130).

98 In einem Entschließungsvorschlag des Ausschusses für Jugendfragen für den 1. Parteitag der CDUD im Juni 1946 hieß es: „Wir, die junge Generation, rufen nach einer neuen politischen Idee. Wir haben sie gefunden in der Christlich-Demokratischen Union, der Union aller christlichen und demokratischen Kräfte. Aus echter Brüderlichkeit und christlicher Verantwortung wollen wir einen neuen Sozialismus verwirklichen, durch Tat und Leistung, ohne Halbheit, aber auch ohne Verstiegenheit des Gefühls und der Doktrin." Vgl. 12. Entschließung vorgelegt dem Parteitag der Union, Berlin, 15.–17.6.1946.

99 Ernst, siehe Anm. 60, S. 22.

100 Abdruck des Aufrufes in: Ernst, siehe Anm. 60, S. 28f. Für die Jugend der Union war der Aufruf unterschrieben von Fred Sagner,

Ewald Ernst, Rudolf Franzkowiak, Heinrich Keul, Peter Lorenz, Hermann Gerigk, Hans-Bernhard Alpermann, Gerhard Schelzel, Ferdinand Treimer, Wolfgang Seibert, Wilfried Parge, Edith Marga Lindner, Dorothee Dovifat, Horst Selle, H. Nagel, Rita Wrusch, Manfred Klein, Werner Haberthür, Karl Butke und Bernhard Igiel.

101 Monatliche Besprechung der Landesjugendreferenten, Halle, 27.7.1946 (ACDP 03-032-144).

102 Schreiben von Wolfgang Seibert an den Generalsekretär der CDUD, Georg Dertinger, Berlin, 31.1.1947 (ACDP 01-298-001/3).

103 „Berliner Brief" von Fred Sagner an Mitglieder der Jungen Union, Berlin, 9.10.1946 (ACDP 03-033-149).

104 Protokoll über die dritte Sitzung des Ausschusses für Jugendfragen, Berlin, 17.6.1946 (ACDP 03-033-144).

105 Schreiben von Wolfgang Seibert an den Generalsekretär der CDUD, Georg Dertinger, Berlin, 31.1.1947 (ACDP 01-298-001/3). Das Protestschreiben bezog sich auf den Artikel „Die große historische Schlacht", in: Neue Zeit vom 31.1.1947.

106 Vgl. Entschließungen des Jugendausschusses, einstimmig in Berlin angenommen am 6.9.1947 (ACDP 03-035-060).

107 Schreiben des Jugendreferates der Reichsgeschäftsstelle an die Landesjugendreferenten, Berlin, 27.1.1947 (ACDP 03-033-144).

108 Protokoll über die dritte Sitzung des Ausschusses für Jugendfragen, Berlin, 17.6.1946 (ACDP 03-033-144).

109 In Sachsen kam es im Herbst 1946 tatsächlich zu einer Herabsetzung des Wahlalters auf 18 Jahre, in Sachsen-Anhalt konnte dies zunächst durch LDP und CDU im Landtag verhindert werden.

110 Erstes Parlament der Freien Deutschen Jugend in Brandenburg/Havel, Pfingsten 1946, Berlin o. J., S. 52. Abdruck der Rede auch in: Erich Honecker, Zur Jugendpolitik der SED. Reden und Aufsätze von 1945 bis zur Gegenwart. Berlin ²1977, S. 42–56. Zur Gründungsgeschichte der FDJ vgl. auch Karl Heinz Jahnke, Die Entstehung der Freien Deutschen Jugend 1945/46, in: Beiträge zur Geschichte der Arbeiterbewegung, 1/1996, S. 14–30.

111 Waldemar Pilaczek (geb. 1917), Mitglied des CDU-Landesverbandes Sachsen.

112 Bericht über das I. Parlament der FDJ vom 8. bis 10.6.1946 in Brandenburg/Havel (ACDP 03-033-144); Weber, siehe Anm. 12, S. 669. Als Delegierte der CDU oder Gäste waren auf dem I. Parlament vertreten: Manfred Klein (Berlin), Rita Wrusch (Berlin), Günther Hahn (Berlin), Edith Marga Lindner (Berlin), Fred Sagner

(Berlin), Rudolf Franzkowiak (Berlin), Günther Sögtrop (Halle, Kulturreferent der FDJ), Kurt Woiteczek (Thüringen, FDJ), Waldemar Pilaczeck (Dresden, katholische Jugend), Ernst Schiema (Thüringen), Annerose Zibolsky (Brandenburg), Domvikar Robert Lange (katholische Verbindungsstelle bei der FDJ), Jugendpfarrer Oswald Hanisch (evangelische Verbindungsstelle bei der FDJ), Pfarrer Schröder (Beobachter des Bischofs Dibelius), Werner Haberthür (katholischer Jugendsekretär Berlin), Hans Georg Marchl (Vertreter der Hauptstelle der katholischen Jugendarbeit), Renate Lindner (Verbindungsstellenleiterin Presse und Information im Jugendreferat des Landesverbandes Berlin) sowie ein Jugendreferent der CDU aus der Stadt Brandenburg und ein Sekretär von Pfarrer Hanisch.

113 Mählert, siehe Anm. 4, S. 86.

114 Protokoll über die dritte Sitzung des Ausschusses für Jugendfragen, Berlin, 17.6.1946 (ACDP 03-033-144).

115 Vgl. beispielsweise für Dessau Ernst, siehe Anm. 60, S. 22. Im März 1949 betrug der Anteil der CDU-Mitglieder in der FDJ lediglich 0,5 %. 87 % waren parteilos, 11,4 % Mitglied der SED und 0,7 % der LDP. In Mecklenburg lag der Anteil im Mai 1948 bei 0,23 %. Vgl. Weber, siehe Anm. 12, S. 687f.; Lorenz, siehe Anm. 16, S. 58.

116 So auch Mählert, siehe Anm. 4, S. 89.

117 Monatliche Besprechung der Landesjugendreferenten, Halle, 27.7.1946 (ACDP 03-033-144). Um die Entschließung zur Jugendpolitik hatte es auf dem Parteitag zwischen der Parteiführung der Union und den Jugendvertretern einige Kontroversen gegeben. Die Vertreter des Jugendreferates wollten die Entschließung durch einen auf dem Parteitag zusammentretenden „Jugendkongreß" verabschieden lassen. Auch inhaltlich war man sich offensichtlich nicht einig geworden, so daß die Entschließung von den Delegierten abgelehnt wurde und bei der nächsten Vorstandssitzung erneut beraten und abgeändert werden sollte. Vgl. Protokoll über die zweite und dritte Sitzung des Ausschusses für Jugendfragen, Berlin, 16. und 17.6.1946 (ACDP 03-033-144).

118 Arbeitsbericht des Landesverbandes der CDU Sachsen für den Monat März 1946, S. 21–21b (ACDP 03-035-006).

119 Protokoll über die dritte Sitzung des Ausschusses für Jugendfragen, Berlin, 17.6.1946 (ACDP 03-033-144).

120 Bericht des Jugendreferates der Reichsgeschäftsstelle der CDUD, Manfred Klein über die Lage der Jugend, Berlin, 16.4.1946 (ACDP 03-013-670/4).

121 Rede Peter Lorenz auf der erweiterten Vorstandssitzung der CDUD, Berlin, 6.11.1946, BA N 1018/134.
122 Ebd. Bereits im Juni 1946 hatte Manfred Klein festgestellt, man werde die weitere Entwicklung in der FDJ abwarten und gegebenenfalls im geeigneten Moment ausscheiden (Protokoll über die Sitzung des Jugendausschusses am 15.6.1946; ACDP 03-033-144).
123 „Brief aus Berlin" von Fred Sagner an Mitglieder der Jungen Union, Berlin, März 1947 (ACDP 03-033-144).
124 Mählert, siehe Anm. 4, S. 93.
125 Artikel „Wir stellen vor: Manfred Klein", in: Blätter für Junge Politik, 50/1956, S. 8.
126 Weber, siehe Anm. 12, S. 674.
127 Auf der 11. Sitzung des Zentralrates der FDJ am 28.1.1948 ergriff Edith Marga Lindner das Wort und gab eine persönliche Erklärung ab, die in dem Satz gipfelte: „Den politischen Weg, den die FDJ nun geht und zu dem ihre Erklärungen und Beschlüsse die Richtung weisen, ist so eindeutig, so einheitssozialistisch, daß es für mich unmöglich ist, ihn weiter mitzugehen. Ich sehe mich daher gezwungen, mein Mandat im Zentralrat niederzulegen und meinen Austritt aus der FDJ zu erklären." Zit. nach Mählert, siehe Anm. 4, S. 94.
128 Annerose Zibolsky (geb. 1921), Werkschwester, 1946 CDU, Referentin im Landesvorstand der FDJ, 1946-1950 MdL Brandenburg, 1950-1954 MdVK.
129 Becker, siehe Anm. 20, S. 206.
130 Hierauf hat mich Mike Schmeitzner aufmerksam gemacht, dem ich für diesen Hinweis danke.
131 Arnold Freiburg, Freie Deutsche Jugend (FDJ), in: Bundesministerium für innerdeutsche Beziehungen (Hrsg.), DDR-Handbuch. Sonderdruck Jugend. Köln ³1985, S. 9-17, hier S. 10.
132 Die Verfassung der Freien Deutschen Jugend. Nach den vom IV. Parlament der FDJ Pfingsten 1952 in Leipzig einstimmig angenommenen Abänderungen und Ergänzungen. Berlin (Ost) 1952, S. 3.
133 Mählert, siehe Anm. 9, S. 73.
134 Michael Walter, Die Freie Deutsche Jugend. Ihre Funktionen im politischen System der DDR. Freiburg im Breisgau 1997, S. 151.
135 Vgl. Günter Buchstab (Hrsg.), Verfolgt und entrechtet. Die Ausschaltung Christlicher Demokraten unter sowjetischer Besatzung und SED-Herrschaft 1945-1961. Düsseldorf 1986, S. 41-44.
136 Karl Wilhelm Fricke, Widerstand und politische Verfolgung in der DDR, in: Bernd Eisenfeld/Rainer Eppelmann/Karl Wilhelm Fri-

cke/Peter Maser, Für Freiheit und Demokratie – 40 Jahre Widerstand in der SBZ/DDR. Sankt Augustin 1999, S. 9–23, hier S. 14.

137 Fricke, siehe Anm. 136, 11f.; vgl. den Beitrag von Johannes Weberling.

138 Verband ehemaliger Rostocker Studenten e.V. (Hrsg.), Namen und Schicksale der von 1945 bis 1962 in der SBZ/DDR verhafteten und verschleppten Professoren und Studenten. Rostock 1994, S. 147.

139 Siegward Lönnendonker: Die Neu-/Wiedereröffnung der Universität Berlin und die Gründung der Freien Universität Berlin, in: Zeitschrift des Forschungsverbundes SED-Staat, 5/1998, S. 3–21, hier S. 5.

140 Vgl. Waltraud Rehfeld, Georg Wrazidlo, in: Die Mahnung vom 1. März 2000, S. 7f. Zu weiteren Angaben vgl. den Beitrag von Johannes Weberling in diesem Buch.

141 Erklärung vom 5.5.1946, in: Der Tagesspiegel vom 9.5.1946.

142 Nach anderen Angaben lautet der Name „Horst-Ernst Probst". Der Tagesspiegel vom 9.5.1946; vgl. Ernst, siehe Anm. 60, S. 11.

143 Lönnendonker, siehe Anm. 139, S. 15f.

144 Artikel „Freiheit von Furcht!", in: Horizont, 8/1947, 13.4.1947, S. 11. Bericht über die Verhaftung Wrazidlos von Reinhard Praus (ACDP 01-009-005/3).

145 Joachim Wolf (1928–1950), 1947 Verhaftung, vermutlich im Juni 1948 Verurteilung zu 25 Jahren Zwangsarbeit, 1950 Tod in Bautzen.

146 Günther Sögtrop (geb. 1928), Referent für Presse bei der FDJ-Landesleitung, 1946 CDU, 1947 Verhaftung, 1948 Verurteilung zu 25 Jahren Arbeitslager, 1956 Haftentlassung.

147 Klauck, siehe Anm. 25, S. 26.

148 Artikel „Freiheit von Furcht!", in: Horizont, 8/1947, 13.4.1947, S. 11.

149 Herzberg, siehe Anm. 76, S. 145.

150 „Im März dieses Jahres wurden sechs Personen wegen geheimer faschistischer Tätigkeit (Aufbewahren von Waffen und anderer Verbrechen gegen die Besatzungsbehörden) verhaftet. Unter den Arrestierten befinden sich die Studenten Wrazidlo, Rösch, Klein und Probst." Artikel „Wer sind die Verhafteten?", in: Neues Deutschland vom 28.3.1947.

151 Vgl. hierzu Ernst, siehe Anm. 38, S. 207.

152 Ernst, siehe Anm. 60, S. 8 und S. 20, 23, 25.

153 Nach Angaben eines Sprechers des britischen Foreign Office betrug die Zahl der verhafteten Studenten, die überwiegend der CDU angehörten, an den Universitäten Berlin und Halle etwa 20 bis 30; vgl. Senat von Berlin (Hrsg.), Berlin. Behauptung von Freiheit und Selbstverwaltung 1946–1948. Berlin 1959, S. 185.

154 Horst Krüger (geb. 1931), 1947 Verhaftung und Verurteilung zu 25 Jahren Arbeitslager, 1950 Entlassung aus der Haft in Bautzen. Wolfgang Weinoldt (geb. 1923), Jurist, 1945 CDU, 1947 Verhaftung und Verurteilung zu 15 Jahren Zwangsarbeit, 1954 Haftentlassung und Flucht in den Westen. Vgl. Universität Leipzig (Hrsg.), Studentischer Widerstand an der Universität Leipzig 1945–1955. Leipzig 1997, S. 14f.

155 Edmund Bründl (geb. 1925), 1945 CDU, 1947 Verhaftung, 1948 Verurteilung zu 25 Jahren Arbeitslager, bis 1956 Inhaftierung im Lager Bautzen, nach der Haftentlassung Flucht in den Westen.

156 Luise Langendorf (geb. 1925), Studentin der Philologie, CDU-Mitglied, 1947 Verhaftung, 1948 Verurteilung zu 25 Jahren Haft, 1955 Haftentlassung.

157 Karl Schwarze (geb. 1924), Jurastudent, 1946 CDU, 1947 Verhaftung, 1948 Verurteilung zu 25 Jahren Arbeitslager, 1954 Haftentlassung aus Bautzen und Flucht in den Westen.

158 Otto Gallus (geb. 1907), Jugenderzieher, 1945 CDU, Verfolgung schon in der NS-Zeit, Verhaftung 1947, 1948 Verurteilung zu 25 Jahren Arbeitslager, 1956 Haftentlassung und Flucht in den Westen.

159 Bernhard Becker (geb. 1923), Industriekaufmann, 1946 CDU, Kreisjugendreferent, 1947 Verhaftung, 1948 Verurteilung zu 25 Jahren Arbeitslager, 1954 Haftentlassung.

160 Vgl. den Beitrag von Jochen Stern in diesem Buch.

161 Hans Beitz (1917–1992), Sportlehrer, 1945 CDU, bis 1949 Vorsitzender der CDU-Hochschulgruppe, 1948 Stadtverordneter in Jena, 1950 Verhaftung, 1951 Verurteilung zu 25 Jahren Zwangsarbeit, 1956 Haftentlassung.

162 Fred Sagner, Neun Jahre im Exil, in: Schwarz, siehe Anm. 1, S. 27–30, hier S. 28.

163 Der Arbeitskreis Junge Union, o. D. [Mai 1947] (ACDP 03-033-130).

164 Quartalsrundschreiben Juli 1947, Sekretariat der Jungen Union Berlin, Fritz Klauck, 31.7.1947 (ACDP 03-033-144).

165 Schreiben Wolfgang Seibert an den Generalsekretär der CDUD, Georg Dertinger, Berlin, 18.2.1947 (ACDP 01-298-001/3).

166 Schreiben Wolfgang Seibert an Jakob Kaiser, Berlin, 12.6.1947 (ACDP 01-298-001/3).

167 In einem Schreiben der Jungen Union in Steglitz, unterzeichnet u. a. von Franz Amrehn, Edith Marga Lindner und Rudolf Luster, hieß es: „In diesen Tagen sind wir mehr und mehr versucht, die Aussichtslosigkeit unserer Bemühungen einzusehen, die wir seit über zwei Jahren zur geistigen Wiederaufrichtung und zum materiellen Wiederaufbau Deutschlands und besonders Berlins unternehmen." Schreiben des Kreisverbandes der Jungen Union Steglitz, 24.6.1947 (ACDP 02-279-001).

168 Bericht der Informationsverwaltung der SMAD für das ZK der KPdSU(B) über den Parteitag der CDU der sowjetischen Besatzungszone, Auszug, 9.9.1947, in: Bernd Bonwetsch/Gennadij Bordjugov/Norman M. Naimark (Hrsg.), Sowjetische Politik in der SBZ 1945–1949. Dokumente zur Tätigkeit der Propagandaverwaltung (Informationsverwaltung) der SMAD unter Sergej Tulpanow. Bonn 1998, S. 127–129. Das Dokument ist von Sergej Tulpanow unterzeichnet.

169 Zum Ablauf der Tagung vgl. den Informationsbrief der Jungen Union 6/1947, hg. von der Jungen Union Berlin (ACDP 01-279-001/2). Neue Zeit vom 12.6.1947; an der Tagung hatte teilweise auch Hauptmann Kratyn von der SMAD teilgenommen (Protokoll über die 2. Tagung des Ausschusses der Jungen Union in Deutschland, 1. Tag: 28.5.1947, ACDP 01-279-001). Eine Teilnehmerliste befindet sich im ACDP (01-298-001/3).

170 So auch Mählert, siehe Anm. 4, S. 93. Zu den gesamtdeutschen Bemühungen der FDJ vgl. Arno Klönne, „Jugendeinheit – Deutsche Einheit". Die Bemühungen um eine gesamtdeutsche Jugendvertretung 1946–1948, in: DA 6/1988, S. 624–633.

171 Vgl. Lorenz, siehe Anm. 16, S. 63.

172 Wie brutal die sowjetische Besatzungsmacht Jugendliche verfolgte, macht eine Dokumentation über Wittenberger Jugendliche deutlich (vgl. Räbiger, siehe Anm. 11). Die Jugendlichen hatten Interesse an der Mitgliedschaft in einer westlich orientierten Partei gezeigt und dieses auch durch ihre Unterschriften bekundet. Gegen die Gruppe wurden am 9.2.1946 neun Todesurteile, 19 Mal zehn Jahre Arbeitslager und einmal sieben Jahre Arbeitslager verhängt. 13 junge Wittenberger sind teils in Brandenburg unschuldig

hingerichtet worden, teils in Sachsenhausen und Untermaßfeld durch Hunger und TBC umgekommen.

173 Michael Richter, Die Ost-CDU 1948–1952. Zwischen Widerstand und Gleichschaltung (Forschungen und Quellen zur Zeitgeschichte, 19). Düsseldorf ²1991, S. 76.

174 Bericht über eine Tagung der Kreisjugendreferenten in Dresden am 19.2.1948 (ACDP 03-013-343/2).

175 Vgl. „Unser Bekenntnis zum christlichen Sozialismus". Entschließung des Jugendausschusses des Landesverbandes Thüringen der CDUD (ACDP 03-031-179).

176 Johann Baptist Gradl, Anfang unter dem Sowjetstern. Die CDU 1945–1948 in der sowjetischen Besatzungszone Deutschlands. Köln 1981, S. 181.

177 Zit. nach Ziegler, siehe Anm. 35, S. 15.

178 Richter, siehe Anm. 173, S. 76.

179 Offener Brief an die Angehörigen der Jungen Union in der sowjetisch besetzten Zone und Berlin, 1.2.1948 (ACDP 04-064-178); Sagner, siehe Anm. 35, S. 29.

180 Rundschreiben Nr. 3/1948, Landesverband Sachsen-Anhalt der CDU, Gerald Götting, Halle, 10.2.1948 (ACDP 03-033-130).

Enttäuschte Hoffnungen auf einen demokratischen Neuanfang
Die „Junge Union" Sachsens 1945–1949

Mike Schmeitzner

I. Quo vadis „Junge Union"?

In der kurzen Zeit, in der in Sachsen wie in der gesamten SBZ eine „Junge Union" der CDU aufgrund sowjetischen und kommunistischen Einflusses gerade halblegal existieren konnte, waren programmatische Schriften und Selbstdarstellungen Mangelware. Dennoch stellten auch Jugendvertreter der sächsischen CDU Überlegungen über eigenes Wollen und eigene Ziele an, was insbesondere im Jahr der letzten großen und dann enttäuschten deutschlandpolitischen Hoffnungen – 1947 – in verschiedenen Reden und Texten zum Ausdruck kam. Einer der einflußreichsten sächsischen Jugendvertreter der CDU, der Löbauer Bezirksjugendreferent und spätere Landesjugendvorsitzende Christian Müller, versuchte in dieser Zeit das Selbstverständnis der „Jungen Union" unter den spezifischen sowjetischen Besatzungsbedingungen in prägnante Worte und Formeln zu fassen. In einem Referat über „Jugend und Union", das er vermutlich am 6. Juli 1947 auf einer Bezirksarbeitstagung der CDU in Bautzen hielt,[1] erläuterte er sein Konzept der „Jungen Union": „Die FDJ ist in der russischen Zone die einzige Organisation, die Jugendarbeit treiben darf. [...] Wir verzichten also auf eine eigene Jugendorganisation. Die Junge Union darf nicht eine Organisation innerhalb der Organisation sein. Ihre Aufgabe ist es nur, die jugendlichen Mitglieder zu Arbeitskreisen zusammenzufassen und sie politisch zu bilden, ihnen das zu geben, was sie infolge der 12 Jahre Nationalsozialismus nicht haben und wissen können.

Die Junge Union ist durchaus antifaschistisch. Sie hat den Nationalsozialismus und seine Folgen am eigenen Leibe am meisten verspürt. Denn die Millionen Toter und Beschädigter sind auch Opfer des Faschismus! Für die Jugend gab es ein Gesetz, das sie ohne ihren Willen in die NSDAP und ihre Gliederungen zwang. Ein Mensch, der von Kind an immer das Gleiche hört, muß von seiner Richtigkeit überzeugt sein. Wenn also das deutsche Volk eine Schuld an der Vergangenheit trifft, fällt sie am wenigsten auf die Jugend.

Die Junge Union ist christlich. Sie hat erkannt, wohin menschliche Selbstherrlichkeit führt. Sie hat erkannt, daß eine Wende letztlich nur von oben, vom Schöpfer, kommen kann. Sie hat erkannt, daß nur die geistig-sittlichen Werte des Christentums, angewandt im öffentlichen Leben, auch bei uns aufwärts führen können.

Die Junge Union ist deutsch. Deutsch nicht, indem sie überheblich und sich besser dünkend auf die anderen schaut, sondern deutsch, indem sie sich der deutschen Aufgabe, Brücke zu sein zwischen Ost und West, bewußt ist, deutsch, indem sie nicht einen Nationalismus, wohl aber das deutsche Nationalgefühl wieder herstellen will. Deutsch, indem wir uns wieder besinnen auf die Werte deutscher Kultur, deutsch, indem wir daran schaffen, dem deutschen Namen in der Welt die Ehre wieder zu geben.

Die Junge Union ist fortschrittlich. Fortschrittlich, indem sie erkennt, daß eine völlige Neuordnung und Neugliederung der Massen und des Besitzes nötig ist in einer Zeit, in der Eigentum nur als Zufall bezeichnet werden muß. Fortschrittlich also, indem sie als Lebens-, Staats- und Wirtschaftsform der Zukunft einen Sozialismus aus christlicher Verantwortung zu schaffen gewillt ist."[2]

Enttäuschte Hoffnungen auf einen demokratischen Neuanfang

II. Die Anfänge in den Jugendausschüssen

Der Konstituierung von Landesverbänden der vier „antifaschistisch-demokratischen" Parteien KPD, SPD, CDU und LDP im Sommer 1945 folgte nicht die Gründung von parteieigenen Jugendorganisationen. Zugelassen wurden in Sachsen wie in der gesamten SBZ nur überparteiliche Jugendausschüsse, die Anfang 1946 in die Einheitsjugendorganisation FDJ einmündeten. Diese Entwicklung basierte auf Exilplanungen der KPD, deren Führung in Moskau 1944/45 ganz bewußt auf den Wiederaufbau einer eigenen Jugendorganisation verzichtet hatte, um statt dessen die dominierende Rolle in einer Einheitsjugend zu übernehmen.[3] In den Jugendausschüssen, von denen die ersten in Sachsen im Juli 1945 in Chemnitz und Dresden entstanden,[4] versuchten sich kommunistische Jugendliche von vorn herein an die Spitze zu setzen. Nach sowjetischen Angaben haben sie neben Sozialdemokraten als „Pioniere" beim Aufbau der Jugendausschüsse gewirkt. Dabei sei ihnen vor allem in der Phase des organisatorischen Neubeginns „effektive Hilfe" von seiten der KPD zuteil geworden. Einschränkend hieß es allerdings auch, daß es in dieser Zeit Versuche „reaktionärer Elemente", nämlich von Kirchen und Teilen der SPD, gegeben habe, die eigenen, vor 1933 bestehenden Jugendorganisationen wieder ins Leben zu rufen.[5]

Die Arbeit der „antifaschistischen Jugendausschüsse", die in der SBZ durch eine Weisung der SMAD vom 31. Juli 1945 ihre Legitimation erhielten, bewegte sich in den Monaten bis Anfang 1946 im Rahmen von geselligen Veranstaltungen wie Liederabende und Gesellschaftsspiele über Literaturgespräche bis zu politischen Vorträgen, die mit Themen zum Widerstand gegen den Nationalsozialismus und zum Marxismus einen kleineren Teil einnahmen. Daß diese vorerst eher „unpolitische" Ausrichtung ein geschickter taktischer Schachzug zur kommunistischen Einflußnahme im Jugendbereich war, machte der Jugendleiter der sächsischen KPD, Robert Bialek, schon im Oktober 1945 ungeschminkt deutlich. Er verglich die Funktion eines Heimabendes mit dem „Saugrohr einer Maschine", die den „unpolitischen Jugendlichen" anziehen sollte, um ihn nach „individueller Bearbeitung" als „Parteianwärter und werdenden Kommunisten" auszustoßen.[6]

Die Leitung des im Dezember 1945 neu gebildeten Landesjugendausschusses übernahm allerdings nicht Bialek, sondern der Leipziger Jugendleiter der KPD, Hermann Axen. Zu Stellvertretern wurden der Sozialdemokrat Gerhard Jatzke und Roland Schultheiß ernannt, was die Führungsrolle der Kommunisten unterstrich. Die Arbeit des neuen Landesgremiums, das per Verordnung der Landesverwaltung Sachsen „alle antifaschistischen Jugendausschüsse der Kreise und Städte im Bundesland Sachsen" zu leiten hatte, sollte mit Mitteln aus dem Etat der Abteilung Volksbildung des Ressorts Inneres bestritten werden.[7] Aus dem selben Fond wurde auch die Anfang 1946 auf dem Valtenberg errichtete Landesjugendschule finanziert. Zu diesem Zeitpunkt existierten in Sachsen bereits 196 antifaschistische Jugendausschüsse[8] mit insgesamt 30.000 Mitgliedern. Sie bildeten die Basis für die am 20. März 1946 geschaffene Landesorganisation der FDJ.[9]

Die beiden bürgerlichen Parteien CDU und LDP verhielten sich gegenüber dem von der KPD vertretenen Konzept der Jugendausschüsse zurückhaltend bis ablehnend. Sie favorisierten die Bildung eigener Jugendorganisationen, waren aber letztlich an die sowjetische Weisung gebunden. Trotzdem kam es noch im Spätsommer 1945 auch in ihren Reihen zu ersten Organisationsversuchen von jugendlichen Parteimitgliedern, die, als „Junge Union" oder „Jungliberale", nur innerhalb der Parteien wirken konnten. Die sowjetische Besatzungsmacht verfolgte derartige Aktivitäten von Beginn an mit Mißtrauen, das, jenseits deutschlandpolitischer Taktik, schnell in Repressionen umschlagen konnte.

In Sachsen sahen sich die Dresdner Gründer der sächsischen CDU, Hugo Hickmann und Martin Richter, zuerst veranlaßt, die sowjetischen Vorgaben strikt einzuhalten. Im Gegensatz zur Führung der LDP, die schon im September 1945 Wolfgang Mischnick mit der Bildung parteieigener Jugendzirkel betraute,[10] war für sie die Zeit noch nicht herangereift, die eigenen jugendlichen Mitglieder zu organisieren. Man wolle die Partei, so die Argumentation der beiden Politiker, nicht unnötigerweise in Frauen, Jugend und weitere Bereiche „aufsplittern". Dazu habe man auch dann noch hinreichend Zeit, wenn die Partei über eine ausreichende Mitgliederbasis verfüge. Eine Reihe von jungen Mitgliedern der CDU war in diesem Punkt allerdings anderer Ansicht. Vor allem eine Gruppe um die Dresdner Jugendlichen Wolfgang Marcus, Paul Ascher, Wolfgang Behler, Christian Müller und Waldemar Pilaczek, die sich schon aus der gemeinsamen katholischen Jugendarbeit vor 1945 kannten, hielt die Gründung einer eigenen Jugendorganisation für durchaus angemessen.[11] Ungeachtet der Tatsache, daß ihnen in dieser Hinsicht Barrieren auferlegt worden waren, förderten sie doch bis Ende 1945 die Prägung des Namens „Junge Union".[12]

Im Rahmen dieser Entwicklung arbeiteten junge Mitglieder der Union seit Frühherbst 1945 zuerst in den bezirklich gegliederten kommunalen Jugendausschüssen der Landeshauptstadt mit. Zum Koordinator der CDU für die Dresdner Jugendausschüsse avancierte dabei Wolfgang Marcus,[13] der hier vor allem mit katholischen Weggefährten wie Paul Ascher und Wolfgang Behler, aber auch mit LDP-Vertretern wie Wolfgang Mischnick zusammenarbeitete. Sie organisierten neben geselligen Veranstaltungen auch Wanderungen und sogenannte „Themenabende" mit

„aufklärerischer Tendenz". So wurde etwa in Vorträgen über die schwierige Situation der katholischen Kirche in Dresden während der Zeit des „Dritten Reiches" informiert und die widerständige Rolle der Bischöfe Clemens August von Galen (Münster) und Konrad von Preysing (Berlin) betont. Nach den Erinnerungen Wolfgang Marcus' herrschte in derartigen Veranstaltungen „noch einige Offenheit und Neutralität".[14]

Diese Harmonie währte freilich nur einige Wochen. Bereits Ende 1945 stellten sich erste scharfe Auseinandersetzungen mit den den Ton angebenden Jungkommunisten ein. Als sich beispielsweise Paul Ascher[15] und Wolfgang Marcus auf einer Jugendausschuß-Sitzung im Beisein des KPD-Jugendleiters Robert Bialek flapsige Sprüche über „Väterchen Stalin" erlaubten, zog dieser die Pistole und herrschte beide mit den Worten an: „Wer hier wagt, den großen Stalin zu beleidigen, den erschieße ich."[16] Derartige Demonstrationen kommunistischen Machtanspruchs hatten nach einer erneuten Auseinandersetzung mit dem Leiter des Landesjugendausschusses, Hermann Axen (KPD), Anfang 1946 härtere Konsequenzen. Marcus hatte Axen auf einer Podiumsveranstaltung im Gymnasium Dresden-West vorgeworfen, er könne nur deshalb so frei agieren, weil er die „sowjetischen Bajonette" hinter sich wüßte. Daraufhin wurde Marcus vom NKWD am 31. April 1946 wegen „faschistischer Propaganda" verhaftet. In der Haft unterbreitete man ihm das Angebot, auf freien Fuß gesetzt zu werden, falls er für die neu gegründete FDJ werben würde. Da er dieses Angebot ablehnte, blieb er vorerst in sowjetischem Gewahrsam, konnte aber in der dritten Mai-Woche 1946 auf einer Verlegungsfahrt fliehen und anschließend in die Westzonen flüchten.[17]

Dieser erste Verhaftungsfall zeigt eindrücklich den engen Handlungsspielraum christlich-demokratischer Jugendarbeit bereits in einer frühen Phase der Entwicklung.

Öffentlich geäußerte Kritik an der Besatzungsmacht und den deutschen Kommunisten konnte harte Konsequenzen nach sich ziehen.

III. Aufbau und Organisation der Jugendarbeit

Die Organisierung der jugendlichen Mitglieder innerhalb der CDU fiel mit Bildung der FDJ in Sachsen zeitlich zusammen. In der dritten März-Woche 1946 wurden sowohl in Dresden die Freie Deutsche Jugend als auch ein Jugendreferat beim Landesverband der CDU Sachsen geschaffen. Damit war dem „immer stärker werdenden Drang nach politischer Erfassung der Jugendlichen" durch die sächsische Union „Rechnung getragen" worden, wie es der erste Landesjugendreferent, Hans-Bernhard Alpermann, formulierte. Die Aufgabe des neuen Referates sah Alpermann darin, „die jugendlichen Mitglieder und Freunde der Union zu aktiven Arbeitsgemeinschaften zusammenzuschließen, die sich ganz in den Dienst des Wiederaufbaus unserer Heimat und der Gestaltung und Sicherung eines demokratischen Deutschlands auf christlicher Grundlage stellen".[18]

In „Richtlinien" für die Jugendarbeit in Sachsen gab er auch den Aufbau von Jugendorganisationen vor. So sollte in jeder Ortsgruppe und in jedem Kreisverband „mindestens ein jugendliches Parteimitglied – wenn möglich zwei, männlich und weiblich – als Jugendreferent" eingesetzt werden. Diese Ortsgruppen- und Kreisjugendreferenten müßten von den jugendlichen Mitgliedern dem jeweiligen Vorstand vorgeschlagen werden, um bei der nächsten Wahl in das betreffende Gremium zu kommen. Als junge Parteifreunde betrachtete Alpermann alle Mitglieder zwischen dem 16. bis 25. Lebensjahr, doch könnten auch „ältere Mitglieder als Jugendreferenten vorgeschlagen" werden. Beim Landesjugendreferat wie bei den Jugendreferaten der Kreise sollten noch Verbindungsstellen mit folgendem Zuschnitt entstehen: Propaganda und Aktivität, Presse und Information, Kultur, Hochschul- und Studentenfragen, Heimkehrerbetreuung, Sozialpolitik und Betriebsjugend, Evangelische Jugend, Katholische Jugend, Weibliche Jugend, FDJ.[19]

Die verschiedenen Verbindungsstellen konnten nach Auffassung Alpermanns zu einzelnen Arbeitsgebieten zusammengefaßt werden. Aus den Mitarbeitern der Verbindungsstellen und dem jeweiligen Jugendreferenten des Kreises sollte zudem ein Ausschuß für Jugendfragen gebildet werden, der „in gewissen Zeitabständen alle Fragen, welche die Jugend betreffen", zu beraten habe. Dieser Ausschuß müßte den „Willen und die Absichten der jungen Parteifreunde dem Vorstand zu Gehör" bringen. An die Spitze der neuen Organisation hatte nach Alpermanns Vorstellung ein „Landesausschuß für Jugendfragen" zu treten, der sowohl den Landesjugendreferenten und die Leiter der Verbindungsstellen als auch sämtliche Jugendreferenten der Kreise einzubeziehen habe. Letztendlich sollte allerdings das Jugendreferat „grundsätzlich richtunggebend" sein.[20] Dieser zentral geplante, voluminöse Apparat hatte jedoch kaum Aussicht auf Verwirklichung, da allein schon die Besetzung der Kreisjugendreferate erhebliche Schwierigkeiten nach sich zog. Selbst die von Alpermann erbetene monatliche Berichtspflicht der Kreisjugendreferate wurde keineswegs zur Zufriedenheit der Landeszentrale erfüllt, wie spätere Mahnungen belegen.[21]

Vorreiter der Entwicklung war der Kreisverband Dresden. In Dresden hatten sich schon „seit Monaten", so ein Bericht von Ende März 1946, die „jungen Freunde" in der „Jungen Union" gesammelt, um politische Schulungen zu absolvieren und sich über Weg und Ziele der CDU zu informieren. Außerdem wurden hier „Fragen des täglichen Lebens und Probleme, die den jungen Menschen beschäftigen", lebhaft diskutiert. Zudem war beabsichtigt, in nächster Zukunft die „jungen Freunde" in den einzelnen Ortsgruppen zu sammeln. Darüber hinaus planten die Verantwortlichen im Kreis, in jeder Ortsgruppe einen Jugendvertreter zu benennen, „der monatlich über die Jugendarbeit und Fragen an den Kreisverband Berichte" vorbereiten sollte.[22] Nach diesem Zeugnis und den Erinnerungen von Wolfgang Marcus und Paul Ascher zu urteilen, hatten sich zuerst in Dresden der Name „Junge Union" und danach auch erste organisatorische Strukturen etabliert.[23]

Aus den anderen Kreisen lagen dem Landesjugendreferat im März 1946 „keinerlei Mitteilungen" über Jugendarbeit vor.[24] Bis Sommer 1946 gelang es aber, in der Mehrzahl der 30 sächsischen Kreisverbände Jugendreferenten einzusetzen. Ausnahmen bildeten zu diesem Zeitpunkt noch die Kreise Aue-Schwarzenberg, Chemnitz-Land, Hoyerswerda, Leipzig, Oelsnitz (Vogtland), Weißwasser und Zittau. Die Bestellung der Kreisjugendreferenten erfolgte teils durch Berufung und teils durch Wahlen. Im Laufe des Jahres 1946 kam es wohl nur in Dresden und Stollberg zur Einstellung hauptamtlicher Kreisjugendreferenten.[25] In der Landeshauptstadt wurde der Student der Biologie, Wolfgang Ullrich, mit diesem Posten betraut. Eine stärkere Vernetzung von Landesjugendreferat und bereits bestehenden Kreisjugendreferaten ließ jedoch noch längere Zeit auf sich warten. Eine für Ende September 1946 anberaumte Tagung der Kreisjugendreferenten mußte, trotz „mehrmaliger Vorbereitungen", immer wieder verschoben werden – zuerst aufgrund der bevorstehenden Gemeindewahl, dann wegen der fehlenden Genehmigung der SMAS und schließlich wegen der „einsetzenden Kälte".[26] So blieb ab Juni 1946 als Mittel der regelmäßigen Kommunikation nur ein „Rundbrief", den Alpermann an die Kreisjugendreferate schickte.

Darüber hinaus versuchte Alpermann, durch persönliches Engagement besonders in abgelegenen Kreisen den Aufbau regionaler Jugendstrukturen zu beschleunigen. Im Monat Juli 1946 stellte er z. B. in Dippoldiswalde, Flöha und Zschopau vor „jugendlichen Aktivisten der CDU" die Richtlinien für die weitere Jugendarbeit vor. In Dorfhain (am Tharandter Wald) machte er mit Hilfe einiger Lichtbilder über Matthias Claudius „seine jungen Freunde mit dem Leben und Wirken dieses deutschen Dichters bekannt" und in Annaberg sprach er auf einer öffentlichen Versammlung vor 250 Anwesenden über „Jugend und CDU" und „forderte zu aktiver Mitarbeit auf".[27]

Bis zum Sommer 1946 hatte sich so die „Junge Union" zu einer Größe entwickelt, der auch vom Gesamtverband der Union Rechnung getragen werden mußte. Gehörte bereits seit dem 1. Landesunionstag im Februar 1946 Gerhard Schelzel (Dresden, Jahrgang 1910) als „gewählter Vertreter der Jugend" dem höchsten Führungsgremium der sächsischen CDU, dem geschäftsführenden Landesvorstand, an,[28] so konnte die JU mit der Wahl weiterer vier jugendlicher Vertreter in den erweiterten Landesvorstand einen doch erheblichen innerparteilichen Erfolg erzielen. Bei den hier Gewählten handelte es sich um Waldemar Pilaczek (Dresden, Jahrgang 1917), Hans-Wolfgang Feist (Bernsdorf, Jahrgang 1921), Hans-Bernhard Alpermann (Dresden, Jahrgang 1923) und Annelie Feurich (Dresden, Jahrgang 1923).[29] Der zuerst gewählte Schelzel, der als Kaufmann tätig war, legte allerdings sein Mandat wegen „beruflicher Überlastung" schon im April 1947 wieder nieder.[30]

Die Brüchigkeit des Fundaments, auf dem die „Junge Union" in Sachsen und in der SBZ arbeitete, zeigte sich jedoch im unmittelbaren Vorfeld der Gemeindewahlen. Ende Juli 1946 hatte das Sekretariat der FDJ-Landesleitung Sachsen sein Mitglied Waldemar Pilaczek, der auch Mitglied des FDJ-Zentralrates und des CDU-Landesvorstandes war, aus dem Jugendverband ausgeschlossen. Pilaczek habe, so die Begründung, auf der FDJ-Landesschule Valtenberg erklärt: „Wir haben noch nicht die Möglichkeit, eine eigene Jugendorganisation zu bilden, daher müssen wir in der FDJ mitarbeiten."[31] Zum selben Zeitpunkt sah sich der von der CDU in die FDJ-Kreisleitung Dresden delegierte Paul Ascher veranlaßt, wegen drohender Repressalien in die Westzonen zu flüchten.[32] Wenige Wochen später sollte es noch schlimmer kommen: Am 23. August 1946 mußte Alpermann das „spurlose Verschwinden einiger junger Unionsfreunde" in Dresden konstatieren. Die Verhaftung einer Gruppe von bekannten Jugendfunktionären, unter ihnen Waldemar Pilaczek und der Jugendreferent des CDU-Hauptvorstandes, Rudolf Franzkowiak, durch sowjetische Organe war nach der Verschleppung von Wolfgang Marcus im Frühjahr des Jahres der erste große Schlag gegen die im Aufbau befindliche Unions-Jugend. Beide Funktionäre hatten für die CDU in den sächsischen Wahlkampf zu den am 1. September 1946 stattfindenden Gemeindewahlen eingreifen wollen, der von seiten der SED und der SMAS mit unfairen und auch repressiven Methoden geführt wurde.[33] Die Verhaftungen, so Alpermann, haben „in unseren Reihen größte Verwunderung und ernste Sorge hervorgerufen, zumal uns ein Grund für dieses Verschwinden und der Aufenthalt bis jetzt nicht bekannt wurde".[34]

Die Tatsache, daß sich Mitglieder der „Jungen Union" an den Vorbereitungen des Volksentscheides zur Enteignung der sogenannten „Nazi- und Kriegsverbrecher" im Juni 1946 „ganz aktiv" beteiligt hatten,[35] konnte kaum mit dieser Verhaftungsaktion in Verbindung gebracht werden. Denn immerhin war auch Alpermann mit gutem Beispiel vorangegangen und hatte in einem Leitartikel für das sächsische CDU-Organ „Die Union" die eigene Jugend zur Stimmabgabe beim Volksentscheid aufgefordert.[36] Maßgeblich für die Repressalien dürfte wohl der massive Einsatz der „Jungen Union" während der Vorbereitungen zu den Gemeinde-, Kreis- und Landtagswahlen gewesen sein, die im September und Oktober 1946 stattfanden. In einem Bericht des Landesjugendreferates hieß es bezeichnenderweise, daß „das letzte Viertel des Jahres 1946 [...] ganz im Zeichen der Vorbereitung für die einzelnen Wahlen gestanden" habe. Die jungen Mitglieder hätten sich „im Wahlkampf selbst begeistert und selbstlos eingesetzt" (Alpermann). Tatsächlich wurde die Plakatwerbung „vor allem von der Jugend getragen", ebenso die Verteilung von Flugblättern und Einladungen zu Veranstaltungen. Die Mehrzahl der Kreisjugendreferenten erlebte als Redner im Wahlkampf eine erste Bewährungsprobe, die sie, folgt man dem Landesjugendreferat, mit „Frische", „Einsatzbereitschaft" und „Einsatzfreudigkeit" bestanden.[37]

Doch auch in inhaltlicher Hinsicht hatten die Vertreter der „Jungen Union" und allen voran Alpermann selbst eindeutig „Flagge" gezeigt. In seiner Rededisposition „Jugend und Gemeindewahlen" hieß es couragiert und kompromißlos: „Kein Einparteiensystem. Die Existenz weniger, aber starker und sich klar unterscheidender Parteien kennzeichnet am besten die politische Reife eines Volkes [...] Wir wenden uns gegen jede Diktatur." Weiterhin machte Alpermann klar, daß an Stelle der „Willkürherrschaft einzelner und des Massenterrors" die „freie Stimme des Gewissens und die Verpflichtung gegen Gott und seine Gebote" treten müsse.[38] Deutlicher konnten die Akzente gegen neuerliche Diktaturbestrebungen in dieser Zeit nicht ausfallen.

Einsatz und Haltung der „Jungen Union" waren letztlich auch darauf zurückzuführen, daß sich eine ganze Reihe ihrer Mitglieder auf den Vorschlagslisten der sächsischen CDU plazieren konnte. Bei den Gemeindewahlen am 1. September 1946 kam ein Teil von ihnen in die Stadt- und Gemeindeparlamente. Mit Hans-Wolfgang Feist[39] (25

Enttäuschte Hoffnungen auf einen demokratischen Neuanfang

Jahre) und Wolfgang Ullrich[40] (23 Jahre) konnten am 20. Oktober 1946 gleich zwei junge Mitglieder der Union in den Landtag einziehen. Ullrich, der als „Jugendvertreter der CDU" galt, war zugleich jüngster Abgeordneter des sächsischen Landtages.[41] Der SED-Fraktion gehörten als Jugendvertreter der FDJ-Vorsitzende Robert Bialek (KPD/SED), die Leipziger FDJ-Funktionärin Helga Lange (SPD/SED) und die Plauener FDJ-Organisationsleiterin Luise Bäuml (KPD/SED) an. Im Sommer 1947 rückte für den verstorbenen Ministerpräsidenten Rudolf Friedrichs noch der Jugendvertreter und vormalige FDJ-Vorsitzende Gerhard Jatzke (SPD/SED) nach. Die LDP war im Vorfeld der Wahl von der SMAS gezwungen worden, die gleichfalls aufgestellten Jugendvertreter Wolfgang Mischnick und Ruth Ehrlich von ihrer Landesliste zu streichen, so daß die Partei mit Marianne Legler nur eine 31jährige Frau als jüngstes Mitglied der Fraktion aufbieten konnte.[42]

Nach den Herbstwahlen 1946 trat im Landesjugendreferat der sächsischen Union ein plötzlicher Wechsel ein. Auf den bisherigen Referenten Alpermann folgte im November desselben Jahres Hans-Joachim (Jochen) Endler.[43] Was war der Anlaß dieses Wechsels? Noch während des Wahlkampfes hatte der sowjetische Geheimdienst Alpermann vor den Augen seiner hochschwangeren Frau verhaftet und in einem nächtlichen Verhör bedrängt, künftig als Vertrauensmann der Sowjets die im Werden begriffene „Junge Union" auszuspähen. Um sich dem sowjetischen Druck zu entziehen, flüchtete Alpermann zwar nicht, wie bislang vermutet, in die Westzonen,[44] doch nahm er ein Augenleiden zum Vorwand, um sich krank schreiben zu lassen und die Stelle als Landesjugendreferent aufzugeben. In der Folge zog er sich von allen Aktivitäten in der CDU zurück und übersiedelte mit seiner Frau von Dresden ins Erzgebirge. Später verlagerte er seinen Wohnsitz nach Brandenburg, wo er als Pfarrer in Zehdenick jahrzehntelang wirkte.[45]

Alpermanns Nachfolger Endler versuchte dessen Arbeiten fortzusetzen und innerhalb der „Jungen Union" vor allem die Vernetzung der Kreisorganisationen voranzutreiben. Nach seiner ersten landesweiten Aktion, der Veranstaltung von Weihnachtsfeiern der jungen Mitglieder für „Flüchtlinge und Umsiedler" im Dezember 1946, nahm Endler die Aufstellung eines Arbeitsplanes für 1947 in Angriff. Dazu rief er im Januar 1947 die Kreisjugendreferenten der fünf Bezirksstädte Sachsens (Dresden, Löbau, Leipzig, Chemnitz, Zwickau) zusammen, die sich ab diesem Zeitpunkt auch Bezirksjugendreferenten nennen durften.[46] Bei dem Treffen wurde „klargestellt, daß die Aufgabe im neuen Jahr folgende sei: Aktivierung der Jugend und Herstellung eines persönlichen Kontaktes untereinander, regelmäßige Schulung der Bezirks- und Kreisjugendreferenten". Nach der Zusammenkunft fanden in den fünf Bezirksstädten Sachsens Besprechungen mit den Kreisjugendreferenten statt, bei denen die aktuellen Schwerpunkte der Jugendarbeit dargelegt wurden.[47]

Die von Endler als Schwerpunkt angesehenen Schulungen konnten in den ersten Wochen des Jahres 1947 allerdings „nur in wenigen Kreisen durchgeführt" werden, da oftmals keine heizbaren Räume zur Verfügung standen. Einzig in Dresden fand in dieser Zeit eine systematische Schulung von jugendlichen Mitgliedern statt. Die vom jungen Pirnaer Kreisgeschäftsführer der CDU, Dr. Josef Bock[48], geleitete „Schulungsreihe" über die „Grundlegung unserer Politik" lief wöchentlich und „erfreute sich regem Zuspruch durch unsere Jugendlichen". Da es landesweit an „guten brauchbaren Schulungsthemen" mangelte, erklärte sich Bock bereit, „für die politische Bildungsarbeit Themen auszuarbeiten". Dieses Material versandte Endler an die einzelnen Kreisjugendreferenten. In der Folge übernahm der 32jährige Bock auch die Schulung der Bezirksjugendreferenten, mit denen er beispielsweise das gegenwärtige Parteiensystem diskutierte.[49]

Bocks geistiger Einfluß erstreckte sich bald auf den gesamten Landesverband, konnte doch das für Bildung zuständige Mitglied im erweiterten CDU-Landesvorstand schon seit 1946 auch im sächsischen CDU-Organ „Die Union" über Grundsatzprobleme referieren. Sein hier skizziertes Bild von Jugend und Jugendorganisation entsprach einem „Ideal jugendlicher Gemeinschaft jenseits der Extreme der vergangenen Jahrzehnte: weder liberalistische und absolute Freizügigkeit der Organisation nach bürgerlichen, sozialen und konfessionellen Gesichtspunkten, noch totalitäre Staatsjugend unseligen Angedenkens. Wir wollen eine Jugend, die in Grenzen und angemessen ihrer Lebensstufe sich frei entfalten und formen kann."[50] Dieser Überzeugung entsprach auch die von ihm vertretene Geschichtsphilosophie aus christlicher Sicht. Ausführlich grenzte er hier den von ihm beschriebenen Standpunkt der CDU gegen die rassistischen Geschichtsinterpretationen der Nationalsozialisten und den historischen Materialismus der Einheitssozialisten ab, in dem er betonte, „wir glauben an die Wirkkraft der Idee mit der Freiheit der Person in der Geschichte in vielen Fällen vor und über den wirtschaftlichen Faktoren, wenn auch nicht ohne sie".[51]

IV. Der Arbeitskreis Jugend

Am 25. März 1947 gründete sich in Sachsen analog zur Zonenebene ein eigener Arbeitskreis Jugend, der die Arbeit des Landesjugendreferenten auf eine breitere Grundlage stellen sollte. Die Mitglieder des Arbeitskreises waren dabei nicht von ihren Kreisen, sondern vom CDU-Landesvorstand vorgeschlagen worden, was wohl den Charakter des Gremiums als eine Art „Interessengemeinschaft", nicht aber als Jugendorganisation bezeichnen sollte.[52] Entscheidende Unterschiede zur Organisation in Berlin bestanden darin, daß sich der sächsische Kreis fast ein Jahr später konstituierte und sich zumindest offiziell nicht als „Arbeitsausschuß der Jungen Union" bezeichnete. In der Praxis konnte sich dieser Begriff aber schon seit 1946 verbreiten, so daß sich die Protagonisten des sächsischen Arbeitskreises durchaus als Vertreter der „Jungen Union" betrachteten.[53] Folgt man der durchaus schlüssigen These Ulrich Mählerts, dann hatte die regional unterschiedliche Namenswahl der eingerichteten Ausschüsse und Arbeitskreise mit der „Standfestigkeit" des jeweiligen CDU-Landesvorsitzenden gegenüber sowjetischen Einflußnahmen zu tun.[54] In dieser Hinsicht mag Hickmann gegenüber der SMAS tatsächlich den Weg des geringsten Widerstandes gegangen sein und die Frage des Namens nicht als vorrangig betrachtet haben.

Zum Vorsitzenden des Arbeitskreises avancierte der Dresdner Student Albrecht Mann, nachdem der vom CDU-Landesvorstand vorgeschlagene Landtagsabgeordnete Wolfgang Ullrich wegen „Arbeitsüberlastung" verzichtet hatte.[55] Stellvertreter wurde der Dresdner Alfons Vogt, Geschäftsführer der Landesjugendreferent Jochen Endler; weitere Mitglieder waren der Studentenratsvorsitzende an der TH Dresden, Hans-Dieter Otto, der Abgeordnete Wolfgang Ullrich, die CDU-Landesvorstandsmitglieder Heinz Heidel und Dr. Josef Bock sowie Willi Tohak und Annelie Feurich.[56] Den erweiterten Arbeitskreis Jugend bildeten im Kern die Kreisjugendreferenten der Union.[57]

Der Anspruch des Arbeitskreises, von insgesamt 60.000 Mitgliedern der sächsischen CDU rund 20.000 junge Mitglieder im Alter zwischen 16 und 35 Jahren zu vertreten, kam erstmals auf dem Landesunionstag Ende April 1947 zur Geltung, als inhaltliche und personelle Vorstellungen der Jugend Auseinandersetzungen mit der CDU-Führung nach sich zogen. Auslöser der Debatte war die Kandidatur Josef Bocks für den stellvertretenden Landesvorsitz und seine Rede über die „Stellung und Aufgabe der Jugend in der Union", mit der er vor allem die Alt-Herrenriege der CDU provozierte.

In seiner programmatischen Rede forderte Bock von der „älteren Generation", daß „wir angemessen unserer Aktivität und unserem politischen Wollen und Können zur Mitverantwortung und zur Mitgestaltung unserer Demokratie auch innerhalb unserer Partei hinzugezogen werden". Die Argumentation der älteren Generation, die Jugend sei aufgrund der mangelnden Erfahrung auf Distanz zu halten, ließ Bock keinesfalls gelten. Seiner Auffassung nach garantiere die „Häufung der Erfahrung nicht unbedingt", daß „nun der richtige Weg eingeschlagen wird". Den innerparteilichen Anspruch der „Jungen Union" markierte Bock anhand vier besonderer Aufgaben, die den Jugendlichen zufallen müßten. Die erste Aufgabe betrachtete er darin, „daß wir lernen müssen, daß wir theoretisch und praktisch mit den demokratischen Spielregeln vertraut werden müssen, daß wir in die Lage versetzt werden müssen, nach Maßgabe unserer Kraft und unserer Fähigkeit zu den Tagesfragen und auch zu den großen Fragen der Politik Stellung nehmen zu können". Eine zweite Aufgabe erblickte er darin, daß die junge Generation das „belebende Element in unserem Parteigefüge sein muß", da sonst die „Gefahr der Vergreisung" bestehe. Bock meinte in diesem Zusammenhang nicht nur die physische Komponente, sondern auch die sittliche und idealistische, da „leicht die Gefahr" bestünde, daß der „Realpolitiker in die politische Niederung" absinke. Als dritte Aufgabe postulierte Bock die Jugend als das „fortschrittliche Element". Sie spüre viel schneller als die ältere Generation die neuen Entwicklungen und wolle gerade in wirtschaftlichen Dingen[58] nicht einfach dort wieder ansetzen, wo die „Alten" 1933 aufgehört hätten. Als viertes und letztes müsse die Jugend die innerparteiliche Rolle eines „kritischen Elementes" übernehmen, das „zur sachlichen und sittlich-idealistischen

Kritik verpflichtet ist". Angesichts seiner Erfahrungen mit den eigenen Parteistrukturen warnte Bock davor, „in das politische Geplänkel vergangener Zeiten" zurückzufallen und innerparteilich durch „Lenkung und Richtung" der „Freiheit der Demokratie allzu starke Zügel" anzulegen. Er bitte deshalb darum, „auch in unserer Partei den demokratischen Geist bis in das letzte Geäder und bis in die letzte Auswirkung hinein lebendig zu erhalten und der Jugend ein Beispiel zu geben, wie sich nun konkret Demokratie darlegt und darstellt".[59]

Die Resonanz auf Bocks Rede war – wie nicht anders zu erwarten – gespalten, zumal die vom Arbeitskreis Jugend betriebene Kandidatur des Redners für das zweithöchste Amt der CDU zusätzliche Emotionen förderte. Jugendliche Delegierte wie Neumann und Ullrich begeisterten sich an den „klaren und eindrucksvollen Ausführungen" und zählten alle erdenklichen Vorzüge „ihres" Kandidaten auf. Neumann betonte mit Blick auf Bocks Kandidatur, daß sich die rund 20.000 jugendlichen Mitglieder von diesem Parteitag erhofften, daß „unsere Partei das Gesicht erhält, was sie als junges politisches Gebilde haben muß".[60] Ullrich lobte wiederum die praktische und theoretische Arbeit Bocks im Kreisverband Pirna und für den Landesverband, wobei er sich dazu hinreißen ließ, auch die „Verdienste" Bocks beim „Wegmanövrieren" eines „vollkommen unfähigen SED-Bürgermeisters in Neustadt" zu erwähnen. Andererseits sah er sich aufgrund einiger Kritiken aus der älteren Generation zu der Stellungnahme veranlaßt, daß es sich bei dieser Aktion nicht um eine „Opposition der Jugend oder etwas ähnliches" handele. Im übrigen sei es „durchaus nicht notwendig [...], daß, wenn hier ein kleiner Brand entfacht wird, immer gleich jemand mit der Feuerspritze gelaufen kommt, um diesen Brand zu löschen".[61]

Genau das sahen die älteren Delegierten naturgemäß anders, meinten sie doch, Bock habe in „aggressiver Weise hier gesprochen". Vor allem Otto Freitag und Carl Günther Ruhland lehnten Bocks Kandidatur und Ullrichs rhetorische Schützenhilfe ab, indem sie erläuterten, man dürfe den Kandidaten „jetzt" nicht mit dem „Amt eines Stellvertreters des Vorsitzenden belasten", da man ihm dann „derjenigen Aufgaben" entzöge, für die er vorgesehen sei. Der Hinweis darauf, Bock erst einmal als Sachreferenten für den Landesapparat zu gewinnen und eine „solche bedeutende Stelle" wie die des stellvertretenden Landesvorsitzenden nicht sofort und „ohne weiteres" mit einem „erst im Anlauf befindlichen Menschen" zu besetzen, zeigte letztlich die beabsichtigte Wirkung: Bock verzichtete auf seine Kandidatur, um sich selbst nicht in den „Ruf eines Ehrgeizlings" zu bringen.[62]

Damit aber hatte dieser Vorgang genau die innerparteilichen Rituale und Lenkungsmechanismen offenbart, die Bock zuvor in seiner Rede bemängelt hatte. Der Arbeitskreis Jugend wurde zu guter Letzt noch mit der Wahl von Annelie Feurich und Heinz Heidel in den geschäftsführenden Landesvorstand der CDU abgefunden,[63] während sich der gescheiterte Kandidat für den stellvertretenden Landesvorsitz auf künftige Tätigkeiten an der Seite Jakob Kaisers auf zonaler Ebene vorbereitete.

Wie empfindlich das Verhältnis der Jugend zur – im doppelten Sinne wieder „alten" – Führung der sächsischen CDU gestört war, zeigte sich auf der ersten Sitzung des neu gewählten geschäftsführenden Vorstandes Mitte Mai 1947. Hatte der Landesvorsitzende Hickmann noch auf dem Parteitag Bocks Rede diplomatisch als ein „aufrichtiges Bekenntnis der jungen Generation" umschrieben,[64] bewertete er jetzt im kleinen internen Kreis die Äußerungen der jungen Vertreter äußerst kritisch. Die Jugend habe, so Hickmann, „zu einem gewissen Grad enttäuscht". Ein „Mangel an Verantwortungsbewußtsein" habe sich vor allem darin gezeigt, daß ein Teil der Redner auf die anwesenden SMA-Offiziere keine Rücksicht genommen hätte. Dadurch sei das „gute Vertrauensverhältnis" zur SMAS „sinnlos zerschlagen" worden.[65] Wohl auch mit Blick auf die eindeutige Haltung der SMA in der Frage der Jugendorganisation erklärte Hickmann: „Zur Frage der jungen Union ist zu sagen: Eine junge Union, also eine selbständige Organisation, darf es innerhalb der CDU nicht geben. Auf den Namen kommt es nicht an, aber die Jugend muß eingebaut werden und unter dem Landesverband stehen. Nur als Gliederung des Landesverbandes darf sie ihre Arbeit tun."[66]

Mit diesen Feststellungen, die gewiß den erzwungenen Realitäten nach 1945 folgten, zeigte sich Hickmann wieder einmal als äußerst vorsichtig taktierender Landesvorsitzender, der der Besatzungsmacht auch nicht den geringsten Anlaß zum Einschreiten bieten wollte. Ein Ausweis für eine besondere Verbundenheit mit dem eigenen, selbstbewußten Nachwuchs waren sie aber sicherlich nicht, wenn man im Vergleich dazu bedenkt, wie entspannt und vertrauensvoll das Verhältnis zwischen der zentralen Führung der „Jungen Union" und dem ebenso markant wie offen auftretenden Jakob Kaiser war. „Sehr erfreulich"[67] fand Hickmann immerhin die auf dem Parteitag angenommene Entschließung des Arbeitskreises Jugend, in der der Wunsch geäußert worden war, „daß erfahrene Politiker unserer Partei die jungen Mitglieder an ihre Seite nehmen und diese stärker als bisher in die politische Praxis einführen".[68] Noch in der laufenden Vorstandssitzung gab er die Empfehlung, diese Entschließung per Rundschreiben an die einzelnen Kreisvorsitzenden zu schicken, „damit sie geeignete Leute zur Mitarbeit heranziehen". In einem Begleitschreiben sei dies den Kreisvorsitzenden „noch einmal dringend ans Herz zu legen".[69] Dieses Verhalten Hickmanns zeigt sein zutiefst paternalistisches Verständnis von Jugendpolitik.

Trotz der unterschiedlichen Sichtweisen und der Turbulenzen auf dem Landesparteitag kam es ab Frühjahr 1947 zu einem erheblichen Aufschwung der Arbeit der „Jungen Union". Viele der Protagonisten wollten jetzt allerdings nicht nur mehr „als Saaldiener bei öffentlichen Versammlungen oder Zettelkleber im Wahlkampf [...] mitmachen"[70], sondern aktives, belebendes und eben auch selbst gestaltendes Element in der Union sein. Der Leipziger Bezirksjugendreferent Willi Oesterlein erklärte dazu selbstbewußt: „Wir werden die Junge Union trotz allem aufbauen, auch wenn die Vorstände dagegen sind."[71] Tatsächlich gelang es den jugendlichen Mitgliedern der Union ab Frühjahr 1947, sich in vielen Orts- und Kreisvorständen zu verankern. Auch der Landesverband der CDU sah sich ab diesem Zeitpunkt veranlaßt, der eigenen Jugend größere Handlungsfelder einzuräumen. So konnten z. B. Jugendreferenten wie Jochen Endler, Christian Müller, Willi Oesterlein und Martin Knabe auf allen zwischen Juni und September 1947 stattfindenden Bezirkstagungen der CDU ein ausführliches Referat über „Die Union und die Jugend" halten, in dem sie ihre Vorstellungen von Jugendpartizipation erläuterten. Der Vorsitzende des Arbeitskreises Jugend, Albrecht Mann, erklärte z. B. vor den Kreisfunktionären der CDU in unmißverständlicher Form, daß die „Junge Union" „auch an verantwortlicher Stelle tätig sein" will – und zwar nicht nur als „Objekt, sondern [als] Subjekt der Politik". Man habe die „Probezeiten der Pflichten", so Mann, „bestanden", bestehe aber darauf, daß „uns Rechte eingeräumt werden"; sonst werde eine „Enttäuschung durch Demokratie" eintreten.[72]

Den durchaus wachsenden Stellenwert der JU Sachsen belegten vor allem zwei reichsweite Ereignisse: So konnten an der 2. Tagung der JU Deutschland in Berlin, Ende Mai 1947, mit Dr. Josef Bock, Heinz Heidel als Vertreter der Jugend im Landesvorstand, Dr. Hermann Mau als Vertreter der studentischen Jugend, Jochen Endler als Landesjugendreferent und Willi Oesterlein als Vertreter des Landes gleich fünf sächsische Delegierte teilnehmen, wobei Bock sogar das Referat über die „Wirtschaftliche und soziale Neuordnung Deutschlands" übertragen worden war.[73] Auf dem Zonen-Parteitag der CDU im September 1947 referierten der Löbauer Bezirksjugendreferent Christian Müller über Entnazifizierung und Jochen Endler über die Arbeit der „jungen Unionsfreunde in Sachsen".[74] Der bereits im Sommer 1947 neben Fred Sagner zum Sprecher des „Arbeitsausschusses Junge Union" in der SBZ gewählte Dr. Josef Bock wurde auf dem Parteitag als Mann Jakob Kaisers in den Hauptvorstand der CDU gewählt, wo er – wie zuvor in Sachsen – für die Bildungsarbeit verantwortlich zeichnete. In seine Kompetenz fiel auch die Leitung der 1947 eröffneten Bildungsstätte der SBZ-CDU in Bad Blankenburg. Es dürfte wohl diese Personalentscheidung, aber auch die große Anzahl der jungen Delegierten und das ihnen entgegengebrachte Verständnis gewesen sein, das sächsische Vertreter wie Christian Müller zu euphorischen Einschätzungen über die CDU als größte Volkspartei und „Partei der Jugend" veranlaßte.[75]

In der praktischen Arbeit vor Ort orientierte sich die „Junge Union" an drei Punkten, die auch auf der zentralen Ebene eine Rolle spielten: „1. Gewinnung der jungen Generation für die politische Arbeit, 2. Staatsbürgerliche Bildung der jungen Generation, 3. Praktische, soziale Arbeit."[76] Dabei begriff sich das Landesjugendreferat auch als Dienstleistungsstruktur, etwa in Fragen der Stellenvermittlung, der „Umsiedler"-Probleme, der Neulehrer oder bei der Versorgung der Kreise mit Schulungsmaterial. Im Mittelpunkt der jetzt regelmäßiger laufenden Schulungen standen die Themen Christentum, Demokratie, Unionsgedanke sowie die Weltanschauung der anderen Parteien, wobei man sich in dieser Hinsicht auf den Marxismus und den Liberalismus konzentrierte.⁷⁷ Bei Studentenfragen wie der Neuimmatrikulation an der Universität Leipzig und der TH Dresden konnten sich Bewerber sowohl an das Landesjugendreferat als auch an „unsere Studentenvertreter" wenden, die in Leipzig und Dresden mit Wolfgang Weinoldt und Dr. Hermann Mau bzw. mit Hans-Dieter Otto in Schlüsselpositionen saßen.⁷⁸ Für eine Besserstellung der Studenten in der Frage der Lebensmittelzuteilung setzte sich die junge Landtagsvertretung der Union ein – insbesondere der Abgeordnete Hans-Wolfgang Feist.⁷⁹ Aber auch von geselligen Veranstaltungen, wie Musik- und Tanzabenden, versprach man sich einigen Zuspruch.

Über die enormen Schwierigkeiten, neue Mitglieder zu gewinnen und mit den eigenen Ideen vertraut zu machen, war man sich dabei durchaus bewußt. Martin Knabe etwa erkannte sehr wohl, daß sich in diesem Punkt die JU nicht nur durch den ihr auferlegten halblegalen Status in einer schwierigen Situation befand, sondern auch durch die Erziehung der Jugend im „Dritten Reich". Dadurch, daß die „jetzige Jugend [...] in ihrer Gesamtheit nahezu durch die HJ gegangen" sei, und damit „im Geiste der Unfreiheit" aufwuchs, sei sie herangewachsen, „ohne von Demokratie [zu] hören oder sie vorgelebt zu sehen".⁸⁰ Joseph Hagen beklagte in diesem Kontext zurecht, daß die Jugend „heute unchristlich ist, weil sie vom Christentum nichts weiß"; zwölf Jahre habe sie vom Christentum „nichts oder nur negatives gehört", und zwölf Jahre habe man das „Christentum und seine Ideen nur lächerlich gemacht". Zudem habe die Jugend von der Weimarer Demokratie einen Eindruck erhalten, der „leider nicht der Beste ist, weil sie ja vor allem die Halbheiten, Schwächen und schließlich Auswüchse der Weimarer Demokratie erlebt hat". Da es 1945 zu einem Zusammenbruch ihrer Ideale kam, stehe die Jugend heute „abwartend, mißtrauisch und skeptisch bei Seite und wartet auf etwas Neues". Nur langsam könne sie sich von „alten und falschen Ideologien" trennen. Hier gelte es eine „mühsame Erziehungs- und Aufklärungsarbeit bis ins kleinste zu treiben". Wer aber könne das besser als die Union mit ihren Vorstellungen von Demokratie?[81]

V. „Junge Union" und FDJ

Das Verhältnis von „Junger Union" und FDJ gestaltete sich seit März 1946 äußerst zwiespältig. Es war einerseits durch Kooperation auf verschiedenen Ebenen, andererseits durch Distanz und Ablehnung von seiten der JU-Vertreter geprägt, da man eine eigene Jugendorganisation nicht aufbauen durfte. Kennzeichnend dafür waren nicht zuletzt die Absetzung Waldemar Pilaczeks und die Flucht Paul Aschers. Die offizielle Haltung der JU brachte Alpermann im „Rundbrief" vom Juli 1946 zum Ausdruck. Er äußerte hier: „Wir begrüßen die Idee einer geeinten Jugendorganisation, wenden uns aber gegen jeden Mißbrauch, der zur Vermassung der Jugendlichen im Sinne einer uns noch in bester Erinnerung befindlichen Staatsjugend führen könnte." Eine Mitarbeit könne nur auf der Grundlage einer FDJ geschehen, die „in überparteilichem Sinne die gesamte deutsche Jugend ohne Frage nach Beruf, Konfession und Parteizugehörigkeit um sich sammeln will". Man wolle prinzipiell „im Geiste der Union" in der FDJ mitarbeiten.[82]

Diese Mitarbeit wies im ersten Jahr des Bestehens der FDJ einige Grenzen auf. Auch wenn Vertreter der „Jungen Union" – wie der bereits im Sommer 1946 geschaßte Waldemar Pilaczek – in der FDJ-Landesleitung mitarbeiteten und sogar der CDU-Landesvorsitzende Hickmann auf der FDJ-Landesschule Valtenberg referierte, so war die personelle und thematische Verankerung doch recht gering. Die Führung des Landesverbandes der FDJ lag nach dem

Weggang Hermann Axens fest in den Händen von Robert Bialek (KPD/SED) und Gerhard Jatzke (SPD/SED); Vertreter von LDP und CDU wollten und konnten dagegen nur Minderheitenpositionen einnehmen. Auch an der Basis, die sich von April bis Dezember 1946 von 30.000 auf 114.000 Mitglieder erweiterte, verfügte die SED über einflußreiche Bataillone. Mit 14.642 Mitgliedern stellte sie im Dezember 1946 das stärkste Parteikontingent; von den LDP-Mitgliedern arbeiteten zu diesem Zeitpunkt lediglich 1.499 und von der CDU sogar nur 970 Mitglieder in der FDJ mit. Im Gegensatz zu den Jungliberalen akzeptierte jedoch die „Junge Union" die von der Einheitsjugend verkündeten „Grundrechte" der jungen Generation, was vor allem auf eine Übereinstimmung in der Frage der Herabsenkung des Wahlalters hinauslief. Die Propaganda-Abteilung der SMAS wertete aus diesem Grund das Auftreten der CDU-Jugendvertreter Anfang Januar 1947 als keineswegs feindlich. Die „Taktik der CDU in Bezug auf die FDJ", so der Bericht, „reduziere" sich „auf eine friedliche Politik der Mitarbeit und der Unterstützung der Grundrechte (der FDJ)". Freilich verfolge die Union dabei das Ziel, ihre „Ideologie" in der FDJ zu verbreiten.[83]

Die Frage des Wahlalters bot allerdings FDJ und SED einen Ansatzpunkt dafür, die distanziertere Haltung eines Teils der ostzonalen JU öffentlich zu attackieren. Bis Frühjahr 1947 versuchten sie deshalb immer wieder, die „Junge Union" Sachsen gegen den Zonenarbeitskreis der JU in Berlin und die Gremien der anderen ostzonalen Landesverbände auszuspielen. Der Angriffspunkt blieb dabei die Wahlrechtsfrage, wurde doch diese Forderung der FDJ, die das aktive Wahlrecht für Jugendliche ab 18 und das passive Wahlrecht ab 21 Jahre vorsah, mit der Verabschiedung der sächsischen Verfassung Ende Februar 1947 nur in einem Land der SBZ erfüllt. Während sich die Landtagsfraktion der LDP in einem Zusatzantrag gegen eine derartige Änderung ausgesprochen hatte, vermochten eine geschlossen agierende SED-Fraktion sowie 21 Abgeordnete der CDU deren Annahme durchzusetzen.[84] Für das Mehrheitsvotum der CDU-Fraktion hatte nicht zuletzt der Landtagsabgeordnete und FDJ-Funktionär Wolfgang Ullrich gesorgt.[85]

Das sächsische Abstimmungsverhalten der CDU nahm die Redaktion der FDJ-nahen Zeitung „Start" zum Anlaß, um dieses Sondervotum deutschlandweit zu propagieren. Unter diesen taktischen Gesichtspunkten schien sie sogar nach außen hin geneigt, die „Junge Union" Sachsen als Jugendgemeinschaft der CDU zu akzeptieren. Als Symbolfigur des „besonderen" sächsischen Weges hatten die Redakteure der Zeitschrift dabei Wolfgang Ullrich ausersehen, doch mußten sie wegen dessen Abwesenheit in Dresden Mitte März 1947 mit dem Landesjugendreferenten Jochen Endler vorlieb nehmen. Und Endler, der laut „Start" das „FDJ-Abzeichen neben der CDU-Brosche" trug, habe auch in diesem Sinne „gern Auskunft" gegeben. Dem nach Dresden gereisten „Start"-Redakteur erklärte er angeblich, daß die „tadellose Zusammenarbeit zwischen der FDJ und den Parteien in Sachsen [...] mit dazu beigetragen habe, daß hier die Jugendforderungen voll anerkannt wurden". Die sächsische CDU unterstütze die FDJ „in vollem Maße" und habe der Organisation „erst jetzt wieder Geldmittel sowie Bücher und Lehrmittelspenden zur Verfügung gestellt". Daß dieses Verhältnis in den anderen Ländern der SBZ nicht so gut sei, läge „wohl an der Haltung der Parteien als auch an der FDJ". Dann zitierte der „Start" einen Satz Endlers, der in den Reihen der sächsischen CDU für größten Unmut sorgen mußte. Nach Endler hätten nämlich in den anderen Landtagen CDU und LDP „nur aus Opposition gegen die FDJ-Forderungen gestimmt [...], denn Grund ist bestimmt keiner dafür vorhanden". Abschließend habe der Landesjugendreferent darauf hingewiesen, daß die sächsische „Junge Union" auch gegenüber dem Reichsvorstand für die FDJ-Grundrechte aktiv geworden sei und weiterhin hoffe, über einen entsprechenden Druck auf die Parteileitung in Berlin zu einer „Kursänderung" in dieser Frage in allen anderen Ländern der SBZ zu gelangen.[86]

Die Veröffentlichung des Artikels über die Sonderstellung der sächsischen JU am 14. März 1947 sorgte in der Tat für eine „Mißstimmung" in den Reihen der CDU. Endler sah sich genötigt, seine Vorgehensweise in einem Brief an den CDU-Landesvorstand zu erklären. Darin rechtfertigte er sich dafür, daß er statt des verhinderten Ullrich dem nach Sachsen gereisten „Start"-Redakteur Auskunft darüber geben wollte, „wieso gerade die CDU in Sachsen den Forderungen der Jugend auf Herabsetzung des Wahlalters gerecht geworden ist". Er habe die Fragen „in unserem Sinne" beantwortet und dabei die eigenen Positionen beachtet. Allerdings hätten seine im „Start" veröffentlichten „Erklärungen [...] nicht der Wahrheit entsprochen". Er wollte mit seinen Ausführungen „nicht einen Kontrast zwischen dem Landesverband Sachsen und dem Reichsverband" schaffen, „wie es in diesem Artikel den Anschein hat". Darüber habe er bereits im Arbeitskreis Jugend Stellung genommen und es sei in diesem Gremium auch schon beraten worden, „ob wir eine Richtigstellung bringen wollen". Man habe aber davon abgesehen, da der „Start" keine größere Auflage erziele und sicherlich in der nächsten Ausgabe der Zeitung „dann ein Artikel erscheinen würde mit der Überschrift ‚Kursänderung der CDU-Jugend Sachsens?'" Er, Endler, wisse aber einen Weg, um „derartigen Dingen" künftig vorzubeugen: Er sei von der FDJ als Kandidat für deren Landesleitung aufgestellt worden und glaube, „meine Wahl vorausgesetzt", als Mitglied der Landesleitung „derartige Dinge" zu verhindern und „auch beim Zentralrat der FDJ in Berlin Schritte dagegen" unternehmen zu können.[87]

Solche fast schon naiv zu bezeichnenden Illusionen waren zumindest im ersten Halbjahr 1947 in einem Teil der sächsischen „Jungen Union" verbreitet. Diese Stimmen meinten, daß die FDJ „nicht unser Kind ist und auch nie vollkommen unter unserem Einfluß stehen wird", daß man aber in der überparteilichen Gestaltung der FDJ seit 1946 doch „einiges erreicht" habe. So seien Bilder von Marxisten, mit denen die FDJ-Heime ausgestaltet waren, „vielerorts verschwunden", ebenso die roten Fahnen aus den Schulungsräumen. Ja selbst marxistische Themen würden „nicht mehr allein den Schulungsplan" beherrschen. Darüber hinaus betrachtete ein Teil der Akteure der „Jungen Union" die stärkere Beteiligung und auch Berücksichtigung von eigenen Jugendlichen im Zuge der Neuwahlen für die Leitungen der FDJ im Frühjahr 1947 als Erfolg. Man habe nunmehr in fast allen Kreisleitungen Positionen übernommen und Ressorts besetzt.[88]

Das tatsächliche Stärkeverhältnis zwischen CDU und LDP auf der einen und SED auf der anderen Seite war freilich eher ernüchternd. Zwar arbeiteten jetzt auf fast allen Ebenen Jugendvertreter der CDU in der FDJ. Aber in den Büros der Jugendgruppen saßen beispielsweise von 10.226 gewählten Mitgliedern 4.272 Vertreter der SED (41,7 %) sowie 241 Jugendliche aus der LDP und 272 der CDU; 5.441 von ihnen waren parteilos. Von den 2.411 neu gewählten Leitern der Jugendgruppen gehörten 1.477 der SED (61,2 %), 80 der LDP und 63 der CDU an, 791 hatten kein Parteibuch. Die von Kreiskonferenzen gewählten 812 Vorstandsmitglieder setzten sich aus 569 SED-Genossen (70 %), 56 LDP-Mitgliedern und 71 CDU-Mitgliedern zusammen, 116 waren parteilos.[89] In die 60 Mitglieder starke Landesleitung der FDJ wurden auf der am 18.–20. April 1947 tagenden Landesdelegiertenkonferenz gerade fünf Vertreter der CDU gewählt, nämlich Wolfgang Ullrich, Heinz Heidel, Joseph Hagen, Margit Munkwitz und Werner

Radzinski. Heidel übernahm in hauptamtlicher Stellung die Abteilung Arbeit der Landesleitung.[90] Damit war die CDU zwar in allen Gremien der FDJ vertreten, besaß aber keinerlei wirklichen Einfluß.

Ein anderer, weit kritischerer Teil der CDU-Jugendvertreter, für den u. a. der Landtagsabgeordnete Hans-Wolfgang Feist stand, hatte sich dagegen gar nicht erst einbinden lassen. Anders als sein Fraktionskollege Ullrich, der auch im Plenum des Landtags den Schulterschluß mit den FDJ-Vertretern der SED übte, und in einigen Punkten eine größere Loyalität gegenüber der FDJ als gegenüber der eigenen Fraktion erkennen ließ,[91] verfocht Feist nahezu kompromißlos Unionspositionen. Eine Kameraderie mit FDJ-Mitgliedern der SED war ihm fremd. Diese Haltung kam nirgends deutlicher zum Ausdruck als bei den Diskussionen über die Anträge auf die „Behandlung jugendlicher nomineller Mitglieder der NSDAP oder ihrer Gliederungen als gleichberechtigte Staatsbürger" sowie auf materielle Besserstellung der Studenten 1947. Als nämlich Robert Bialek, der Landesjugendsekretär der SED,[92] bei der Verhandlung des interfraktionell betriebenen Gesetzentwurfes zur gesellschaftlichen Wiedereingliederung NS-belasteter Jugendlicher die CDU mit politisch motivierten „Mordaufrufen" in den Westzonen in Verbindung brachte,[93] war es Feist, der im Plenum messerscharf zu kontern wußte: „Zu den Äußerungen meines Vorredners möchte ich feststellen, daß der Ton mich an die Leute erinnert, die man nicht amnestieren soll."[94] Im Ton gemäßigter, doch sachlich hart setzte er sich auch in der Frage der materiellen Versorgung der Studenten mit der SED-Abgeordneten Helga Lange auseinander.[95]

Die Kritiker einer engen FDJ-Anbindung gewannen im Laufe des Jahres 1947 in dem Maße die Oberhand, in dem sich die eigenen Strukturen konsolidierten und man im Gesamtverband der JU Deutschland stärker verankert wurde. Dies sah im übrigen die Propaganda-Abteilung der SMAS ganz ähnlich. In einem Bericht von Mitte Juni 1947 konstatierte sie zwar einen weiteren Anstieg der Zahl der FDJ-Mitglieder auf 129.458, wovon jetzt 20.414 der SED angehörten, aber 2.549 Vertreter der LDP und nur 1.375 der CDU waren ihr angesichts der öffentlich bekannten 20.000 jugendlichen CDU-Mitglieder doch zuwenig. Für sie lag deshalb auf der Hand, daß die bürgerlichen Parteien „versuchen, ihre Jugendlichen von der FDJ fernzuhalten", die sie der „undemokratischen" und „sozialistischen Ausrichtung" beschuldigten. Dagegen beobachtete die Abteilung eine Verstärkung der evangelischen und katholischen Jugendarbeit, wobei sie eine Konzentration dieser Tätigkeit im westlichen Sachsen konstatierte. Ihrer Auffassung nach habe die „Festigung des Einflusses der FDJ unter den breiten Massen der sächsischen Jugendlichen" u. a. einen „heftigen Widerstand reaktionärer Elemente" aus den bürgerlichen Parteien hervorgerufen.[96]

Dieser Ton verschärfte sich bis Oktober 1947, als der Leiter der Informationsabteilung der SMAS, Oberstleutnant Vatnik, LDP und die CDU beschuldigte, mit Unterstützung der Kirchen eine „Spaltung der antifaschistisch-demokratischen Jugend anzustreben". Für beide Parteien hätte sich die FDJ als „sozialistische Jugendorganisation kompromittiert"; deshalb würden sie nun versuchen, ihre eigenen „illegalen Jugendorganisationen" wie z. B. die „Gesellschaft entschiedener Christen", die „Junge christliche Gemeinde" und den „Kulturkreis der liberalen Jugend" zu schaffen. Als Konsequenz auf diese Entwicklung müsse sich die FDJ, so Vatnik, künftig auf die Festigung ihrer Organisation konzentrieren und ihre Führungsorgane in den großen sächsischen Städten (Dresden, Chemnitz, Leipzig, Zwickau, Bautzen) verstärken, wo „starke reaktionäre Elemente der bürgerlichen Parteien und der Kirchen existieren". Darüber hinaus mahnte Vatnik eine bessere Kaderausbildung innerhalb der FDJ und die „Organisierung eines entschiedenen Kampfes gegen alle antisowjetischen und gegen die SED gerichteten Stimmungen unter den Jugendlichen" an. Dazu müsse man gegenüber den Jugendlichen die „Vorzüge der sozialistischen Gesellschaft" betonen, die „antidemokratische Politik der Anglo-Amerikaner in Deutschland" verdeutlichen sowie den Kampf gegen die „Reaktion" entschlossen führen.[97] Solche Töne ließen eine baldige und tiefgreifende Zäsur in der Jugendpolitik erahnen.

VI. Das Ende der „Jungen Union" 1948/49

Das nunmehr absehbare Ende des Arbeitskreises Jugend und des hieran geknüpften Begriffes „Junge Union" hing auf den ersten Blick mit der oben genannten Entwicklung und der Absetzung Jakob Kaisers als Vorsitzender der Ost-CDU Ende 1947 durch die SMAD zusammen, der kurz zuvor noch einmal dem „dogmatischen Marxismus und seinem totalitären Willen" die Welt der „persönlichen Freiheit und das Recht der Persönlichkeit" gegenübergestellt hatte.[98] Auf den zweiten Blick stand die jetzt viel schärfer praktizierte Unterdrückung aller Selbstbehauptungsbestrebungen der Union mit dem nun offen zu Tage tretenden Ost-West-Konflikt in mittelbarer Verbindung. Das faktische Scheitern der Viermächte-Verhandlungen über Deutschland auf der Londoner Außenministerkonferenz im Spätherbst 1947 veranlaßte den sowjetischen Diktator, die von ihm besetzte Zone noch schneller in sein politisches System zu integrieren. Für die CDU in der SBZ hatte dies weitreichende Folgen: Wer sich jetzt noch mit Kaiser solidarisierte und Deutschland als Brücke zwischen Ost und West favorisierte, mußte mit systematischer Ausschaltung rechnen.

Diese Tendenz konnte auch in den unteren Parteigliederungen beobachtet werden, wie die Verhaftung führender studentischer Mitglieder der „Jungen Union" im September 1947 in Leipzig zeigt. Betroffen waren in diesem Fall vor allem der Vorsitzende der CDU-Hochschulgruppe, Dr. Hermann Mau, sowie die Studenten Wolfgang Weinoldt, Werner Ihmels, Edmund Bründl und Luise Langendorf. Ein Sowjetisches Militärtribunal (SMT) verurteilte die Studenten zu langjährigen Lagerstrafen; nur Mau konnte sich nach seiner rasch erfolgten Freilassung in die Westzonen Deutschlands absetzen. Dieses Vorgehen der SMAS verdeutlichte, daß für organisatorische Selbständigkeitsbestrebungen der „Jungen Union" immer weniger Platz war. Ein weiterer Beleg dafür findet sich in der Tatsache, daß Vertreter der JU Sachsen am 3. Deutschlandtreffen der „Jungen Union" Mitte Oktober 1947 in Hamburg schon nicht mehr teilnehmen konnten.[99]

Die Solidarisierung des Deutschlandrates, des Zonenarbeitskreises und der beiden Sprecher der „Jungen Union", Alfred Sagner und Josef Bock, mit dem abgesetzten CDU-Vorsitzenden Kaiser nahm wiederum die SMAD im Januar 1948 zum Anlaß, den Vertretern der SBZ und Berlins eine weitere Mitarbeit in der JU Deutschlands zu verbieten. Am 28. Januar 1948 legten als Reaktion darauf und aufgrund der bisherigen sozialistischen Entwicklung der Einheitsjugend die Vertreter von CDU und LDP auf einer Sitzung des Zentralrates der FDJ ihre Ämter nieder.[100] Nur wenige Tage später, am 1. Februar 1948, forderten Sagner und Bock in einem „Offenen Brief an alle Mitglieder der Jungen Union" die Einstellung der Arbeit in der SBZ, solange hier undemokratische Zustände herrschten. Diese Entwicklung beantwortete die SMAD mit der von ihr gelenkten Neugründung eines Zonenjugendausschusses der CDU und mit dem Verbot der Bezeichnung „Junge Union",[101] das allerdings nicht sofort und flächendeckend durchgesetzt wurde. Die CDU-Jugendvertreter in den Ländern der SBZ sahen sich nun unvermittelt in einem schwierigen Dilemma: Sollten sie, wie von Sagner und Bock gefordert, die Arbeit einstellen, und sich hinter dem nach West-Berlin gegangenen Vorsitzenden Kaiser scharen, oder aber zumindest formal den auf Druck der SMAD ins Leben gerufenen Koordinierungsausschuß der SBZ-CDU anerkennen, in dem die fünf Landesvorsitzenden der Union Sitz und Stimme hatten?

In Sachsen befaßte sich am 19. Februar 1948 eine Tagung der Kreisjugendreferenten mit der weiteren Zukunft des Arbeitskreises. In Anwesenheit von Hugo Hickmann und Landesgeschäftsführer Hans Teubert entwickelte sich eine heftige mehrstündige Diskussion, an deren Ende der Beschluß zur Fortsetzung der Jugend-Arbeit unter anderem Namen und Vorzeichen stand. Vor allem Teubert, der immer wieder das Eingreifen der SMAS als Argument anführte und vor „politischen Unklugheiten" warnte, erreichte die knappe Ablehnung einer Resolution, die eine Anhörung Sagners und Bocks verlangte, da „man sie nicht ungehört verurteilen könne". Das Abstimmungsergebnis (15 Nein-Stimmen, 12 Ja-Stimmen und 10 Enthaltungen) sowie Formulierungen Teuberts wie „unumstößliches russisches Diktat" zeigen allerdings die Atmosphäre der „Angst", in der die Entscheidung getroffen wurde. Bemerkenswert war dennoch, daß sich mehrere Kreisjugendreferenten wie Franz Lehnert (Dresden-Land) und Johannes Fasel (Zwickau) offen gegen Teubert stellten, während sich etwa der Landtagsabgeordnete Wolfgang Ullrich (Dresden-Stadt) zu Teuberts Kurs bekannte und Christian Müller (Löbau) zu vermitteln versuchte.[102] Am Ende der Sitzung wurde eine Resolution angenommen, die in dem Satz gipfelte: „Man muß die Entschließung darüber, ob die Weiterführung der Arbeit in der Zone noch zweckmäßig und sinnvoll ist, wohl den in der Zone arbeitenden Mitgliedern selbst überlassen."[103] Mindestens ein Kreisverband hatte allerdings an der Sitzung schon gar nicht mehr teilgenommen, weil er aus Protest gegen die Maßnahmen der SMA seine Arbeit eingestellt hatte.[104]

In Folge der angenommenen Entschließung wurde ein neuer engerer Jugendausschuß gebildet, dem zehn Mitglieder angehörten, sowie ein erweiterter, zu dem alle Kreisjugendreferenten zählten. Zum Nachfolger des gänzlich ausgeschiedenen Vorsitzenden Albrecht Mann[105] avancierte der Löbauer Bezirksjugendreferent Christian Müller,[106] der ab Mai 1948 auch Nachfolger Endlers als Landesjugendreferent wurde.[107] Damit fielen erstmals beide Ämter personell zusammen. Eine weitgehende personelle Kontinuität zwischen dem Arbeitskreis Jugend und dem Jugendausschuß blieb trotz des strukturellen Bruchs gewahrt. So wirkten in der neuen Jugendvertretung anfangs neben Jochen Endler auch noch Waldemar Pilaczek, Wolfgang Ullrich, Franz Lehnert und Willi Oesterlein mit. Müller, der seit 1947 mit seinen prononcierten Thesen zur „Jungen Union" und einigen profilierten Auftritten ihr Erscheinungsbild mit geprägt hatte, sah Anfang 1948 die Zeit für eine politische Resignation noch nicht gekommen. Der charismatische Vorsitzende bemühte sich in der Folge, auch den Teil der Jugend zu integrieren, der eine Fortsetzung der offiziellen Arbeit kaum noch für sinnvoll hielt. Damit lag er auf der Linie des CDU-Landesvorsitzenden Hickmann, der ein „Einstellen der Arbeit" für „unverantwortlich" hielt.[108]

Vor welchen immensen Problemen Müller stand, wird deutlich, wenn man das pro-sozialistische „Ausscheren" einiger weniger Jugendvertreter und das verschärfte Vorgehen der SMAS in Rechnung stellt. So unwahrscheinlich es ist, daß Müller die raschen Vorstöße Ullrichs zur weiteren Mitarbeit in der FDJ[109] und die rüden Attacken eines Fritz Möbius gegen den gleichfalls nach West-Berlin geflüchteten Josef Bock[110] zu billigen bereit war, so ohnmächtig mußte er das nunmehr rücksichtslose Durchgreifen der Informationsabteilung der SMAS gegen all jene verfolgen, die zu den Anhängern des abgesetzten Parteivorsitzenden Kaiser zählten. Die Mitarbeiter der SMAS gingen dabei auf folgender „Linie" vor: „Entlarvung Kaisers und seiner Anhänger als Feinde der Einheit Deutschlands und des deutschen Volkes [...], Beseitigung der Kaiser-Anhänger aus den Führungen der Kreisvorstände und ihre Ersetzung durch progressive Politiker [...], Aktivierung der Tätigkeit der progressiven Elemente und Stärkung ihres Einflusses in der Partei". Konkret setzte die Informationsabteilung die „Beseitigung" von zehn ersten und 13 zweiten Vorsitzenden von Kreisvorständen durch, die als Anhänger Kaisers galten. In Leipzig ließ sie sogar eine zweite Wahlkonferenz durchführen, um die auf der ersten Konferenz zustande gekommene „reaktionäre Mehrheit" wieder rückgängig machen zu können. Mit dieser Methode sei es, so der Abteilungsleiter Oberst Kusminov im Rückblick, „gelungen, die Reaktionäre Eichelbaum und Oesterlein gegen progressive Mitglieder auszutauschen". Das sei ein „großer Schlag gegen eines der reaktionärsten Nester der CDU" gewesen. Diese „Maßnahme" habe wiederum die „Opposition gegen den Landesvorstand und persönlich gegen den Vorsitzenden Hickmann verstärkt", welcher „in Ausführung unserer Empfehlung die zweite Wahlkonferenz in Leipzig ansetzte".[111] Derartige brutale Eingriffe in das Innenleben der CDU gepaart mit einem raffiniert gelenkten „Einsatz" Hickmanns mußte allen Protagonisten zeigen, daß sie kaum noch über wirklichen Handlungsspielraum verfügten.

Andererseits vermochte jedoch der CDU-Landesvorsitzende in dieser Phase die engagiertesten Jugendvertreter vor einem noch härteren Schicksal als dem des Funktionsverlustes zu schützen. Ansatzpunkte dafür gab es genug: So hatte etwa in Leipzig der wegen Spitzelarbeit für die SMA geschaßte CDU-Funktionär Rambo[112] Anfang April 1948 den eigenen Kreisjugendreferenten Oesterlein wegen „illegaler Arbeit und Untergrundtätigkeit" sowie des Aufbaus einer „verkappten Jungen Union" denunziert. Oesterlein, so Rambo, habe eine „Atmosphäre geschaffen, in der die Jugendlichen keinen Halt finden konnten und so auf die schiefe Bahn geraten mußten".[113] Der heftigste und in seinem Duktus geradezu perfid gehaltene Angriff erfolgte aber interessanter Weise im sächsischen CDU-Organ selbst. In einem längeren und vermutlich von der Besatzungsmacht „bestellten" Artikel attackierte der bereits erwähnte Fritz Möbius am 1. Mai 1948 das politische Verhalten der JU-Vertreter als „Radikalismus" und „pseudojugendliche Verbohrtheit". Einen Anhaltspunkt dafür fand Möbius in dem Umstand, daß sich die „opponierende Junge Union" gegen eine Beteiligung der CDU an den von der SED gesteuerten Mai-Feiern ausgesprochen hatte. Protagonisten der JU, die derartige Verhaltensweisen aufwiesen, denunzierte Möbius als die Art von „jugendlichen Heißköpfen", die schon zur Weimarer Zeit als Rathenau-Mörder in Erscheinung getreten seien. Politischer „Idealismus", der die „natürlichen Begrenzungen der Politik" ignoriere, ende „zwangsläufig in Gaskammern".[114] Solche ungeheuerlichen Diffamierungen bewirkten zwar einerseits den weiteren Aderlaß in Richtung Westzonen, wie das Beispiel Oesterlein zeigt, doch führten sie – anders als bei der LDP – nicht zu einer Verhaftungswelle gegen diejenigen Jugendvertreter, denen eine „illegale Jugendarbeit" zugeschrieben wurde.[115] Aus einem Ende Mai 1948 angelegten Aktenvermerk des Sprechers der JU in der Zone, Sagner, geht jedoch hervor, daß nur durch ein „Eingreifen" Hickmanns und dessen „Intervention" bei der SMAS eine „größere Verhaftung unter den jungen CDU-Mitgliedern" verhindert worden sei. Eine Aufstellung von 57 bzw. 60 jungen CDU-Mitgliedern, die verhaftet werden sollten, habe der SMA bereits vorgelegen.[116] Die Glaubwürdigkeit dieser Information ergibt sich auch daraus, daß nur wenige Wochen später führende Vertreter der liberalen Jugend verhaftet und zu hohen Zuchthausstrafen verurteilt wurden.[117]

Trotz des Umstandes, daß die SMAS auch den Anfang Juni 1948 stattfindenden CDU-Landesparteitag entsprechend „vorbereitete", kam es hier immerhin noch zu einigen Unmutsäußerungen über die repressiven Eingriffe der Besatzungsmacht und über die von ihr befohlene „fortschrittliche Linie".[118] So äußerte sich etwa der aus dem Dresdner Kreis stammende JU-Delegierte Martin Knabe gegen die offizielle Block-Politik und gegen den von der SED gesteuerten Volkskongreß, wie der Leiter der Informationsabteilung der SMAS detailliert festhielt.[119] Der Vorsitzende des Jugendausschusses der CDU, Christian Müller, sprach am zweiten Tag, dem 5. Juni, in seinem Referat über die „Aufgaben der Jugend in der Union", in dem trotz der vorangegangenen Entwicklung die optimistischen Töne überwogen. Noch immer betrachtete Müller die Weiterarbeit der Unionsjugend als möglich und die Verwirklichung ihrer vordringlichsten Aufgaben, die deutsche Jugend für eine Mitarbeit „im politischen Leben" zu aktivieren und ihre materielle Grundlage zu verbessern, als notwendig. Wiederholt erklärte er, mit der FDJ zu kooperieren, wenn sie sich denn ehrlich überparteilich verhalte; allerdings bemerkte Müller auch: „Man hat uns in den zwölf Jahren Hitlerzeit betrogen, und diese Erfahrung hat uns zumindest so weit gebracht, daß wir jetzt hellhörig gegen jeden anderen Versuch sind, uns die Demokratie zu nehmen beziehungsweise uns sie nicht schaffen zu lassen. Wir wollen eine Demokratie, die wirklich die Freiheit der Persönlichkeit verbürgt, die, von unserer christlichen Grundhaltung getragen, im deutschen Raum angewendet, unsere Lebensordnung und Staatsordnung werden soll."[120]

Obwohl auf dem Parteitag Johannes Fasel in den geschäftsführenden Landesvorstand und als Jugendvertreter Christian Müller, Hans-Dieter Otto und Franz Lehnert in den erweiterten Landesvorstand der CDU gewählt wurden,[121] waren doch jetzt die resignativen Züge nicht mehr zu übersehen. Insbesondere auf dem Eröffnungslehrgang der neu geschaffenen Bildungsstätte der sächsischen CDU in Friedersdorf Anfang Juli 1948, an dem 45 „junge Aktivisten" des Landesverbandes teilnahmen, kam diese Stimmung zum Tragen. Zwar sorgte das Referat über den „christlichen Sozialismus" für „große Spannung", doch konnten mehrere Referenten wie der Landesvorsitzende Hickmann und Dr. Köster aus Leipzig nur noch hoffen, daß „die Einigkeit unseres Vaterlandes einmal wieder hergestellt würde", und die „totalitäre SED" ihre Herrschaft nicht noch stärker ausweite. Bezeichnend war auch, daß Franz Lehnert in seinem Referat über die Medien vor dem „möglichen Mißbrauch dieser Machtmittel" warnte und die Teilnehmer Massenorganisationen wie die Gewerkschaft und die FDJ konsequent als „Satellitenorganisationen der SED" definierten. Nur ein „einziger Teilnehmer" so das Protokoll, verharre „noch auf dem Stadtpunkt", daß die „weitere Mitarbeit in der FDJ noch vonnöten" sei. „Alle anderen hatten ihren Standpunkt seit dem Vorjahre gründlich revidiert." Abschließend hieß es im Protokoll: „Die Haltung sowohl der meisten Referenten wie fast aller jungen Teilnehmer entsprach der wahren Unionshaltung. Es wird eine klare politische Linie verfolgt, die eine Ausgleichspolitik anstrebt. Wenn dies auch heute nicht immer zum Ausdruck kommt, an den Unionsleuten liegt es sicherlich nicht."[122]

In einem fast zeitgleich veröffentlichten Artikel im sächsischen CDU-Organ „Die Union" warnte Franz Lehnert ein letztes verstecktes Mal vor den „Anzeichen neuerlicher Vergewaltigung", die sich nach Überwindung der

NS-Diktatur bemerkbar machten. Die Jugend, so Lehnert, könne „keine Politik betreiben, die ‚nein' denkt und ‚ja' sagt", womit er das von außen auferlegte Kommunikationsverhalten von CDU-Politikern seit 1947/48 treffend charakterisierte.[123] Zu einem letzten „Versuch, in der Wahrheit zu leben" (Vaclav Havel), gehörte die öffentlich geführte CDU-Kampagne für die Abhaltung der für 1948 geplanten Kommunalwahlen, an der sich die Jugend massiv beteiligte.[124] Doch auch in diesem Fall genügte eine Ende August erfolgte Weisung der SMAD, um den für die SED ungünstig erscheinenden Termin einschließlich des „Problems" der getrennten Listenwahl ins nächste Jahr zu verschieben. Die von der SMA erzwungene Entwicklung erfuhr in den Sommermonaten 1948 noch dadurch eine Zuspitzung, daß es nunmehr auch zu einer unumstößlichen Namensänderung kam. War der Begriff „Junge Union" seit Anfang des Jahres ohnehin nur noch zögerlich in der Öffentlichkeit benutzt worden, wurde er nun gänzlich gegen die völlig unverfängliche Bezeichnung „Unionsjugend" ausgewechselt.[125]

Wenige Wochen später, Mitte Oktober 1948, führte die jetzt offensichtliche politische Resignation und Ohnmacht zu einer „Krise in der Jugendarbeit". Während einer Sitzung des erweiterten Landesjugendausschusses legten Protagonisten wie Franz Lehnert und Johannes Fasel ihre Ämter nieder.[126] Die Kreisjugendreferenten von Dresden-Land und Zwickau sahen angesichts der verstärkten kommunistischen Diktaturbestrebungen in der offiziösen Jugendarbeit keinen Sinn mehr. Beide gingen nunmehr endgültig zur illegalen Arbeit über. Während Fasel Verbindung mit dem Ostbüro der CDU aufnahm und diesem Informationen lieferte sowie Flüchtlinge über die Grenze schaffte,[127] leitete Lehnert später eine Widerstandsgruppe, die Plakate und Flugblätter verteilte. Müller hingegen hielt vorerst an der parteipolitischen Jugendarbeit fest. So organisierte er weiterhin Bildungsabende für regionale Gliederungen und setzte innerhalb der CDU weitere Jugendlehrgänge in der Bildungsstätte im Dezember 1948 und im April 1949 durch. Immer wieder aufflammende Diskussionen über den weiteren „Sinn der Unionsarbeit" setzte er Aufrufe „zur verstärkten Weiterarbeit"[128] und Hinweise auf die Pflicht des einzelnen Mitgliedes entgegen, „durch Einsatz seiner ganzen Persönlichkeit das Gedankengut der CDU zu vertreten" – die „Stunde der Bewährung" sei gekommen.[129]

Als christlicher Sozialist glaubte Müller auch Anfang 1949 noch, eigene politische Vorstellungen verwirklichen zu können. In Versammlungen und auf Bildungsabenden referierte er häufig über Anspruch und Inhalt eines „christlichen Sozialismus", den er versuchte, vom Sozialismus kommunistischer Prägung abzugrenzen. Im Gegensatz zur SED, die eine „konsequente Sozialisierung aller Produktionsmittel" fordere, trete die Union für eine Sozialisierung der Schlüsselbetriebe ein. Klein- und Mittelbetriebe sollten nach seinen Vorstellungen Privateigentum bleiben, doch der Besitzer sei der „Allgemeinheit gegenüber verantwortlich, da das Eigentum etwas von Gott Anvertrautes" sei. Als CDU lehne man auch die von der SED geforderte „totale Produktionsplanung" ab, erkenne aber die „Notwendigkeit der Planung zur Vermeidung von Krisen" an. Den Arbeitnehmern müßte die „völlige Mitbestimmung" in den Betrieben gewährleistet werden.[130] Im Frühjahr 1949 suchte Müller diese Positionen noch vor Betriebsbelegschaften und in „Manifesten" mit anderen CDU-Jugendvertretern der SBZ zu propagieren.[131] Allerdings sah er sich genötigt, im Zusammenhang mit seinen öffentlichen Auftritten weitere politische Konzessionen zu machen: So begrüßte Müller – trotz Einschränkungen – die von der SED ins Leben gerufene „Nationale Front" und billigte die neuerliche Beteiligung von CDU-Mitgliedern an den Vorstandswahlen der FDJ, obwohl deren Rolle als Hilfsorgan der SED hinreichend klar war.[132]

Die endgültige staatliche Teilung Deutschlands, die nun zum wiederholten Mal erfolgte Verschiebung von Wahlen in der SBZ/DDR bis weit in das Jahr 1950 hinein und der eindeutige Kurs der SED auf eine kommunistische Einheitslistenwahl in ihrem Machtbereich führten im Spätsommer 1949 auch an der Spitze des Landesjugendausschusses zur Neubewertung der Lage. Für den Vorsitzenden Christian Müller erschien nun ein weiterer Verbleib im Amt und eine damit verbundene grundlegende politische Anpassung inakzeptabel. Da er jedoch nicht „verstummen" wollte, zog er ein öffentliches Dasein in der Bundesrepublik einer Nischenexistenz in der DDR vor. Müller hatte sich einen Tag vor Gründung der DDR, am 6. Oktober 1949, entschlossen, von einer Tagung in Süddeutschland nicht wieder in die Heimat zurückzukehren.[133] In einem Brief aus Passau antwortete er einem politischen Freund in Löbau, der ihm Tage vorher mit Zeitungsausschnitten über die Lage in Sachsen informiert hatte, Ende November 1949: „Jedenfalls steht nach dem, was ich gelesen habe, fest, daß das Maß nun voll ist, und daß ich mich in der Beurteilung des Kommenden nicht getäuscht und daher auch richtig gehandelt habe."[134]

Wie begründet Müllers Einschätzung war, zeigt die Tatsache, daß fast zur selben Zeit der Dresdner Kreisjugendreferent der CDU, Heinz Greifenhain, verhaftet und von einem sowjetischen Militärtribunal zu 25 Jahren Lagerhaft verurteilt wurde.[135] Auch Greifenhain hatte bis in den Herbst 1949 hinein versucht, eigene Vorstellungen zu verwirklichen und der FDJ Kompromisse abzuringen. Obwohl Müller einige Monate brauchte, um sich in seiner neuen Heimat politisch und beruflich zu orientieren,[136] blieb ihm auf diese Weise der härteste Schlag der SED und der sowjetischen Besatzungsmacht gegen die sächsische Führung der CDU und Hickmann Ende Januar 1950 erspart:

der von kommunistischer Seite organisierte Überfall auf die Landesgeschäftsstelle der CDU in Dresden und die Absetzung ihrer wichtigsten Landesführer als Reaktion auf Hickmanns Verweigerungshaltung gegenüber den von der SED proklamierten Einheitslistenwahlen. Damit hatte sich das Schicksal der Union als eigenständiger Faktor innerhalb der DDR erfüllt.[137] Gleiches galt für eine eigenständige und von Selbstbehauptungswillen getragene Jugendarbeit.

Die überwiegende Mehrheit der früheren Protagonisten der „Jungen Union" verweigerte sich in der Folge einer Mitarbeit in der jetzt „prokommunistischen Blockpartei" (Michael Richter) CDU. Ein Großteil der ehemaligen Führung war ja ohnehin in den Westteil Deutschlands geflüchtet, wie die Schicksale von Wolfgang Marcus, Paul Ascher, Josef Bock, Hermann Mau, Willi Oesterlein und Christian Müller zeigen; ein anderer Teil sah sich der kommunistischen Verfolgung und Entrechtung ausgeliefert, wie die Lebenswege Hans-Bernhard Alpermanns, Martin Knabes, Franz Lehnerts, Johannes Fasels, Werner Ihmels, Wolfgang Weinoldts oder Heinz Greifenhains verdeutlichen. Lediglich Jochen Endler paßte sich zunächst der politischen Entwicklung an und verblieb so bis September 1951 in Parteifunktionen der CDU. Doch auch sein Schicksal vollendete sich rasch, als er „während seines Einsatzes anläßlich der Weltfestspiele in politischer Hinsicht versagte" und darauf von der eigenen Partei als Kreisrat von Dresden-Land „zurückgezogen" wurde.[138]

Von den zwei jungen Landtagsabgeordneten der CDU kandidierte keiner mehr am 15. Oktober 1950 für den jetzt erstmals nach Einheitslisten gewählten Landtag – wenn auch aus völlig unterschiedlichen Motiven. Hans-Wolfgang Feist hatte sich im Frühjahr 1950 in der eigenen Fraktion wie bei der Abstimmung im Plenum gegen die Einführung des Einheitslistenprinzips gewandt.[139] Seit Mitte 1950 stand er mit dem Ostbüro der CDU in Verbindung und galt als „Verbindungsmann" für seinen Heimatkreis Hoyerswerda.[140] Aus berechtigter Angst vor staatlichen Repressionen flüchtete er schließlich im Spätherbst 1950 nach West-Berlin, wo er sich als Rechtsanwalt niederließ. Seine Ehefrau Ilse Feist, die unmittelbar vor den kommunistischen „Volkswahlen" vom Oktober 1950 mit Flugblättern und Broschüren auf die Gleichschaltungspraxis aufmerksam machen wollte, wurde angezeigt, verhaftet und anschließend von einem sowjetischen Militärtribunal zu 25 Jahren Lagerhaft verurteilt.[141] Für den zweiten jungen Landtagsabgeordneten der CDU, Wolfgang Ullrich, der 1949/50 kurzzeitig auch Mitglied der provisorischen Volkskammer der DDR geworden war, spielten dagegen politische Gründe für das Ausscheiden aus dem Parlament kaum eine Rolle. Noch im Jahre 1950 avancierte der gerade 27jährige zum Direktor des Dresdner Zoos, dem er bis zu seinem frühen Tode 1973 zu neuem Glanz und internationalem Ansehen verhalf. Und auch der gleichgeschalteten CDU blieb der einstige FDJ-Funktionär in ehrenamtlichen Funktionen verbunden, was wohl der Preis für seine rasante wissenschaftliche Laufbahn in den 50er und 60er Jahren gewesen sein mag.[142]

Von den nach Westdeutschland geflüchteten Vertretern der „Jungen Union" engagierte sich nur ein Teil auch weiter in der aktiven Politik: Josef Bock etwa versuchte an der Seite Jakob Kaisers als Geschäftsführer der Sozialausschüsse der CDU seine politischen Vorstellungen zu verwirklichen, während Willi Oesterlein jahrzehntelang in der West-Berliner Landespolitik mitwirkte und Heinz Greifenhain in Hamburg und Emden Politik gestaltete. Christian Müller fand wiederum in der süddeutschen Union nicht die innerparteiliche Basis für ein längerfristiges politisches Engagement, so daß sich der bekennende christliche Sozialist für die katholische Priesterlaufbahn entschied und später auch

Führungsaufgaben in der katholischen Arbeitnehmerbewegung wahrnahm. Ein anderer Teil der ehemaligen JU-Aktivisten faßte in der bundesdeutschen Wissenschaft Fuß, so z. B. Hermann Mau ab 1951 als Generalsekretär des gerade gegründeten Instituts für Zeitgeschichte (IfZ) in München sowie die engen Weggefährten Wolfgang Marcus, Paul Ascher und Wolfgang Behler als Dozenten und später Professoren für Philosophie, Theologie und Erziehungswissenschaften. Marcus kehrte sogar im Jahre 1990 an seine alte Dresdner Wirkungsstätte zurück, um hier aktiv am Aufbau einer demokratisch strukturierten Hochschul- und Medienlandschaft sowie an der Grundlegung einer neuen sächsischen Verfassung mitzuwirken.[143]

VII. Zusammenfassung

Aufbau und Entwicklung einer sächsischen „Jungen Union" der CDU war zwischen 1945 und 1950 nur eine relativ kurze Zeit beschieden. Durch die Einrichtung von sogenannten „antifaschistischen" Jugendausschüssen und die Schaffung einer neuen staatlich sanktionierten Einheitsjugend verfügte sie als Interessen- bzw. Arbeitsgemeinschaft junger CDU-Mitglieder lediglich über einen eng begrenzten Spielraum. Bei Androhung sowjetischer Repressionen hatte sie sich aller Handlungen zu enthalten, die auf den Aufbau einer eigenen Jugendorganisation zielten. Umgekehrt verlangten Besatzungsmacht und KPD/SED die uneingeschränkte Anerkennung ihres Ziehkindes FDJ von der CDU und deren Mitgliedern. Die Duldung des halblegalen Status der „Jungen Union" war ohnehin nur der Tatsache geschuldet, daß sich die sowjetische Besatzungsmacht in den ersten Jahren der Viermächte-Verwaltung Deutschlands die Durchsetzung eines eigenen politischen Einflusses innerhalb der Gesamt-Union versprach. Das Scheitern dieses Versuchs bereitete allen demokratischen Selbstbehauptungsbestrebungen ein jähes Ende. Hatte die Besatzungsmacht schon ab 1945 allzu eigenständige Regungen aus den Reihen der JU rücksichtslos bekämpft und auch vor Verhaftungen nicht zurück geschreckt, hob sie ab Anfang 1948 die letzten Elemente der bislang gewährten Autonomie vollständig auf.

Der Kampf um die Bewahrung und Ausweitung der eigenen Handlungsspielräume und die mit der Mutterpartei gemeinsam geführte Abwehr der kommunistischen Diktaturdurchsetzung rückte den erstmals im Frühjahr 1947 sichtbar gewordenen Generationenkonflikt in den Hintergrund. Die alleinige Besetzung der Landesspitze der CDU mit den in der Weimarer Zeit sozialisierten Politikern mußte profilierte Jugendvertreter zu Widerspruch herausfordern, war doch das Erscheinungsbild der sächsischen Union schon Anfang 1947 durch rund ein Drittel junger Mitglieder geprägt. Und auch in inhaltlicher Hinsicht neigten einige der JU-Aktiven mehr zu der von Jakob Kaiser verkörperten christlich-sozialistischen Wende als zu wirtschaftsliberalen Vorstellungen, an die frühere DVP-Politiker anknüpfen wollten. Der nur in Ansätzen ausgetragene Konflikt kam jedoch aufgrund der politischen Entwicklung nicht mehr zur Entfaltung und auch die stärker werdende Stellung der JU Sachsen innerhalb des gesamtdeutschen Verbandes zeitigte dadurch nicht einmal mittelfristige Resultate. Die Eingriffe von Besatzungsmacht und SED löschten letztlich eine mehrjährige Jugendaufbauarbeit aus, die mit neuem Personal und unter gänzlich veränderten Bedingungen 40 Jahre später von Grund auf neu begonnen werden mußte.

Anmerkungen

1 Vgl. Arbeitsplan für die Bezirksarbeitstagung des Bezirkes Bautzen in Löbau am 5./6.7.1947 (ACDP 03-035-164).

2 Referat Christian Müller „Jugend und Union", ohne Datum, vermutlich vom 5./6.7.1947 (ACDP 03-035-071).

3 Vgl. Ulrich Mählert, Die Freie Deutsche Jugend 1945-1949. Von den „Antifaschistischen Jugendausschüssen" zur SED-Massenorganisation: Die Erfassung der Jugend in der Sowjetischen Besatzungszone. Paderborn 1995, S. 38f.

4 Ebd., S. 46.

5 Geschichte der Informationsabteilung der SMAS 1945-1949 (GARF Moskau, f. 7212, opis 1, delo 185, list 73f.).

6 Zit. nach Mählert, siehe Anm. 3, S. 65.

7 Amtliche Nachrichten der Landesverwaltung Sachsen, 1. Jg., Nr. 16, vom 22.12.1945, S. 101.

8 Siehe Anm. 5.

9 Vgl. Bericht des stv. Leiters der Propaganda-Abteilung der SMAS, Major Ovsjannikov, „Über die Tätigkeit der Propaganda-Abteilung der SMAS 1946" an den Leiter der Verwaltung für Propaganda, Oberst Tjulpanov, vom 2.1.1947 (GARF Moskau, fond 7212, opis 1, delo 190, list 46).

10 Vgl. Wolfgang Mischnick, Von Dresden nach Bonn. Erlebnisse – jetzt aufgeschrieben. Stuttgart 1991, S. 206.

11 Marcus, Behler, Ascher und Müller kannten sich bereits seit 1937/38 durch den gemeinsamen Besuch des katholischen St. Benno-Gymnasiums in Dresden. Marcus und Pilaczek hatten sich in dieser Zeit in der katholischen „Sturmschar", einer Jugendgruppe, in Dresden kennengelernt. Interview des Autors mit Prof. Wolfgang Marcus, 8.8.2002.

12 Ebd. und mündliche Mitteilungen von Prof. Paul Ascher an den Autor vom 16.12.2002.

13 Wolfgang Marcus (geb. 15.10.1927), ab 1938 Besuch des St. Benno-Gymnasiums Dresden, Abitur 1946 in Dresden, 1945 Mitglied der CDU in Dresden, April/Mai 1946 Verhaftung durch die Besatzungsmacht, Mai 1946 Flucht in die Westzonen, 1946–1952 Studium der Philosophie, Theologie, Pädagogik, Germanistik und Geschichte u. a. in Paderborn, München und Bonn, 1952–1954 Leiter des Kirchenfunks beim RIAS und Religionslehrer in West-Berlin, 1960–1990 Professor für Philosophie an der PH Weingarten/Württemberg, 1990 Übersiedlung nach Dresden und Gastprofessor an

der TU und PH Dresden, seit 1971 Mitglied der SPD, 1990–1994 Mitglied des Sächsischen Landtags, seit 1993 Kurator des Hannah-Arendt-Institutes für Totalitarismusforschung an der TU Dresden.

14 Interview mit Marcus, 8.8.2002.

15 Paul Ascher (geb. 10.1.1927), ab 1937 Besuch des katholischen St.-Benno-Gymnasiums in Dresden, 1945 Mitglied der CDU, April–Juli 1946 Mitglied der FDJ-Kreisleitung Dresden (im Auftrag der CDU), Sommer 1946 Flucht über West-Berlin nach Westdeutschland, 1946–1952 Studium der Theologie, Philosophie und Erziehungswissenschaften u. a. in Paderborn, ab 1960 Lehrauftrag für Pädagogik an der PH in Köln, ab 1963 Dozent an der PH in Trier, ab 1970 Professor an der Erziehungswissenschaftlichen Hochschule Rheinland-Pfalz in Koblenz.

16 Mitteilungen von Ascher, 16.12.2002. Diese Drohung war wohl nicht völlig aus der Luft gegriffen, denn schon im Oktober 1945 hatte die Spitze der sächsischen KPD bei der SMAS Waffenscheine und Pistolen für den engeren Zirkel der Partei beantragt – ein für die anderen Parteien undenkbarer Vorgang. Vgl. Mike Schmeitzner/Stefan Donth, Die Partei der Diktaturdurchsetzung. KPD/SED in Sachsen 1945–1952 (Schriften des Hannah-Arendt-Instituts für Totalitarismusforschung, 21). Köln u. a. 2002, S. 89. Von Auseinandersetzungen mit Bialek in den Dresdner Jugendausschüssen berichtet auch der damalige LDP-Jugendvertreter Wolfgang Mischnick. Vgl. Mischnick, siehe Anm. 10, S. 207f.

17 Interview mit Marcus, 8.8.2002.

18 Bericht Alpermanns vom 26.3.1946 (ACDP 03-035-58).

19 Rundbrief A betr. Jugendsekretariat der CDU vom 27.6.1946, erstellt vom Landesjugendreferenten Hans-Bernhard Alpermann (ACDP 03-033-130).

20 Ebd.

21 Vgl. „Rückblick und Ausschau", Rechenschaftsbericht des Landesjugendreferenten Jochen Endler über die Entwicklung der Unionsjugend 1946/47 auf dem Landesunionstag am 25.4.1947 (ACDP 03-035-58, S. 3). Eine Kurzbiographie Hans-Joachim Endlers findet sich im Beitrag von Ralf Thomas Baus in diesem Buch.

22 Bericht Alpermanns vom 26.3.1946 (ACDP 03-035-58).

23 Interview mit Marcus, 8.8.2002 und Mitteilungen von Ascher, 16.12.2002.

24 Bericht Alpermanns vom 26.3.1946 (ACDP 03-035-58).

25 Rechenschaftsbericht Endlers vom 25.4.1947, siehe Anm. 21.

26 Ebd.

27 Bericht des Landesjugendreferenten Alpermann über die Jugendarbeit im Monat Juli 1946 (ACDP 03-033).

28 Rechenschaftsbericht Endlers vom 25.4.1947, siehe Anm. 21; Schelzel gehörte seit Februar 1946 auch dem Geschäftsführenden Vorstand der CDU Sachsen an. Vgl. Ralf Thomas Baus, Die Christlich-Demokratische Union Deutschlands in der sowjetisch besetzten Zone 1945 bis 1948. Gründung – Programm – Politik (Forschungen und Quellen zur Zeitgeschichte, 36). Düsseldorf 2001, S. 171f.

29 Aufstellung der jungen Unionsmitglieder im CDU-Landesvorstand und der Kreisjugendreferenten der CDU Sachsen von Alpermann, ohne Datum, vermutlich Sommer 1946 (ACDP 03-033-130).

30 Vgl. Baus, siehe Anm. 28, S. 523.

31 Zit. nach Ulrich Mählert, „Bürgerlich-demokratische" Jugendarbeit in der Sowjetischen Besatzungszone Deutschlands 1945 bis 1948, in: Helga Gotschlich (Hrsg.), „Links und links und Schritt gehalten ..." Die FDJ: Konzepte – Abläufe – Grenzen. Berlin 1994, S. 93.

32 Paul Ascher hatte seit April 1946 die Abteilung Jugendheime und Wandern der FDJ-Kreisleitung Dresden geleitet. Mitteilungen von Ascher, 16.12.2002.

33 Über diese Verhaftungsaktion hinaus kam es zu weiteren kurzzeitigen Inhaftierungen von örtlichen CDU-Mitgliedern und Funktionären sowie zu einer massiven Einschränkung der Handlungsspielräume der Union. Vgl. Schmeitzner/Donth, siehe Anm. 16, S. 248ff.

34 Bericht des Landesjugendreferenten Hans-Bernhard Alpermann über die Jugendarbeit im August 1946, Dresden, am 6.9.1946 (ACDP, 03-033, Nr. 130). Rudolf Franzkowiak wurde von der sowjetischen Besatzungsmacht nach öffentlichen Protesten insbesondere der „Jungen Union" Ende Oktober 1946 wieder freigelassen. Vgl. Manfred Klein, Jugend zwischen den Diktaturen 1945–1956. Mainz 1968, S. 72–75.

35 Rechenschaftsbericht Endlers vom 25.4.1947, siehe Anm. 21.

36 Vgl. Hans-Bernhard Alpermann, „Die Stimme der Jugend", in: Die Union vom 13.6.1946. Der Artikel war mit den Initialen H.B.A gezeichnet.

37 Bericht Alpermanns vom 6.9.1946, siehe Anm. 34.

38 „Jugend und Gemeindewahlen" Rededisposition Hans-Bernhard Alpermanns, ohne Datum, vermutlich August 1946 (ACDP 03-035-58).

39 Hans-Wolfgang Feist (geb. 25.7.1921) Besuch der Volks-, Mittel- und Oberschule in Breslau, 1940 Abitur, 1940/41 Student der Rechtswissenschaften an der Universität Breslau, 1941–1945 Soldat der Wehrmacht, 1945 kurze Kriegsgefangenschaft und Vertreibung der Familie nach Sachsen, 1945/46 Neulehrer, November 1945 Mitglied der CDU, Gründer und Vorsitzender der CDU-Ortsgruppe Bernsdorf, ab 1946 Mitglied des erweiterten Landesvorstandes und des Hauptvorstandes (SBZ) der CDU, 1946–1950 MdL, 1946–1950 Fortsetzung des Studiums der Rechts- und Staatswissenschaften an der Universität Leipzig, Oktober 1950 Flucht nach West-Berlin und Beendigung des Studiums an der FU Berlin, Niederlassung als Rechtsanwalt.

40 Wolfgang Ullrich (20.6.1923–26.10.1973) Besuch der Volksschule und des Annen-Realgymnasium in Dresden, Studium der Biologie, HJ, 1945 Mitglied der CDU, 1946–1948 Kreisjugendreferent der CDU Dresden, ab Frühjahr 1947 Mitglied der Kreis- und Landesleitung der FDJ, ab 1949 Mitglied des Zentralrates der FDJ, 1946–1950 MdL, 1949/50 Mitglied der provisorischen Volkskammer der DDR, 1946–1950 Fortsetzung und Beendigung des Studiums der Biologie an der TH Dresden, 1950–1973 Direktor des Dresdner Zoos, 1958 Promotion, Verleihung der Professur.

41 Rechenschaftsbericht Endlers vom 25.4.1947, siehe Anm. 21.

42 Vgl. Mischnick, siehe Anm. 10, S. 253f. Mischnick macht in seinen Erinnerungen darauf aufmerksam, daß die SMAS sowohl die Landtagskandidaturen der LDP wie auch der CDU beeinflußt habe. Denn nach den Gründen der Ungleichbehandlung gefragt, erhielt der LDP-Politiker zur Antwort, „bei mir sei doch eine gewisse imperialistische und militaristische Gesinnung spürbar". Dies war eine Anspielung auf die Tatsache, daß Mischnick bei der Hitler-Jugend gewesen war und als Leutnant der Wehrmacht gedient hatte. Dieser „Einwand" habe Mischnick bewogen, darauf hinzuweisen, daß „bei der CDU auf einem der vordersten Plätze der frühere HJ-Führer Ullrich kandidiere [....] Der habe einen viel höheren Dienstgrad gehabt. Diese Unterscheidungen verstünde ich nicht. Nun erhielt ich die schlichte, aber einleuchtende Antwort: ,Ja, Ullrich hat sich bereit erklärt, in der FDJ mitzuarbeiten. Sie haben das bis heute abgelehnt. Wir haben Ihnen immer empfohlen, unsere Mahnungen ernstzunehmen.'" Ähnliche „Argumente" seien sowjetischerseits gegen Ruth Ehrlich ins Feld geführt worden. Ebd., S. 253f.

43 In den benutzten Dokumenten wurden beide Schreibweisen verwendet – auch von Endler selbst.

44 So Winfried Becker, CDU und CSU 1945–1950. Vorläufer, Gründung und regionale Entwicklung bis zum Entstehen der CDU-Bundespartei. Mainz 1987, S. 206.

45 Vgl. mündliche Mitteilungen von Helga Alpermann an den Autor. Hans-Bernhard Alpermann (4.6.1923–1998) Mittelschule, Lehre bei der Deutschen Reichsbahn, Reichsarbeitsdienst, Sanitäter in der Deutschen Wehrmacht, 1945 sowjetische Kriegsgefangenschaft, Ende 1945 Entlassung, März–November 1946 Landesjugendreferent der CDU Sachsen, danach Arbeit am Diakonenhaus der evangelischen Kirche in Moritzburg, später Pfarrer in Zehdenick (Brandenburg). Der Autor dankt Frau Alpermann für die biographischen Auskünfte über ihren Mann.

46 Die fünf Bezirksjugendreferenten waren im Sommer 1947: Christian Müller (Bezirksverband Löbau), Wolfgang Ullrich (Bezirksverband Dresden), Christa Findeisen (Bezirksverband Chemnitz), Willi Oesterlein (Bezirksverband Leipzig) und Johannes Fasel (Bezirksverband Zwickau). Vgl. Aufteilung der Kreisverbände nach dem Stand vom 1.9.1947 (ACDP 03-035-060).

47 Rechenschaftsbericht Endlers vom 25.4.1947, siehe Anm. 21.

48 Dr. Josef Bock (geb. 1915) Mitbegründer der CDU in Sachsen, 1945–1947 Kreisgeschäftsführer der CDU in Pirna, 1946/47 Mitglied des Kreisvorstandes und des Kreistages sowie Mitglied des Landesvorstandes der CDU (für Bildungsarbeit), 1947/48 Leiter der Bildungsstätte der CDU der SBZ in Blankenburg/Harz, 1947/48 Mitglied des Hauptvorstandes der CDU der SBZ, 1948 Flucht nach West-Berlin und Mitglied der Exil-CDU, 1948–1952 Hauptgeschäftsführer der CDU-Sozialausschüsse (CDA), ab 1952 Geschäftsführer der Konsumgenossenschaft Hamburg. Vgl. Michael Richter, Die Ost-CDU 1948–1952. Zwischen Widerstand und Gleichschaltung (Forschungen und Quellen zur Zeitgeschichte, 19). Düsseldorf 1991, S. 260, 264, 407.

49 Rechenschaftsbericht Endlers vom 25.4.1947, siehe Anm. 21.

50 Josef Bock, Die CDU und die Grundrechte der Jugend, in: Die Union vom 1.12.1946.

51 Ders., Die Union und die Geschichte, in: Ebd. vom 26.1.1947.

52 Vgl. das Schreiben des Landesjugendreferenten Jochen Endler an den CDU-Landesvorstand Sachsen vom 31.3.1947 (ACDP 03-035-236).

53 Vgl. die einschlägigen Beiträge im sächsischen CDU-Organ „Die Union" vom 21.5. und 4.6.1947. In dem Beitrag vom

21.5.1947 wurde darauf hingewiesen, daß die „Junge Union" keine „selbständige Jugendorganisation der CDU, sondern Interessengemeinschaft junger Menschen" sei.

54 Mählert, siehe Anm. 3, S. 201.

55 Schreiben des Landesjugendreferenten Jochen Endler an den CDU-Landesvorstand Sachsen vom 31.3.1947 (ACDP 03-035-236).

56 Vgl. Aufstellung der Mitglieder des Arbeitskreises Jugend vom 31.3.1947 (ACDP 03-035-236); Aufstellung der Mitglieder des Arbeitskreises Jugend (vorläufiger Vorstand), ohne Datum (ACDP 03-035-060). In der ersten Aufstellung fehlt der Name Bock.

57 Mitglieder des erweiterten Arbeitskreises waren: Kurt Hartmann (Annaberg), Herbert Bruckholz (Auerbach), Heinz Walther (Bautzen), Werner Apelt (Borna), Werner Estel (Auerbach), Hans-Götz Oxenius (Chemnitz), Hanfried Hiecke (Reinhardtsgrimma), Ernst Wagner (Döbeln), Helmut Meier (Hainsberg), Gerhard Schelzel (Dresden), Josef Hagen (Zschopau), Erna Adamczyk (Freiberg), Hans Funk (Glauchau), Ursula Scheer (Görlitz), Karl Borchert (Großenhain), Walter Heilmann (Kamenz), Willi Oesterlein (Leipzig), Christian Müller (Dittersbach/Löbau), Karl Richter (Olbernhau), Walter Birkner (Meißen), Lothar Böhnisch (Oschatz), Egon Stolpe (Pirna), Gerhard Rothe (Plauen), Karl Schumann (Rochlitz), Johannes Oertel (Stollberg), Dr. Johann Gottfried Neumann (Wurzen), Heinz Courtois (Großenschönau), Paul Theis (Zwickau-Planitz). Ebd.

58 Gemeint ist hier die Ausrichtung der Partei auf das Konzept des „christlichen Sozialismus", das auch Verstaatlichungen der Schlüsselindustrien beinhaltete, und das von Bock in Sachsen vehement vertreten wurde. Vgl. Baus, siehe Anm. 28, S. 272.

59 „Stellung und Aufgabe der Jugend in der Union" Referat von Dr. Josef Bock, in: Protokoll des Landesunionstages vom 26./27.4.1947 (ACDP 03-035-235).

60 Ebd., S. 22/2.

61 Ebd., S. 40/1f.

62 Ebd., S. 40/1–3.

63 Vgl. Die Union vom 30.4.1947.

64 Protokoll des Landesunionstages vom 26./27.4.1947 (ACDP 03-035-235, S. 17/7).

65 Niederschrift der Sitzung des Geschäftsführenden Landesvorstandes der CDU am 13.5.1947, S. 1 (ACDP 03-035-001).

66 Ebd., S. 3.

67 Ebd., S. 5.

68 Protokoll des Landesunionstages vom 26./27.4.1947 (ACDP 03-035-235, S. 22/3).

69 Niederschrift der Sitzung des Geschäftsführenden Landesvorstandes der CDU am 13.5.1947, S. 5 (ACDP 03-035-001).

70 So Martin Knabe in seiner Rede „Die Union und die Jugend" auf einer Tagung der Kreisvorstände der CDU Sachsen am 11.5.1947 (ACDP 03-035-058).

71 So die als Zitat wiedergegebene Äußerung Oesterleins durch den Leipziger CDU-Funktionär Josef Rambo, der als Zuträger der SMA zu den Gegnern Oesterleins zählte. Protokoll der Versammlung des „Freundeskreises" von Herrn Rambo in der Emissions- und Girobank am 7.4.1948 (ACDP 03-035-163).

72 Redemanuskript von Albrecht Mann „Die Union und die Jugend" für den Lehrgang für Geschäftsführer und Kreisvorsitzende der CDU, ohne Datum, vermutlich Sommer 1947 (ACDP 03-035-58).

73 Vgl. Rundschreiben Nr. 39/47 des Landesjugendreferenten Jochen Endler vom 22.5.1947 (ACDP 03-035-060).

74 Tätigkeits- und Geschäftsbericht des Landesverbandes Sachsen der CDU, auszugsweise erstattet durch Landesgeschäftsführer Hans Teubert auf der dritten Landesvertreterversammlung vom 4.-6. Juni 1948 (ACDP 07-011-802, Bl. 25).

75 „Was sagt die Berliner Unionstagung der Jugend" Redeskizze von Christian Müller, Dittersbach (Kreis Löbau), ohne Datum, vermutlich Herbst 1947 (ACDP 03-035-058).

76 Redeskizze Jochen Endlers zum Thema „Der Weg der Unionsjugend" vom 22.10.1947 (ACDP 03-035-058).

77 Vgl. Redeskizze Jochen Endlers zur Bezirkstagung der CDU in Löbau am 30. und 31.8.1947 (ACDP 03-035-058). Als geistiges Rüstzeug empfahl der Landesjugendreferent folgende „lesenswerte Broschüren": die „Deutsche Rundschau" (Hamburg), die „Frankfurter Hefte" (Frankfurt/Main), die „Neue Auslese" (Alliierter Informationsdienst Hamburg) und die Monatsschrift „Die Wandlung" (Universitätsverlag Heidelberg), die bis zur Unterbindung des Zeitschriftenverkehrs zwischen Ost- und Westdeutschland durch die SMAD im Juni 1948 bezogen werden konnten. Rundschreiben Nr. 66/47 des Landesjugendreferenten Endler vom 10.10.1947 (ACDP 03-035-060).

78 Vgl. Rundschreiben Nr 39/47 des Landesjugendreferenten Jochen Endler vom 22.5.1947 (ACDP 03-035-060).

79 In dem von Feist eingebrachten Antrag der CDU-Landtagsfraktion wurde die Einstufung der Studenten in die Lebensmittelkartengruppe III verlangt. Vgl. Sächsischer Landtag, 1. Wahlperiode, 10. Sitzung vom 12.2.1947, S. 170f. Feist begründete den Antrag mit den Worten: „Ein Student, der unter Brotsorgen, bei Stromsperre und in ungeheiztem Zimmer studiert, wird kein guter sein können, weil er sich auf die Not konzentriert und nicht auf das Studium." Ebd., S. 171.

80 Referat Martin Knabes über „Die Union und die Jugend" auf der Arbeitstagung der Kreisvorstände am 11.5.1947, siehe Anm. 70.

81 Redemanuskript von Joseph Hagen über „Die Union und die Jugend" für die Bezirksarbeitstagung der CDU Chemnitz am 19./20.7.1947 (ACDP 03-035-164).

82 Rundbrief B des Jugendreferenten beim Landesverband der CDU Sachsen, Hans-Bernhard Alpermann, vom 12.7.1946 (ACDP 03-033-130).

83 Bericht des stv. Leiters der Propaganda-Abteilung der SMAS, Major Ovsjannikov, „Über die Tätigkeit der Propaganda-Abteilung der SMAS 1946" an den Leiter der Verwaltung für Propaganda der SMAD, Oberst Tjulpanov, vom 2.1.1947 (GARF Moskau, fond 7212, opis 1, delo 190, list 46/47).

84 Sieben CDU-Landtagsabgeordnete hatten für den LDP-Zusatzantrag und damit gegen die Absenkung des Wahlalters gestimmt. Vgl. „Rückblick und Ausschau" Rechenschaftsbericht des Landesjugendreferenten Jochen Endler über die Entwicklung der Unionsjugend 1946/47 auf dem Landesunionstag am 25.4.1947 (ACDP 03-035-058, S. 6a). Für die Haltung der LDP-Fraktion spielte die Frage der demokratischen Erziehung der Jugend eine entscheidende Rolle. Nach Auffassung ihres Vorsitzenden Dr. Ralph Liebler müsse die Jugend „erst erzogen" werden: „Alles, was wir jetzt in der Jugend haben, sind nur Ansätze zu einer Demokratie. Das Gift des Nazismus sitzt gerade noch in der Jugend." Sitzung des Verfassungsausschusses Sachsen vom 15.1.1947 (SAPMO-BArch, NL Wilhelm Koenen, NY 4079, Nr. 172, Bl. 122).

85 Vgl. dazu das Auftreten Ullrichs auf einer Kundgebung der FDJ in der Dresdner Nordhalle am 26.11.1946, in: Die Union vom 1.12.1946, S. 2. Josef Bock hatte in derselben Ausgabe der „Union" in einem Leitartikel auf S. 1 die Herabsetzung des Wahlalters als „angemessen" bezeichnet. Ebd.

86 Gerd Becker, Wie Sachsens Jugend ihr Wahlrecht erkämpfte, in: Start vom 14.3.1947.

87 Schreiben des Landesjugendreferenten Jochen Endler an den Landesvorstand der CDU Sachsen vom 31.3.1947 (ACDP 03-035-060).

88 Ungezeichnetes Schreiben über CDU und Jugendpresse, ohne Datum, vermutlich Frühsommer 1947 (ACDP 03-035-060).

89 Vgl. Bericht des Leiters Propaganda-Abteilung der SMAS, Oberstleutnant Vatnik, „Über die politische Situation in Sachsen und die Arbeit der Propaganda-Abteilung im 1. Quartal 1947", an Oberst Tjulpanov, vom 17.4.1947 (GARF Moskau, fond 7212, opis 1, delo 190, list 259f.).

90 Zu den Wahlen zur Landesleitung Sachsen der FDJ, die en bloc erfolgte, vgl. den Bericht in: Die Union vom 23.4.1947.

91 Im Plenum des Landtags sah sich Ullrich sogar veranlaßt, als „Referent der FDJ" für die Annahme eines Antrages zu plädieren; Sächsischer Landtag. 1. Wahlperiode, 6. Sitzung vom 17.1.1947, S. 92. Bei einer anderen Gelegenheit lobte Ullrich die FDJ als Gesamtorganisation. Ebd., 7. Sitzung vom 29.1.1947, S. 114.

92 Bialek bekleidete diese Funktion seit Anfang 1947. Im Jahr davor war er paritätischer Vorsitzender der sächsischen FDJ gewesen.

93 Sächsischer Landtag. 1. Wahlperiode, 7. Sitzung vom 29.1.1947, S. 112.

94 Ebd., S. 113.

95 Im unmittelbarem Vorfeld der Studentenratswahlen an der Universität Leipzig im Frühjahr und Spätherbst 1947 hatten die Fraktionen von CDU und SED Anträge auf Einstufung der Studenten in die Lebensmittelkartengruppe III bzw. auf Errichtung eines „Klubhauses" gestellt, die von den Abgeordneten Feist und Lange eingebracht wurden. Ebd., 10. Sitzung vom 12.2.1947, S. 170f. und 32. Sitzung vom 28.11.1947, S. 718f.

96 Bericht des stv. Leiters der Abteilung für Information, Major Koloss, über die Arbeit der Abteilung in Sachsen im 2. Quartal 1947 an Oberst Tjulpanov, vom 17.6.1947 (GARF Moskau, fond 7212, opis 1, delo 191, list 54 und 58).

97 Bericht des Leiters der Abteilung für Information der SMAS, Oberstleutnant Vatnik, über die ökonomische und politische Situation Sachsens nach der Londoner Außenministerkonferenz an den Chef der SMAS, Generalmajor Dubrovsij, vom 15.10.1947 (GARF Moskau, fond 7212, opis 1, delo 193, list 45f.). Die Propaganda-Abteilungen auf zonaler und Länder-Ebene waren Mitte 1947 in Informationsabteilung umbenannt worden, an den Zuständigkeiten änderte sich jedoch nichts.

Enttäuschte Hoffnungen auf einen demokratischen Neuanfang

98 „Deutschland zwischen Ost und West", Rede Jakob Kaisers auf der Jahrestagung der Christlich-Demokratischen Union in Berlin am 6. September 1947, in: Tilman Mayer (Hrsg.), Jakob Kaiser. Gewerkschafter und Patriot. Eine Werkauswahl. Köln 1988, S. 349.

99 Vgl. Tätigkeits- und Geschäftsbericht des Landesverbandes Sachsen der CDU, auszugsweise erstattet durch Landesgeschäftsführer Hans Teubert auf der dritten Landesvertreterversammlung vom 4. bis 6.6.1948 (ACDP 07-011-802, Bl. 25).

100 Vgl. Mählert, siehe Anm. 3, S. 239f.

101 Vgl. Richter, siehe Anm. 48, S. 76f.

102 Maschinenschriftliches Protokoll der Tagung der Kreisjugendreferenten der CDU Sachsen am 19.2.1948, ohne Verfasser, ohne Datum, vermutlich Februar 1948 (ACDP 03-013-343/2, unpaginiert). Der Duktus des Protokolls läßt darauf schließen, daß es von einem innerparteilichen Gegner Teuberts verfaßt wurde. Der Verfasser bezeichnete Teubert in einem anderen Zusammenhang auch als „Agenten".

103 Entschließung, gefaßt bei der Sitzung der Kreisjugend-Referenten am 19.2.1948 (ebd.).

104 Vgl. Auszug aus dem Brief eines Kreisverbandes der CDU an den Landesvorstand vom 3.3.1948 (ebd.). Bei dem nicht genannten Kreis könnte es sich um Weißwasser gehandelt haben.

105 Mann, der im Juni 1947 sein Studium der Architektur an der TH Dresden abgebrochen hatte, um Kunstgeschichte zu studieren, erhielt in der Folge keinen Studienplatz, so daß er, von der politischen Entwicklung enttäuscht, im Herbst 1948 an die Freie Universität nach West-Berlin wechselte. In den letzten Wochen seiner Amtszeit hatte er sich nicht mehr so stark für die Arbeit der JU engagiert. Vgl. mündliche Mitteilungen von Prof. Albrecht Mann, 18.2.2003.

106 Christian Müller (6.10.1927–23.10.1967) ab 1937 Besuch des Gymnasiums, Luftwaffenhelfer in Berlin, 1944/45 Reichsarbeitsdienst, 1945 Soldat der Wehrmacht, 1946–1949 Neulehrer u. a. in Dittersbach bei Löbau, 1947–1949 Kreis- und Bezirksjugendreferent der CDU Löbau, 1948/49 Landesjugendreferent der CDU und Mitglied des CDU-Landesvorstandes, Oktober 1949 Flucht in die Bundesrepublik Deutschland, 1950–1955 Studium der Philosophie und Theologie in Passau, Juni 1955 Priesterweihe, ab 1958 Kaplan in Altötting, ab 1961 Diözesanpräses der Katholischen Arbeitnehmerbewegung (KAB) des Bistums Passau (unter seiner Leitung Gründung von über 50 Werkvolkgemeinschaften). Zeitungsberichten zufolge

gaben dem 40jährig verstorbenen Müller Tausende Menschen, darunter 150 Priester der Passauer Diözese, das letzte Geleit; er habe, so der Tenor, „zehn seiner zwölf Priesterjahre im Dienst Altöttings und der Arbeiterschaft des Bistums Passau gestanden". Für die Angaben zur Person und die überlassenen Nachrufe dankt der Autor Frau Veronika Saring, der Schwester Christian Müllers.

107 Christian Müller wurde Mitte Oktober 1948 vom erweiterten Landesjugendausschuß in beiden Ämtern bestätigt. Da in dieser Sitzung der Landesjugendausschuß eine neue Geschäftsordnung annahm, die eine Bündelung beider Ämter in den Händen einer Person ausschloß, mußte Müller sein Amt als Landesjugendreferent niederlegen, konnte aber als solcher kommissarisch weiter amtieren. Vgl. Die Union vom 30.10.1948 und Protokoll der Sitzung des erweiterten Landesjugendausschusses am 15.10.1948 (Protokoll im Privatbesitz von Annerose Dietrich). Der Autor dankt Frau Dietrich für die Bereitstellung der Dokumente.

108 Ebd.

109 Ullrich erläuterte bereits am 14.2.1948 in einem Artikel des sächsischen CDU-Organs Die Union, daß die „Junge Union" Sachsen „nach wie vor positiv zur FDJ" stehe. Er machte sogar den „Vorschlag", die drei ausgeschiedenen JU-Vertreter im Zentralrat der FDJ durch anpassungsbereitere zu ersetzen.

110 Fritz Möbius, Antwort an Dr. Bock, in: Die Union vom 21.2.1948. Möbius hatte bis zu diesem Zeitpunkt kein herausragendes Amt innerhalb der JU inne gehabt.

111 Bericht des Leiters der Abteilung für Information der SMAS, Oberst Kusminov, „Über die Arbeit der Informationsabteilung im 2. Quartal 1948", an den Leiter der Verwaltung für Information der SMAD vom 12.7.1948 (GARF Moskau, fond 7212, opis 1, delo 232, list 15f.).

112 Josef Rambo hatte bis 1947 als Geschäftsführer der Leipziger CDU gearbeitet und war vom CDU-Kreisvorstand wegen zu großer politischer Nähe zur Besatzungsmacht abgesetzt worden. Darauf gründete Rambo einen „Freundeskreis", der zum gewählten CDU-Kreisvorstand unter Carl-Günther Ruhland in „fortschrittlicher" Opposition stand. Nach der Flucht des Leipziger Bürgermeisters Ernst Eichelbaum (CDU) Ende 1948 wurde Rambo Anfang 1949 zum Nachfolger gewählt. Nach dem Sturz Hickmanns Anfang 1950 von der SED und den Sowjets als neuer CDU-Landesvorsitzender eingesetzt, flüchtete er schon im Spätsommer 1950 in die Bundesrepublik Deutschland. Zu Rambos unvorhergesehener

Flucht vgl. die entsprechende MfS-Akte vom September/Oktober 1950 (BStU, ZA, AS 612/66, Bl. 1–15).

113 Protokoll der Versammlung des „Freundeskreises" von Herrn Rambo in der Emissions- und Girobank am 7.4.1948 (ACDP 03-035-163).

114 Fritz Möbius, Radikale Kritik?, in: Die Union vom 1.5.1948.

115 Oesterlein entzog sich allerdings am 23.5.1948 einer möglichen Verhaftung durch seine Flucht nach West-Berlin (ACDP 03-013, Exil-CDU, Deutschland-Büro, Ortskartei). Von 1961–1963 und von 1971–1981 war Oesterlein Mitglied des Berliner Abgeordnetenhauses (CDU).

116 Aktenvermerk Fred Sagners über eine Besprechung mit dem Landesjugendsekretär der Jungen Union Berlin Fritz Klauck, 19.5.1948 (ACDP 03-013-343/2).

117 Es handelt sich hierbei um eine zehnköpfige Dresdner LDP-Gruppe um den Jugendreferenten Dietrich Hübner, die im Juli 1948 in Haft geriet.

118 Stefan Donth, Die Sowjetische Militäradministration und die CDU in Sachsen, 1945 bis 1952. Eine bürgerliche Partei aus dem Blickwinkel der Besatzungsmacht, in: HPM 7 (2000), S. 126f.

119 Bericht des Leiters der Abteilung für Information der SMAS, Oberst Kusminov, „Über die Arbeit der Abteilung für Information der SMAS im 3. Quartal 1948", vom 12.10.1948 (GARF Moskau, fond 7212, opis 1, delo 232, list 342).

120 „Das Wollen der Unionsjugend". Rede Christian Müllers vor dem Landesparteitag der CDU Sachsen am 5.6.1948. In: Die Union vom 9.6.1948.

121 Ebd. vom 12.6.1948.

122 Protokoll des Eröffungslehrganges der Unionsbildungsstätte Friedersdorf, Lehrgang für junge Aktivisten des Landesverbandes Sachsen, vom 5.7.–13.7.1948, protokolliert vom Kreisjugendreferenten von Borna E. Ernst (ACDP 03-013-342/2).

123 Franz Lehnert, Der Ausgleich der Kräfte. Jugend und Politik, in: Die Union vom 3.7.1948.

124 Gruppen und Kreisverbände der „Jungen Union" forderten in Resolutionen die Abhaltung der Gemeindewahlen; die teilweise auch im sächsischen CDU-Organ veröffentlicht wurden. Vgl. dazu den Artikel „Jugend fordert Gemeindewahlen", in: Die Union vom 14.8.1948.

125 Der Begriff „Junge Union" wurde im sächsischen CDU-Organ „Die Union" am 29.6.1948 ein letztes Mal verwendet; am 14.8.1948 sprach die Zeitung von „Jugend" und am 23.9.1948 von „Unionsjugend".

126 Protokoll der Sitzung des erweiterten Landesjugendausschusses am 15.10.1948 (Protokoll im Privatbesitz von Annerose Dietrich); vgl. dazu auch den Artikel „Neue Etappe in der Jugendarbeit", in: Die Union vom 30.10.1948.

127 Fasel flüchtete im Oktober 1949 vor der drohenden Verhaftung nach Westdeutschland, wurde aber 1955 auf West-Berliner Boden von Agenten des MfS entführt, in der DDR zu einer Zuchthausstrafe verurteilt und bis 1961 eingesperrt. Lehnert arbeitete in Dresden-Land und Borna politisch illegal und wurde 1950 kurzzeitig verhaftet. Vgl. Günter Buchstab (Hrsg.), Verfolgt und entrechtet. Die Ausschaltung Christlicher Demokraten unter sowjetischer Besatzung und SED-Herrschaft 1945–1961. Eine biographische Dokumentation. Düsseldorf 1998, S. 117f. und 384.

128 Protokoll des Bildungsabends der Jungen Union, Ortsverband Löbau, am 3.12.1948 (Privatbesitz Annerose Dietrich). Einige Jugendgruppen benutzten inoffiziell, wie der Protokollkopf zeigt, auch noch in dieser Zeit die Bezeichnung „JU".

129 Protokoll des 5. Bildungsabends junger Unionsmitglieder des Ortsverbandes Löbau am 1.4.1948 (Privatbesitz Annerose Dietrich).

130 Protokoll des Bildungsabends der Jungen Union, Ortsverband Löbau, am 3.12.1948 (Privatbesitz Annerose Dietrich).

131 In einem Brief an den politischen Weggefährten Gerhard Bartsch schrieb Müller Anfang März 1949, daß er „in kurzer Zeit eine wichtige Besprechung mit Gerald Götting" habe, der zum damaligen Zeitpunkt dritter Vorsitzender des CDU-Landesverbandes Sachsen-Anhalt und Jugendvertreter im CDU-Hauptvorstand war. Müller wollte mit Götting ein „Manifest oder ähnliches entwerfen, das der nächste Parteitag der Union als konkretes Material in der Frage des christlichen Sozialismus erhalten soll". Ob ein solches Thesenpapier bis Sommer 1949 Gestalt annahm, ist nicht bekannt. Götting entwickelte sich in den Folgejahren zu einem der angepaßtesten CDU-Politiker in der DDR und war später langjähriger CDU-Vorsitzender. Schreiben Christian Müllers an Gerhard Bartsch vom 6.3.1949 (Privatbesitz Prof. Bartsch). Der Autor dankt Prof. Bartsch für die Bereitstellung der Briefe Christian Müllers aus dem Jahre 1949.

132 Vgl. dazu die Protokolle der Bezirksbesprechung der Kreisjugendreferenten von Ostsachsen am 18.2.1949 in Löbau und des Politischen Bildungsabends der jungen Unionsmitglieder des Ortsverbandes Löbau am 29.6.1949 (Privatbesitz Annerose Dietrich). Selbst „Die Union" berichtete am 11.5.1949 über den „unhaltbaren Mangel an Toleranz" und „die weltanschauliche Einseitigkeit der FDJ", die auf der Landeskonferenz der FDJ Anfang Mai 1949 deutlich geworden waren.

133 Mündliche Mitteilungen von Veronika Saring, der Schwester Christian Müllers, 18.10.2002.

134 Schreiben Christian Müllers an Gerhard Bartsch vom 21.11.1949 (Privatbesitz Prof. Bartsch).

135 Greifenhain wurde wegen Weitergabe des offiziell zugänglichen Haushaltsplanes des Landes Sachsen am 27.11.1949 verhaftet. Nach seiner Freilassung Anfang September 1956 flüchtete er nach West-Berlin und später nach Westdeutschland. Mitteilungen von Heinz Greifenhain, 26.9.2002.

136 In seiner neuen Heimat kam Müller recht schnell die Erkenntnis, daß „mich von der Auffassung der CSU vor allem, aber auch der CDU Süddeutschlands recht viel trennt. Vor allem in wirtschaftspolitischer wie aber auch in kulturpolitischer und staatsrechtlicher Hinsicht. Die CDU und noch mehr natürlich die CSU vertritt in Süddeutschland die Konfessionsschule. Sie ist gegen den Sozialismus, sie ist teilweise extrem föderalistisch usw. usw." Auch als er im Spätherbst 1949 nach dem Besuch von SPD-Bildungsabenden feststellte, daß die „SPD mir, was ihre Wirtschaftsauffassung betrifft, die sympathischste der Parteien ist", blieb er doch seiner Weltanschauung treu. Schreiben Christian Müllers an Gerhard Bartsch vom 21.11.1949 (Privatbesitz Prof. Bartsch).

137 Zu den einzelnen Vorgängen vgl. ausführlich Richter, siehe Anm. 48, S. 222ff.; Schmeitzner/Donth, siehe Anm. 16, S. 421ff.

138 Monatsbericht August-September 1951 des CDU-Kreisvorsitzenden von Dresden-Land, Carl Ulbricht, vom 28.9.1951 (ACDP 03-035-152).

139 Darüber gibt nicht zuletzt die von der SED über Feist angelegte Akte Auskunft. Vgl. Vorgang CDU-Abgeordneter Feist 1947–1950 (SächsHStAD, SED-BPA Dresden, A/872, Bl. 1–15).

140 Vgl. dazu den Operativplan der BV Cottbus des MfS, Dienststelle Hoyerswerda, vom 26.6.1953 (BStU, Ast. Dresden, 74/53, Bl. 34).

141 Vgl. Karteikarten von Hans-Wolfgang und Ilse Feist (ACDP 03-013-750 und 798, Exil-CDU, Deutschlandbüro, Orts- und Personenkartei) und HAIT-Datenbank. Die Personalkarteien sind nicht allgemein zugänglich; relevante Informationen wurden mir vom ACDP zur Verfügung gestellt.

142 Zu Ullrichs Entwicklung nach 1950 vgl. Katrin Richter, Wolfgang Ullrich: Lebensfroher Tierfreund in schwierigem Amt, in: Dresdner Neueste Nachrichten vom 6.6.2002.

143 Für dieses Engagement erhielt Prof. Marcus im März 2002 aus den Händen des sächsischen Ministerpräsidenten Prof. Kurt Biedenkopf (CDU) den Verdienstorden des Freistaates Sachsen.

Verfolgung und Widerstand von Studenten (RCDS/JU)
Die CDU-Hochschulgruppen in der SBZ/DDR

Johannes Weberling

I. Einführung

Die Bildung politischer Hochschulgruppen war in der sowjetischen Besatzungszone und in Berlin verboten. Studenten konnten sich deshalb nur im Rahmen der Gliederungen der zugelassenen Parteien politisch engagieren. Die Satzung der CDU sah als Untergliederungen jedoch zunächst nur Orts-, Kreis- und Landesverbände vor.[1] Erster Schritt zur Einrichtung von CDU-Universitätsbetriebsgruppen bzw. CDU-Hochschulgruppen war deshalb eine Satzungsänderung. Sie erfolgte zwar zügig, mußte aber von der Sowjetischen Militäradministration (SMA) erst genehmigt werden, was auf ähnliche Schwierigkeiten wie bei der Gründung der Jungen Union stieß.[2] Man behalf sich deshalb zunächst mit der Einrichtung von Ausschüssen und Referaten, in deren Rahmen sich die CDU-Studenten (und andere CDU-Hochschulangehörige) treffen und ihre Arbeit organisieren konnten. Die Bezeichnungen „CDU-Hochschulgruppe" oder „CDU-Betriebsgruppe" wurden in diesen Kreisen allerdings schon vor der offiziellen Zulassung häufig intern verwendet.[3] Unterstützt und betreut wurde deren Arbeit durch die Jugendreferenten der CDU-Landesgeschäftsstellen und der CDU-Reichsgeschäftsstelle in Berlin bzw. durch die gewählten Jugendvertreter in den CDU-Verbänden auf Landes- und Zonenebene, welche in diesen Ausschüssen und Referaten häufig auch selber mitarbeiteten. Dieselben Stellen oder Personen waren natürlich auch für die Junge Union zuständig und arbeiteten in deren Gliederungen – ebenso wie viele „Hochschulgruppen"-Angehörige – aktiv mit. Eine eindeutige organisatorische Trennung gab es in dieser Zeit nicht. Entscheidend war lediglich die CDU-Mitgliedschaft.[4]

Das Amt des Jugendsekretärs in der Reichsgeschäftsstelle der CDU bekleidete in den ersten Jahren nach dem Zusammenbruch Rudi Franzkowiak.[5] Er wurde im August 1946 während des sächsischen Landtagswahlkampfes in Dresden auf offener Straße verhaftet[6] und erst nach nachdrücklichen Protesten – auch der britischen Besatzungsmacht, da er im britischen Sektor von Berlin zu Hause war – am 4. November 1946 wieder freigelassen.[7] Ab dem 1. November 1946 trat Wolfgang Seibert an seine Stelle.[8] Jugendvertreter im Zonenvorstand der CDU waren in diesen Jahren Ewald Ernst und Alfred Sagner[9], Jugendreferenten des CDU-Landesverbandes Thüringen in Weimar Walther Rücker und (bis zum 31. Oktober 1946) Wolfgang Seibert[10], des CDU-Landesverbandes Sachsen-Anhalt in Halle Ewald Ernst[11] und des CDU-Landesverbandes Sachsen in Dresden Hans-Bernhard Alpermann.[12]

II. Gründung und Entwicklung der CDU-Hochschulgruppen in der SBZ bis zum Marburger Treffen im März 1947

Die Friedrich-Schiller-Universität in Jena begann am 16. Oktober 1945 als erste Universität in der sowjetischen Besatzungszone wieder ihren Vorlesungsbetrieb.[13] Kurze Zeit darauf richtete der CDU-Landesverband Thüringen in Jena eine „Verbindungsstelle Akademische Jugend" ein, die Ende 1946 in das Referat „Akademische Jugend" umbenannt wurde und zumindestens anfangs dem Jugendreferat der Thüringer CDU-Landesgeschäftsstelle nachgeordnet war.[14] Erster Leiter der Verbindungsstelle wurde ein Herr Häfele. Ihm folgte kurz darauf der Jurastudent Werner Neumann.[15] Diese Verbindungsstelle bildete bis Anfang 1947 den offiziellen Rahmen für die Tätigkeit der CDU-Betriebsgruppe „Universität", denn die Zulassung der Betriebsgruppe wurde, obwohl die satzungsmäßigen Voraussetzungen spätestens seit dem 24. Oktober 1946 bestanden, von der SMA verweigert und Versammlungen der Betriebsgruppe daher nicht genehmigt.[16] Der Vorsitzende der CDU-Betriebsgruppe mußte daher nach außen als Leiter der Verbindungsstelle bzw. des Referats auftreten.[17]

Die SMA ernannte im Wintersemester 1945/46 einen Studentenausschuß, der sich aus je zwei Vertretern der Kommunistischen Partei Deutschlands (KPD), der Sozialdemokratischen Partei Deutschlands (SPD), der Christlich-Demokratischen Union (CDU) und der Liberaldemokratischen Partei Deutschlands (LDP) sowie einem Vertreter der Freien Deutschen Jugend (FDJ) als Vorsitzendem zusammensetzte. Ein CDU-Student wurde zum zweiten Vorsitzenden, ein weiterer in die Zulassungskommission gewählt.[18] Zu Beginn des Sommersemesters 1946 wählten die CDU-Studenten drei Vertreter (darunter Werner Neumann und Peter Scholz), die dann von der SMA ernannt wurden. Zusammen mit sieben Studenten der Sozialistischen Einheitspartei Deutschlands (SED), drei LDP-Studenten und drei Parteilosen – auf die gleiche Weise ausgewählt – bildeten sie die neue studentische Vertretung.[19] Vorsitzender der Studentenvertretung wurde Willy Wehner (SED, früher SPD). Scholz (CDU) wurde auf der ersten Sitzung zum Kulturreferenten und im Juni 1946 in die Zulassungskommission gewählt.[20]

Schon zu Beginn des Sommersemesters konnte Scholz eine Reise zu den Universitäten München, Heidelberg, Erlangen und Freiburg unternehmen. Offiziell zur Erkundung von Studienmöglichkeiten für Jenenser Studenten, inoffiziell um Kontakt zu den dortigen Studentenvertretungen und eventuell bestehenden CDU-Hochschulgruppen aufzunehmen.[21] Anfang Oktober 1946 wurde der CDU-Betriebsgruppe durch die Verhaftung der beiden anderen CDU-Studentenvertreter (darunter Neumann) zusammen mit vier anderen CDU-Studenten (alle ehemalige Offiziere) ein erster schwerer Schlag versetzt.[22] Scholz nahm als einziger verbliebener CDU-Studentenvertreter die Aufgaben des Beisitzers im Universitätsgericht, des Aufsichtsratsmitgliedes der Jena Studentenhilfe GmbH, des Mitgliedes des Stipendienausschusses, des Mitgliedes des Organisationskreises der Studentischen Arbeitsgemeinschaft und des Vorstandsmitgliedes der Studentenvertretung wahr, wofür er als einziger vollständig „Unbelasteter" von den CDU-Mitgliedern nominiert und gewählt worden war. Daneben mußte er jetzt auch noch die Leitung der Betriebsgruppe bzw. des Referates „Akademische Jugend" übernehmen.[23] Zeitgleich verschärften sich die Auseinandersetzungen an der Universität mit SED und FDJ und in der Studentenvertretung mit einem Teil der SED-Fraktion. Die gemäßigten Teile der Studentenvertretung wurden vom radikalen Teil der SED-Fraktion mit Rückendeckung des Landesamtes für Volksbildung bei Entscheidungen mehrfach übergangen. Um endlich Wahlen für einen Studentenrat zu erzwingen, beschloß daraufhin die ernannte Studentenvertretung mit den Stimmen der CDU-, LDP- und einiger SED-Mitglieder am 27. November 1946 mehrheitlich die Selbstauflösung. Der Rektor bestellte zur Weiterführung der Geschäfte einen vierköpfigen Interimsausschuß, dem auch Scholz für die CDU angehörte. Die SMA befahl der alten Studentenvertretung allerdings die Wiederaufnahme der Arbeit, da die Ausschaltung der radikalen Teile der SED-Fraktion offensichtlich nicht in ihrem Sinne war.[24]

Verfolgung und Widerstand von Studenten (RCDS/JU)

Ein Grund für diese Auseinandersetzungen war der Streit um das Wahlstatut für den ersten allgemein zu wählenden Studentenrat. Die inhaltlichen Unterschiede zwischen der LDP- und der CDU-Betriebsgruppe, die zu dieser Zeit beide rund 300 Mitglieder hatten, wurden vor diesem Hintergrund vernachlässigbar. Beide Gruppen beschlossen eine engere Zusammenarbeit, in die auch gemäßigte SED-Vertreter mit einbezogen wurden.[25]

Mit ihren für die geheime Persönlichkeitswahl gemeinsam aufgestellten Kandidaten errangen die LDP- und CDU-Studenten bei den ersten allgemeinen Wahlen zum Studentenrat und den Fakultätswahlen am 6. Februar 1947 einen überzeugenden Sieg. Von den 19 Studentenratsmitgliedern stellte die LPD sieben, die SED sechs und die CDU vier. Zwei waren parteilos.[26]

Nach längeren Auseinandersetzungen wurde das LDP-Mitglied Bernhard Reichenbach gemeinsam von CDU- und LDP-Studenten zum Vorsitzenden gewählt. Die Lage stabilisierte sich damit wieder.[27]

In Berlin bemühten sich antifaschistische Studenten schon ab dem Sommer 1945 in einem „Zentralausschuß der Berliner Studentenschaft" um die Wiedereröffnung der Berliner Universität und wollten die Studenten in einem neuen Geist zusammenfassen. Doch noch vor der Wiedereröffnung der Universität geriet dieser Zentralausschuß in einen scharfen Gegensatz zur kommunistisch gelenkten „Zentralverwaltung für Volksbildung" und wurde Ende 1945 aufgelöst.[28]

An Stelle des Zentralausschusses wurde im Dezember 1945 eine „Studentische Arbeitsgemeinschaft" gegründet, zu deren kommissarischen Leiter man den CDU-Studenten Georg Wrazidlo ernannte.[29] Zur Eröffnung der Universität Berlin am 29. Januar 1946[30] wurde Anfang Februar 1946 im Admiralspalast ein Festakt veranstaltet, auf dem Wrazidlo für die Berliner Studentenschaft versprach, alle Kraft für ein neues demokratisches Deutschland einzusetzen.[31]

Auch in Berlin war die CDU-Hochschulgruppe, der die CDU-Studenten der Humboldt-Universität und der Technischen Universität angehörten, in diesen Jahren nicht offiziell anerkannt. Die Arbeit mußte daher unter ihrem ersten Vorsitzenden Wrazidlo im Rahmen der bestehenden Parteigliederungen der CDU stattfinden. Die CDU-Studenten trafen sich dort unter anderem zu Diskussionsabenden.[32]

Wrazidlo, den man hauptsächlich wegen seiner untadeligen Vergangenheit als „Aushängeschild" der Studentischen Arbeitsgemeinschaft vorgesehen hatte, geriet schnell in einen Gegensatz zu den kommunistischen Mitgliedern der Arbeitsgemeinschaft und zur Verwaltung. Trotzdem konnte er die oppositionellen Kräfte in der Arbeitsgemeinschaft zusammenfassen und auch für die Zulassung nicht kommunistisch gesonnener Studenten sorgen.[33] Nach seinem Protest gegen die Ausschmückung der Universität mit kommunistischen Emblemen am 1. Mai 1946 wurde er zwar seines Postens enthoben, doch die Mitglieder der Arbeitsgemeinschaft protestierten erfolgreich gegen die erneute Ernennung eines, diesmal kommunistischen, kommissarischen Leiters und wählten statt dessen den Sozialdemokraten Otto H. Heß zu ihrem Vorsitzenden. Daraufhin erkannte die Verwaltung die Studentische Arbeitsgemeinschaft nicht mehr als Ansprechpartner der Studenten an.[34] Die ersten allgemeinen geheimen Wahlen zur Studentischen Vertretung der Universität Berlin am 6. Februar 1947 ergaben trotzdem eine unverändert starke Mehrheit für die demokratischen Gruppen innerhalb der Studentenschaft.[35] Studentenräte wurden auch die Mitglieder der CDU-Hochschulgruppe Manfred Klein und Franz Amrehn.[36]

Der Studentenrat an der Universität Halle, die am 1. Februar 1946 den Vorlesungsbetrieb wieder eröffnet hatte,[37] wurde ebenfalls im Wintersemester 1946/47 zum ersten Mal in allgemeiner, gleicher und geheimer Persönlichkeitswahl bestimmt. Vorsitzender des Fakultätsrats der Pädagogischen Fakultät wurde Günter Abramowski (CDU). Weitere Einzelheiten zur CDU-Hochschulgruppe, die zumindest seit Anfang 1947 im Aufbau war, konnten bisher nicht ermittelt werden.[38]

An der Universität Leipzig konstituierte sich nach deren Wiedereröffnung am 6. Februar 1946[39] ähnlich wie in Berlin eine „Arbeitsgemeinschaft Demokratischer Studenten", die sich als überparteiliche Gemeinschaft verstand und der Selbstverwaltung sowie der Selbstgestaltung studentischen Lebens dienen sowie an der demokratischen Erziehung der Studentenschaft mitwirken sollte. Vorsitzender wurde das SED-Mitglied Gerhard Stiller.[40]

Die CDU in Leipzig gründete Anfang 1946 als Unterausschuß des Kulturausschusses beim Kreisverband den Universitätsausschuß, der zunächst unter dem Vorsitz von Hermann Mau den offiziellen Rahmen für die Tätigkeit der „CDU-Hochschulgruppe" bzw. „CDU-Betriebsgruppe Universität" bot und jeden Samstag in der Kreisgeschäftsstelle der CDU – offen für alle Interessenten – tagte.[41]

Die CDU-Hochschulgruppe stellte mit Helmut Ranft auch den stellvertretenden Vorsitzenden der Arbeitsgemeinschaft Demokratischer Studenten und arbeitete dort – ebenso wie die LDP-Hochschulgruppe – in der Hoffnung mit, die Vorarbeiten für die erste allgemeine Studentenwahl vorantreiben zu können. Als jedoch der Vorsitzende der Arbeitsgemeinschaft im Sommer 1946 versuchte, den Dekan der wirtschaftwissenschaftlichen Fakultät zu stürzen, und sich dazu unter Vorspiegelung falscher Tatsachen die Unterschrift seines Stellvertreters erschlich, zog die CDU-Hochschulgruppe ihre Vertreter aus der Arbeitsgemeinschaft zurück.[42]

Nach dem Erlaß der Wahlordnung für den Studentenrat durch die Landesregierung im November 1946 erbrachten die ersten allgemeinen Wahlen am 8. Dezember 1946 bei acht Sitzen für Kandidaten der SED, je sechs Sitzen für Kandidaten der CDU und LDP und einem für einen parteilosen Kandidaten eine klare „bürgerliche" Mehrheit. Gegen die Stimmen der SED wurde der LDP-Student Wolfgang Natonek zum Studentenratsvorsitzenden gewählt, die SED übernahm nach wochenlangen Verhandlungen den zweiten Vorsitz und die Kasse. Zum Schriftführer wurde Ranft (CDU) gewählt.[43]

Auch in Rostock übernahm nach der Wiedereröffnung der Universität am 25. Februar 1946[44] zunächst ein ernannter „Antifaschistischer Studentenausschuß" (später umbenannt in „Studentische Arbeitsgemeinschaft") die Aufgaben der studentischen Selbstverwaltung. Nach den ersten allgemeinen Wahlen zum Studentenrat mit einer nur knappen nicht-kommunistischen Mehrheit als Resultat wurde ein zunächst parteiloser Student und nach dessen sofortigem Rücktritt Wolfgang Hildebrandt, SED (vorher SPD), zum Vorsitzenden des Studentenrats gewählt.[45] Über die Existenz einer CDU-Hochschulgruppe zu dieser Zeit ist nichts bekannt.[46]

Die Wahlen an der am 15. Februar 1946 wiedereröffneten Universität Greifswald[47] und der Technischen Hochschule Dresden erbrachten im Wintersemester 1946/47 ebenfalls nicht-kommunistische Mehrheiten. Ob an diesen Hochschulen zu dieser Zeit bereits CDU-Hochschulgruppen bestanden oder im Aufbau waren, ist bisher nicht bekannt.[48] Ebenso liegen über die Verhältnisse an der Bergakademie in Freiberg und den anderen Hochschulen (für Musik oder Kunst) keine verwertbaren Materialien vor.

Verfolgung und Widerstand von Studenten (RCDS/JU)

Die allgemeine Arbeit aller Studentenvertretungen und damit auch ihrer CDU-Mitglieder regelte das im Dezember 1946 in Kraft getretene Vorläufige Studentenstatut.[49] Nach diesem Statut hatten die Studentenschaften der Universitäten das Recht und die Pflicht zur Unterstützung des Rektors „bei der Bekämpfung militaristischen und faschistischen Ungeistes und bei der Förderung fortschrittlichen, demokratischen Denkens und Handelns", zur Förderung des Studiums, zur Mithilfe bei der Verbesserung der materiellen Lage der Studentenschaft und zur Pflege des kulturellen und gesellschaftlichen Lebens in der Studentenschaft. Der Studentenrat hatte die Aufgaben der Mitarbeit bei der Bildung wissenschaftlicher Arbeitsgemeinschaften, der Fachberatung von jüngeren Semestern, der Herstellung einer engen Verbindung zwischen Dozenten- und Studentenschaft, der Teilnahme an der Arbeit der Zulassungskommissionen und der Bildung von Studentenchören, Musikkreisen usw. Dazu kam die in diesen Jahren besonders wichtige Vertretung der sozialen Belange der Studentenschaft.[50]

Insbesondere in den Zulassungsausschüssen prallten die Gegensätze schon bald offen aufeinander, weil die SED-Vertreter durch eine entsprechende Auslese der Studenten für eine Instrumentalisierung der Hochschulen im Sinne ihrer ideologischen Vorstellungen sorgen wollten. Wegen des nachhaltigen Widerstandes aller nicht-kommunistischen Vertreter gelang dies zumindestens am Anfang nicht.[51] Ähnlich war die Situation in den Stipendienausschüssen, die ebenfalls schon bald zu einem Auslesemechanismus im Sinne der SED umfunktioniert werden sollten.[52] Politisch heikel wurde nach kurzer Zeit auch die Mitarbeit in den Universitätsgerichten bzw. Reinigungsausschüssen, die über Strafen bis hin zur Exmatrikulation zu entscheiden hatten und mit einer zunehmenden Menge von Verfahren wegen angeblich politischer Vergehen von Studenten konfrontiert wurden.[53]

Vor diesem Hintergrund traten die inhaltlichen Unterschiede zwischen den Vertretern der demokratischen (bürgerlichen) Parteien, CDU und LDP, zurück. Gemeinsam mit Parteilosen bemühten sie sich auf allen Gebieten, freiheitlich-demokratische Vorstellungen durchzusetzen. Dabei konnten sie auch auf das Verständnis und die Mitarbeit gemäßigter SED-Vertreter (meist frühere SPD-Mitglieder) bauen.[54]

Obwohl für die CDU-Hochschulgruppen in diesen Aufbaumonaten sowohl in der sowjetischen Besatzungszone, als auch in den westdeutschen Besatzungszonen nur wenige Möglichkeiten zum regelmäßigen Kontakt untereinander existierten,[55] initiierte der Universitätsausschuß (die CDU-Hochschulgruppe) der CDU in Leipzig schon Anfang 1947 ein gesamtdeutsches Treffen aller CDU-Hochschulgruppen. Um auf dieser Ebene zu einem Zusammenschluß zu kommen, lud er für den 7. bis 10. März 1947 nach Marburg ein.[56]

III. Das Marburger Treffen der CDU-Hochschulgruppen im März 1947

Das erste gesamtdeutsche Treffen auf Initiative der Leipziger Gruppe vom 7. bis 10. März 1947 in Marburg blieb der erste und einzige Versuch, einen „gesamtdeutschen" Zusammenschluß aller CDU-Hochschulgruppen zu erreichen.[57]

Schon der Weg der Teilnehmer nach Marburg war von vielfältigen Schwierigkeiten begleitet. Während die CDU-Hochschulgruppenvorsitzenden von Berlin, Georg Wrazidlo (er kam zusammen mit Franz Amrehn) und Leipzig, Hermann Mau, ebenso wie die Vertreter aus der amerikanischen und der britischen Besatzungszone relativ reibungslos nach Marburg kommen konnten, mußten die Vertreter der CDU-Hochschulgruppe Jena, Hans Beitz und Peter Scholz, mangels bewilligter Interzonenpässe „schwarz" über die Grenze gehen. Studentische CDU-Mitglieder aus der französischen Zone bekamen ebenfalls keine Interzonenpässe und waren daher überhaupt nicht anwesend.[58]

Neben Referaten von Konrad Adenauer, Johann Baptist Gradl und Prof. Emil Dovifat über die geistige, politische und wirtschaftlich-soziale Situation Deutschlands[59] stand die gegenseitige Information über den Stand der CDU-Arbeit an den Hochschulen auf dem Programm. Die anwesenden ca. 60 Vertreter konnten die Existenz von CDU-Hochschulgruppen zumindestens in München, Erlangen, Würzburg, Heidelberg, Marburg, Köln, Kiel, Göttingen, Münster, Leipzig, Jena und Berlin feststellen, die teilweise als selbstständige Gruppen und teilweise im Rahmen der zugelassenen Parteigliederungen der CDU bzw. der Jungen Union arbeiteten. Sowohl über die Situation der Universitäten der französischen Besatzungszone als auch über die der Universitäten Rostock, Halle und Greifswald lagen keine Informationen vor.[60]

Über die Grundsätze christlich-demokratischer Politik war man sich in Marburg noch „gesamtdeutsch" einig. Ebenso war man zur Zusammenarbeit über die Zonengrenze hinweg bereit. Als besonderes Anliegen schlugen die Jenenser Vertreter der Versammlung Freundschaftsverhältnisse zwischen westdeutschen und mitteldeutschen CDU-Hochschulgruppen vor, um auf diese Weise mitteldeutschen CDU-Studenten doch noch Stipendien zahlen und ihnen im Falle einer Flucht aus der sowjetischen Besatzungszone bei der Immatrikulation im Westen an der jeweiligen (Freundschafts-)Universität helfen zu können.[61] Über die Form einer „gesamtdeutschen" Organisation gingen die Meinungen allerdings auseinander. Die Voraussetzungen der CDU-Hochschulgruppen in den einzelnen Besatzungszonen und ihre dort gemachten Erfahrungen waren zu unterschiedlich.[62]

So bestimmte man unter dem Vorsitz des Leipziger CDU-Hochschulgruppen-Vorsitzenden Mau lediglich einen Vorbereitenden Ausschuß mit 13 Vertretern (wahrscheinlich für Folgetagungen) und betraute die Leipziger Gruppe auch noch mit der Nachorganisation. Als Empfehlung wurde den Vertretern mitgegeben, die Frage der Freundschaftsverhältnisse ebenso wie einen Zeitungsaustausch in bilateralen Verhandlungen zu klären.[63]

Zu einem weiteren „gesamtdeutschen" Treffen, welches Mau spätestens für das Frühjahr 1948 vorgesehen hatte, kam es allerdings nicht mehr. Die Entwicklung in der sowjetischen Besatzungszone ging über alle diese Pläne hinweg.[64]

IV. Entwicklung und Ende der CDU-Hochschulgruppen in der SBZ/DDR

Als die Außenministerkonferenz der vier Siegermächte im März/April 1947 in Moskau an unüberbrückbaren Gegensätzen in den Fragen der künftigen staatlichen Neuordnung Deutschlands, der Reparationen und der Kontrolle über das Ruhrgebiet scheiterte, starteten die USA kurz darauf das Wiederaufbauprogramm des Marshall-Planes in Europa unter Einbeziehung der drei westlichen Besatzungszonen Deutschlands. Da die Sowjetunion und die von ihr dominierten Staaten die Einbeziehung in die Marshall-Plan-Hilfe ablehnten, vertiefte sich die Teilung Deutschlands weiter. Die auf Initiative des bayerischen Ministerpräsidenten Ehard zusammengetretene Ministerpräsidentenkonferenz aller vier Zonen vom 5. bis 7. Juni 1947 in München scheiterte. Die Außenministerkonferenz im Dezember 1947 in London führte zum endgültigen Bruch zwischen den drei Westmächten und der Sowjetunion. Der „Ost-West-Gegensatz" war in den „Kalten Krieg" übergegangen.

Unmittelbar nach dem Marburger Treffen der Unionsstudenten Anfang März 1947 begann deshalb die Auseinanderentwicklung der Hochschulgruppen in der sowjetischen Besatzungszone und dem Ostsektor von Berlin einerseits und den drei westlichen Besatzungszonen und der Westsektoren von Berlin andererseits unumkehrbar zu werden. Eine „gesamtdeutsche" Organisation der christlich-demokratischen Hochschulgruppen wurde dadurch unmöglich.

Spätestens nach dem Debakel der SED-Vertreter bei den ersten allgemeinen Studentenratswahlen in der sowjetischen Besatzungszone und in Berlin im Wintersemester 1946/47 dürfte der SED und der sowjetischen Besatzungsmacht klar gewesen sein, daß sie die Hochschulen auf dem demokratischen Weg der allgemeinen Wahlen auf studentischer Ebene nicht in den Griff bekommen würden. Um den Zufluß „bürgerlicher" Studenten zu verhindern, begann man daher, die Zulassungsbestimmungen und die Besetzung der Zulassungskommissionen zu verändern. Durch Stipendienvergabe „beeinflußbare" Studenten sollten gefügig gemacht werden. Die Wahlordnungen wurden manipuliert, um die Aufstellung „bürgerlicher" Kandidaten zu erschweren.[65] Wo das nicht ausreichte, setzte man mißliebige Studenten unter Druck oder relegierte bzw. verhaftete sie mit fadenscheinigen Begründungen. Dennoch sollte es über fünf Jahre dauern, bis der letzte organisierte Widerstand der CDU-Hochschulgruppen (und natürlich auch der LDP-Hochschulgruppen und vieler Parteiloser) gegen die Instrumentalisierung der mitteldeutschen Hochschulen für die Interessen der SED gebrochen war.

Durch den 1948 erfolgten Zusammenschluß der politischen Hochschulgruppen in „Demokratische Blocks" konnte die Handlungsfähigkeit der CDU- und LDP-Hochschulgruppen weiter eingeengt werden. Außerdem wurden die Wahlordnungen für die Studentenratswahlen im WS 1948/49 durch die Zusammenlegung von Wahlkreisen und

Manipulationen bei der Kandidatenaufstellung weiter zuungunsten der „bürgerlichen Gruppen" verändert. Mit dem Beginn des WS 1949/50 gliederte man die bisherigen Vorstudienanstalten als Arbeiter- und Bauernfakultäten den Universitäten an. Zu den vierten Studentenratswahlen erließ das Ministerium für Volksbildung der gerade gegründeten DDR im Dezember 1949 eine neue Wahlordnung, die in den Einheitslisten der Nationalen Front ihr Vorbild hatte. Nach dieser Wahlordnung durften Kandidaten nur noch auf Mitgliederversammlungen der an den Universitäten zugelassenen Massenorganisationen FDJ, FDGB, „Gesellschaft für Deutsch-Sowjetische Freundschaft" und „Kulturbund zur demokratischen Erneuerung Deutschlands" nominiert werden. Dadurch sollte das für Wissenschaft und Demokratie im vergangenen Jahr an den Universitäten sich schädlich auswirkende „Parteiengezänk" ausgeschaltet werden, wie es in der Begründung der Anordnung lautete.

Anfang 1947 gründete man in Jena zusätzlich zu dem Referat Akademische Jugend des Landesverbandes einen Universitätsausschuß der CDU Jena, um die Rahmenbedingungen für die Arbeit der CDU-Hochschulgruppe bzw. -Betriebsgruppe „Universität" zu verbessern. Vorsitzender dieses Universitätsausschusses wurde Peter Scholz.[66] Neuer Jugendreferent des CDU-Landesverbandes Thüringen in Weimar wurde Kurt Hellwig.[67] Die CDU-Hochschulgruppe hatte mittlerweile einen eigenen Schaukasten vor der Mensa der Universität.[68]

Im Frühjahr 1947 kam es in der Universität zu schärferen Auseinandersetzungen um die Zulassung von ehemaligen Offizieren: Von den Zulassungskommissionen, in denen die CDU-, LDP-Vertreter und Parteilose unverändert gut zusammenarbeiten, bereits zum Studium zugelassene ehemalige Offiziere wurden durch einen Überprüfungsausschuß, in dem die SED das Übergewicht hatte, exmatrikuliert. Nur durch das Eingreifen der SMA, die sich von den Argumenten der CDU-Vertreter überzeugen ließ, konnte die Wiederzulassung von 60 ehemaligen Offizieren erreicht werden.[69]

Trotz aller Bemühungen blieb der CDU-Betriebsgruppe „Universität" im November 1947, als neben der schon länger bestehenden SED-Betriebsgruppe auch eine LDP-Betriebsgruppe an der Universität genehmigt wurde, die Anerkennung weiter versagt.[70] Um bedürftigen CDU-Studenten, die keine Stipendien erhielten, das Weiterstudium zu ermöglichen, warb die CDU-Hochschulgruppe zu dieser Zeit im ganzen Landesverband um Spenden.[71] Aufgrund der veränderten Zulassungsbestimmungen betrug der Anteil der CDU-Mitglieder unter den Studienanfängern des Wintersemesters 1947/48 zwar nur noch einen Bruchteil gegenüber den Mitgliedern der SED.[72] Durch die Aktivierung aller Kräfte und die Werbung von CDU-Mitgliedern aus der Arbeiter- und Bauernschaft für das Studium an der Vorstudienabteilung,[73] die der Universität zu Beginn des Wintersemesters 1947/48 angegliedert worden war,[74] versuchte man dieser ungünstigen Entwicklung entgegenzuwirken.

Diese Anstrengungen waren zunächst auch erfolgreich. Die Studentenratswahlen am 16. Dezember 1947 führten trotz aller Behinderungen bei der Aufstellung „bürgerlicher" Kandidaten, Manipulationen bei der Einteilung der Wahlkreise und der erstmaligen Stimmberechtigung der Vorstudienabteilung mit sieben Sitzen für Kandidaten der SED, je sechs Sitzen für Kandidaten der CDU und der LDP und einem Sitz für einen Parteilosen erneut zu einer klaren nichtkommunistischen Mehrheit. Der SED-Forderung nach dem Vorsitz im neugewählten Studentenrat für sich als stärkster Gruppe entsprach die Mehrheit des Studentenrats nicht, sondern wählte den bisherigen Vorsitzenden Bernhard Reichenbach mit allen nichtkommunistischen Stimmen wieder zu seinem Vorsitzenden.[75]

Doch nun griffen das Thüringische Volksbildungsministerium und die SMA ein. Die Wahl Reichenbachs wurde nicht bestätigt. Die Studentenratsmitglieder wurden solange unter Druck gesetzt, bis eine Mehrheit für den SED-Kandidaten zustande kam. Den vier Mitgliedern des Studentenrats, die dennoch standhaft geblieben waren (unter ihnen Albrecht Magen), kündigte man die Relegation an. Als auch noch bekannt wurde, daß die sowjetische Geheimpolizei NKWD belastendes Material über Magen sammelte, mußte dieser fliehen.[76] Wenig später folgte auch Scholz, nachdem sein enger Freund Wehner schon verhaftet worden war.[77]

Auch nach dem Verlust der „Bastion Studentenrat" gaben die Mitglieder der CDU-Hochschulgruppe (ebenso wie die der LDP) nicht auf. Hans Beitz wurde Vorsitzender.[78] Man versuchte der SED-Propaganda mit der Verteilung von verbotenen Broschüren, Zeitungen und Flugblättern zu begegnen und Parteimitglieder, Kommilitonen und Bevölkerung zum Beispiel über die wahren Hintergründe der Absetzung von Jakob Kaiser als Vorsitzender der Zonen-CDU aufzuklären.[79]

Der Versuch, das manipulierte Nominierungsverfahren im Mai 1949 nachhaltig zu durchbrechen, scheiterte knapp. Doch konnten sowohl in den Studentenrat als auch in die Fakultätsräte noch einzelne CDU-Studenten einziehen.[80] Bei den Studentenratswahlen am 8. und 9. Februar 1950, die nach einer Einheitsliste erfolgten, waren nach offiziellen Angaben immerhin knapp 30 % Stimmen ungültig.[81]

Der sowjetische Geheimdienst MWD entschloß sich nun, ein Exempel zu statuieren. Er verhaftete am 31. Oktober 1950 Beitz und Helga Kämpfe, Vorsitzende der CDU-Fakultätsgruppe Philosophie. Kurz darauf, in der Nacht zum 24. November 1950, inhaftierte er mit Unterstützung des Staatssicherheitsdienstes jeder DDR eine weitere Anzahl von Studenten und anderen Bewohnern Jenas. Einige von ihnen wurden kurz darauf wieder freigelassen. Zehn Personen dieser „Gruppe" wurden am 18. Januar 1951 vom Sowjetischen Militärtribunal (SMT) in Weimar wegen antisowjetischer Hetze und zum Teil auch wegen „illegaler Gruppenbildung" zu 25 Jahren Zwangsarbeitslager (in einem Fall zehn Jahre) verurteilt.[82] Die CDU-Hochschulgruppe Jena hatte damit de facto aufgehört zu existieren.

In Berlin führte die SMA bereits während des Marburger Treffens ihren ersten großen Schlag gegen Aktivisten der CDU-Hochschulgruppe (gleichzeitig zumeist auch führend in der Jungen Union tätig) im Rahmen einer – wie sich bald herausstellte – zonenweiten Verhaftungsaktion. Zwischen dem 8. und dem 19. März 1947 wurden durch die sowjetische Geheimpolizei NKWD die Studentin Gerda Rösch, Mitglied im Zulassungsausschuß, und der CDU-Studentenrat Manfred Klein, der vermutlich auch im Zulassungsausschuß tätig war, verhaftet. Festgenommen wurden außerdem die CDU-Studenten Wolfgang Schipke und Joachim Wolf und, kurz nach seiner Rückkehr aus Marburg am 13. März 1947, auch noch der Vorsitzende der CDU-Hochschulgruppe Georg Wrazidlo zusammen mit dem ihn begleitenden parteilosen Studenten Reinhard Praus.[83]

Nachdrückliche Proteste der SPD-Hochschulgruppe, des gesamten Studentenrats, der Stadtverordnetenversammlung, der CDU, der Jungen Union und anderer CDU-Hochschulgruppen blieben erfolglos. Der sowjetische Universitätsoffizier erklärte dem Studentenrat lediglich, man habe Beweise, daß die Verhafteten einer faschistischen Untergrundbewegung angehört hätten, was in Anbetracht der Anerkennung von Georg Wrazidlo als „Opfer des Faschismus" besonders widersinnig wirkte.[84] Außerdem, so meinte der Universitätsoffizier, sollten sich die Studenten so verhalten, daß Verhaftungen nicht nötig wären.[85]

Jakob Kaiser, der Vorsitzende der Ost-CDU in der SBZ, und sein Stellvertreter thematisierten die Verhaftungen erfolglos gegenüber der SMAD. Auch ein Brief des Studentenrats an die Alliierte Kontrollkommission bewirkte nichts. Die Verhafteten blieben verschwunden.[86] Man konnte ohnehin nicht feststellen, daß sich die Westmächte sonderlich um verhaftete Kommilitonen kümmerten, obwohl sie über die Situation an der Humboldt-Universität genau informiert waren.[87]

Die CDU-Hochschulgruppe setzte ihre Arbeit jedoch fort. Nachfolger im Vorsitz wurde zunächst Franz Amrehn. Auf ihn folgte kurz darauf Ernst Benda, der die CDU-Hochschulgruppe bisher schon als Hochschulreferent im Landesjugendsekretariat („Landesjugendsekretariat der Jungen Union Berlin") betreut hatte.[88] Stellvertretender Vorsitzender war in dieser Zeit der Jurastudent Horst Selle.[89] Zur Verbesserung der Arbeitsmöglichkeiten beantragte man im Herbst 1947 gemeinsam mit den Hochschulgruppen der SPD und der LDP die offizielle Zulassung der Parteihochschulgruppen an der Universität.[90]

Die Gegensätze zwischen dem Studentenrat und der Zentralverwaltung für Volksbildung verschärften sich weiter. Der Vorsitzende des Studentenrats, Otto Heß (SPD), trat im Herbst 1947 aus Protest gegen die fortwährenden Eingriffe der Zentralverwaltung in die Hochschulautonomie von seinem Amt zurück.[91] Die Zulassung „bürgerlicher" Studenten wurde weiter erschwert.[92] Die Neuwahlen zum Studentenrat der Universität Berlin am 11. Dezember 1947 belegten die trotzdem unverändert freiheitlich-demokratische Orientierung der großen Mehrheit der Berliner Studentenschaft. Von 30 Studentenrats-Sitzen entfielen drei auf Kandidaten der SED, drei auf Kandidaten der CDU (unter ihnen Benda), zwei auf Kandidaten der SPD, ein Sitz auf einen LDP- und 21 Sitze auf parteilose Kandidaten.[93]

Dessen ungeachtet nahm der Druck auf die freiheitlich-demokratischen Studenten und Studentengruppen zu. Am 7. Januar 1948 wurde der CDU-Student Franz Giersch verhaftet.[94] Am 16. April 1948 relegierte die Zentralverwaltung, ohne sich um die disziplinarrechtliche Zuständigkeit der Universität zu kümmern oder Betroffene überhaupt zu hören, den Vorsitzenden der SPD-Hochschulgruppe, Otto Stolz, und die Herausgeber der Studentenzeitschrift „Colloquium", Otto Heß (SPD) und Joachim Schwarz (CDU).[95]

Mit dieser vollständigen Mißachtung der geltenden Bestimmungen hatte die Zentralverwaltung den Bogen allerdings überspannt. An einer Protestveranstaltung in dem im britischen Sektor an der Sektorengrenze gelegenen Hotel Esplanade nahmen 2.000 Studenten teil. Auf einer Sondersitzung am 21. April 1948 verabschiedete der Studentenrat auf Antrag von Benda mit 18 gegen drei Stimmen eine Resolution, in der man sich gegen die Maßnahmen der Zentralverwaltung aussprach und von dieser eine Überprüfung der Angelegenheit forderte.[96] Als diese und andere Resolutionen keine Änderung der Haltung der Zentralverwaltung erbrachten, trat der Studentenrat aus Protest zurück. Eine Fortführung seiner Arbeit war für ihn vor diesem Hintergrund unmöglich.[97]

Aufgerüttelt durch diese Auseinandersetzung beschloß die demokratische Mehrheit der Berliner Stadtverordnetenversammlung die Gründung einer freien Universität, nachdem eigene Verhandlungen mit der Zentralverwaltung über eine Unterstellung der Humboldt-Universität unter die Aufsicht des Berliner Magistrats erfolglos geblieben waren. Von der freiheitlich-demokratisch gesonnenen Mehrheit der Berliner Studentenschaft unterstützt, begannen trotz der mittlerweile durch die sowjetische Besatzungsmacht begonnenen Blockade Berlins die Gründungsvorbereitungen. Am 22. September 1948 verlieh der Magistrat der Freien Universität Berlin den Rechtstitel und erteilte die Genehmigung zur Aufnahme des Unterrichtsbetriebes. Am 4. November 1948 wurde die Satzung der Freien Universität durch die Stadtverordnetenversammlung gebilligt und damit rechtskräftig.[98]

Obwohl die Mehrheit der politisch Aktiven (nur fünf von 30 Studentenräten waren an der Humboldt-Universität geblieben)[99] an die Freie Universität gewechselt war, scheute man sich, an der Humboldt-Universität eine Neuwahl durchzuführen. Trotz erheblichen Terrors gegenüber Andersdenkenden entfielen auf die Einheitslisten der Massenorganisationen bei der Neuwahl des Studentenrates im Februar 1950 nach offiziellen Angaben nur 58,5 % gültige Stimmen. Die ab Oktober 1949 neu aufgebaute CDU-Hochschulgruppe (Betriebsgruppe) an der Humboldt-Universität trat allerdings nicht mehr als eigenständige politische Kraft in Erscheinung.[100]

Die erst im Aufbau befindliche CDU-Hochschulgruppe an der Universität Halle wurde durch Verhaftung des Jugendreferenten der CDU Sachsen-Anhalt, Ewald Ernst, und mehrerer CDU-Studenten am 16. März 1947 im Rahmen der ersten großen zonenweiten Verhaftungsaktion der sowjetischen Besatzungsmacht erschüttert.[101]

„Bürgerliche" Studenten hatten hier im Vergleich zu den anderen Universitäten der sowjetischen Besatzungszone wohl den schwersten Stand, da der „Kurator"[102] dieser Universität, Elchlepp, die Zulassungsbestimmungen radikal im Sinne der Förderung eines Arbeiter- und Bauernstudiums auslegte und dies auch auf interzonalen Tagungen vertrat.[103] Darüber hinaus bekämpfte er oppositionelle Tendenzen in der Studentenschaft nachhaltig.[104] Dennoch konnte die CDU-Hochschulgruppe bei Wahlen zum zweiten Studentenrat im Wintersemester 1947/48 zusammen mit der LDP und parteilosen Studenten immerhin elf von 23 Sitzen erlangen. Da fünf der zwölf SED-Vertreter ebenfalls den „bürgerlichen" Gruppen zuneigten, war eine sichere SED-Studentenratsmehrheit zunächst nicht vorhanden.[105] Doch die CDU-Hochschulgruppe geriet weiter unter Druck. Im Juni 1948 wurde Günter Abramowski, Mitglied im Fakultätsrat der Pädagogischen Fakultät, verhaftet.[106] Bei den im Herbst 1948 fälligen, aber bis Anfang April 1949 herausgezögerten Wahlen zum dritten Studentenrat erhielt eine Einheitsliste von SED, FDJ und FDGB die Mehrheit, nachdem die Aufstellung von Gegenkandidaten der CDU und der LDP mit administrativen Manipulationen im Vorfeld fast vollständig verhindert und beiden Gruppen der Wahlkampf praktisch unmöglich gemacht worden war.[107]

Die CDU-Hochschulgruppe wählte im Juli 1949 als 1. Vorsitzenden Prof. Fascher und als 2. Vorsitzenden den Mathematikstudent Carl-Heinz Evers sowie nach deren Rücktritt im November 1949 erneut Prof. Fascher zum 1. Vorsitzenden und den Theologiestudenten Lohmeyer zum 2. Vorsitzenden.[108] Die mit 20,6 % niedrigste Zahl ungültiger Stimmen im Vergleich aller mitteldeutschen Universitäten für die Einheitsliste der „Kandidaten der nationalen Front" bei den vierten Studentenratswahlen am 8. und 9. Februar 1950[109] und die Zustimmung des aus der CDU-Hochschulgruppe der Universität Halle stammenden Vertreters der CDU auf der Konferenz der FDJ am 1. Februar 1950, Gerald Götting, zum neuen Statut für diese Wahlen[110] belegen allerdings, daß spätestens zu dieser Zeit keine wirkungsvolle studentische Opposition in Halle mehr existent war.[111] Vorhandene Oppositionsreste wurden in der Folgezeit trotzdem verhaftet.[112]

Das Sommersemester 1947 brachte für die „bürgerlichen" Studenten im Studentenrat der Universität Leipzig unter dem Vorsitz von Natonek (LDP) und für die Hochschulgruppen der CDU und der LDP heftige Auseinandersetzungen mit Vertretern der SED insbesondere um die Frage des „Arbeiter- und Bauernstudiums" und die Zulassungen von Studienbewerbern. Die Kräfteverhältnisse zwischen den demokratischen und den kommunistischen Studenten änderten sich aber nicht wesentlich.[113]

Von der ersten Verhaftungswelle im September 1947 wurde die Leipziger CDU-Hochschulgruppe völlig überrascht. Verhaftet wurden neben Angehörigen der „Jungen Gemeinde" der CDU-Hochschulgruppenvorsitzende Hermann Mau, der Zulassungsreferent im Studentenrat Wolfgang Weinoldt (CDU) sowie die CDU-Studenten Werner Ihmels und Luise Langendorf. Mau wurde zwar kurz darauf wieder entlassen, mußte dann aber in den Westen fliehen. Den Vorsitz der CDU-Hochschulgruppe übernahm danach Karl-Heinz Schollbach.[114]

Trotz dieser Ereignisse, des von der SED-gelenkten Presse ausgeübten massiven Drucks und der Veränderung des Wahlstatuts durch die sächsische Landesregierung erlitt die SED bei den zweiten Studentenratswahlen im November 1947 eine noch empfindlichere Niederlage. Sie verfehlte mit acht von 30 Sitzen sogar die zur Verhinderung der Beschlußfähigkeit des Studentenrats notwendige Sperrminorität von einem Drittel der Sitze. Trotz nachhaltiger Proteste und Drohungen der SED und des FDGB wurde Wolfgang Natonek (LDP) am 15. Dezember 1947 als Vorsitzender des Studentenrats wiedergewählt. Zweiter Vorsitzender wurde ein SED-Vertreter. Als Schriftführer bestätigte man Ranft (CDU). Gottfried Berger (CDU) wurde zum Kassenwart gewählt.[115]

Am 18. Juni 1948 wurde die CDU-Hochschulgruppe („CDU-Betriebsgruppe Universität") endlich zugelassen, nachdem die Satzungen der CDU schon vorher geändert worden waren. Eines ihrer besonderen Anliegen war die Unterstützung ihrer Mitglieder in wirtschaftlichen und sozialen Fragen, insbesondere bei den Stipendien. Trotz vielfältiger Angriffe der SED veränderten sich die Mehrheitsverhältnisse in der studentischen Selbstverwaltung nicht.[116]

Im Wintersemester 1948/49 setzte die SED dann alles auf eine Karte. Als die beabsichtigte Änderung des Wahlstatuts, die der SED die Mehrheit bei den anstehenden Wahlen sichern sollte, wegen des Verhandlungsgeschicks von Natonek vom Studentenrat nur erheblich verändert beschlossen wurde, verhaftete man am 11. November 1948 Natonek und zahlreiche weitere Mitglieder der LDP, die vorher schon durch die Sperrung der Stipendien für alle LDP-Studenten unter Druck gesetzt worden waren. Wenige Tage später wurde die LDP-Hochschulgruppe ganz verboten.[117]

Die CDU-Hochschulgruppe versuchte zunächst, über die CDU-Fraktion im sächsischen Landtag eine Änderung des daraufhin erlassenen undemokratischen Wahlstatuts zu erreichen. Als diese Bemühungen erfolglos blieben, wollte sie aus Protest zunächst erst gar nicht zur Wahl antreten. Um den kommunistischen Organisationen das Feld nicht allein zu überlassen, entschloß sie sich, zusammen mit den wenigen verbliebenen LDP-Studenten eigene Kandidaten aufzustellen. Trotzdem konnte die SED bei den Wahlen zum dritten Studentenrat im Dezember 1948 nur aufgrund des neuen Wahlstatuts mit 16 Sitzen die Mehrheit gegenüber elf Vertretern der „bürgerlichen" Seite erringen. Dem neuen (SED-) Vorsitzenden des Studentenrats wurden Berger (CDU) und Hans-Georg Jahn (CDU) zur Seite gestellt.[118]

Die CDU-Hochschulgruppe wurde nach der Zerschlagung der LDP-Hochschulgruppe das neue Zentrum des freiheitlich-demokratischen Lagers an der Universität und wohl auch dadurch mit über 600 Mitgliedern Ende 1949 die stärkste CDU-Hochschulgruppe an den mitteldeutschen Universitäten. Im Frühjahr 1949 gründete sich sogar zu den elf „Unterbetriebsgruppen" der Fakultäten zusätzlich noch eine „Unterbetriebsgruppe Dozenten". In Zusammenarbeit mit der CDU-Fraktion im sächsischen Landtag und mit dem

Unterausschuß für Hochschulfragen beim CDU-Hauptvorstand in Berlin versuchte sie, Verschärfungen der Immatrikulationsrichtlinien und der Stipendienvergabe zu Lasten nichtkommunistischer Studenten zu verhindern und im Rahmen von Studentenratsdelegationen oder auch durch eigene Reisen Außenkontakte aufrecht zu erhalten.[119] Die Instrumentalisierung der Universität Leipzig für die Zwecke der kommunistischen Machthaber machte allerdings jetzt schnellere Fortschritte. Versuche der beiden CDU-Mitglieder im Studentenratsvorstand, etwas über das Schicksal Natoneks zu erfahren, verliefen ergebnislos. Im Gegenzug wurden sie dafür „antisowjetischer Tendenzen" bezichtigt. Aufgrund der Anstrengungen der CDU-Hochschulgruppe unterschrieben mehr als die Hälfte der Leipziger Studenten im Dezember 1949 nicht die Grußadresse der FDJ an Stalin. Anfang Februar 1950 erhielt die Einheitsliste bei der vierten Wahl zum Studentenrat 73,85 % der gültigen Stimmen (das zweitbeste Ergebnis an den mitteldeutschen Universitäten). Allerdings waren auf rund einem Viertel der gültigen Stimmzettel nur die beiden einzigen nichtkommunistischen Kandidaten angekreuzt worden waren.[120] Mit Alfred Vogtmann als Kassenwart wurde zwar noch einmal ein CDU-Student in den Vorstand des Studentenrats gewählt.[121] Trotzdem endete in den folgenden Monaten auch die Existenz der CDU-Hochschulgruppe als eigenständige politische Kraft an der Universität Leipzig.[122]

Trotz der recht knappen „bürgerlichen" Mehrheit im Studentenrat verschärften die sowjetische Besatzungsmacht und die SED auch an der Universität Rostock den Druck. Ab Mitte 1947 erfolgten die ersten Verhaftungen von Studenten.[123] An der Universität hatte sich inzwischen auch eine CDU-Hochschulgruppe konstituiert. Sie war wie in den anderen mitteldeutschen Universitätsstädten mit dem CDU-Kreisverband Rostock verknüpft.[124]

Die Wahlen zum zweiten Studentenrat Anfang 1948 erbrachten an der Universität Rostock mit elf Sitzen für SED-Kandidaten, zwei Sitzen für LDP-Kandidaten, einem Sitz für CDU-Kandidaten und sieben Sitzen für Parteilose eine absolute kommunistische Mehrheit.[125] Ein wesentlicher Grund für dieses Resultat dürfte der Organisationsvorsprung der SED gewesen sein. Dieses Ergebnis hinderte die sowjetische Besatzungsmacht und die SED aber nicht daran, den Druck auf oppositionelle Studenten weiter zu verstärken. Die Verhaftungen wurden fortgesetzt und „reaktionäre" Studentenvertreter zum Rücktritt von ihrem Mandat gezwungen.[126] Erster Vorsitzender der CDU-Hochschulgruppe wurde in dieser Situation im Juni 1948 Gerhard Popp.[127] Ein Vorstandsmitglied der CDU-Hochschulgruppe, der Jurastudent Lorenz, konnte zur gleichen Zeit noch rechtzeitig nach West-Berlin flüchten.[128]

Nach einer Veränderung des Wahlstatus zu ihren Gunsten konnte die SED bei den dritten Studentenratswahlen am 9. Februar 1949 ihre Mehrheit mit 14 Sitzen gegenüber zwei Sitzen der CDU, einem der LDP und sieben Sitzen parteiloser Studenten ausbauen. Dies bedeutete aber nicht das Ende der Oppositionstätigkeit des freiheitlich eingestellten Teils der Studentenschaft, im Gegenteil. Den Vorsprung der SED in Organisation und Taktik versuchten CDU-, LDP- und parteilose Studenten mit Erfolg aufzuholen und nutzten das Forum der öffentlichen Sitzungen des Studentenrats zur Werbung für die eigenen Zielsetzungen.[129] Angesichts der verschiedenen Versuche der SED, mißliebige Studentenräte der Gegenseite „abzuschießen" (und mit Hilfe der SED-durchsetzten Verwaltung auch gleich zu relegieren) traten die parteilosen Studentenräte in die LDP-Fraktion ein.[130] Den Erfolgen dieser Oppositionsarbeit entsprechend verschärften sich die Gegenmaßnahmen der Besatzungsmacht und der SED. Sie trafen zunächst besonders die LDP-Hochschulgruppe als stärkster

Kraft des „bürgerlichen" Lagers an der Universität Rostock. Mit der Verhaftung von Arno Esch, Friedrich Franz Wiese und ca. zehn weiteren LDP-Studenten eliminierte man am 18. Oktober 1949 und an den folgenden Tagen den aktivsten Kern dieser Gruppe, die kurz darauf auch noch verboten wurde.[131]

Als im Dezember 1949 auch in Rostock eine neue Wahlordnung für den Studentenrat erlassen wurde, die nur noch die Wahl nach Einheitslisten vorsah, und Einsprüche der studentischen Fakultätsvollversammlungen nicht beachtet wurden, änderten die freiheitlich gesonnenen Studenten ihre Strategie. Da es absehbar war, daß die studentischen Gremien ihre bisherige Bedeutung zugunsten der FDJ verlieren würden, beschloß man, soweit möglich die FDJ-Hochschulgruppe zu unterwandern. Die entscheidenden Positionen sollten mit „eigenen" Leuten besetzt werden, um der Instrumentalisierung der Universität für die Zwecke der SED entgegenzusteuern.[132]

Über das Verhalten bei der anstehenden Studentenratswahl am 8. und 9. Februar 1950 konnte man sich allerdings nicht einigen. Während die LDP-Anhänger für einen Wahlboykott eintraten, plädierte die CDU-Hochschulgruppe für die Teilnahme. Bei einer Wahlbeteiligung von ca. 90 % folgten knapp 30 % der Studenten dem Boykottaufruf und gaben ungültige Stimmen ab. Von den 71,2 % gültigen Stimmen erhielt der Vorsitzende der CDU-Hochschulgruppe Gerhard Popp noch vor dem SED-Spitzenkandidaten die meisten Stimmen. Neben ihm konnte auch noch der CDU-Student Bernhard Ohse ein Studentenratsmandat erlangen. Popp wurde daraufhin zum zweiten Vorsitzenden des Studentenrats gewählt. Da die FDJ schnell an Bedeutung gewann, verkümmerte der Studentenrat allerdings rasch zu einem rein repräsentativen Organ.[133]

In der FDJ-Hochschulgruppe besetzten die in zwei Hauptgruppen agierenden „bürgerlichen" Studenten die wichtigsten Positionen und konnten im Zulassungsausschuß, im Stipendienausschuß sowie anderen Gremien oder Gliederungen die politischen Vorhaben der Kommunisten über längere Zeit verhindern und vielen Studenten doch noch die Zulassung oder ein Stipendium ermöglichen.[134]

Bis Anfang 1951 existierten außerdem noch die Fakultätsräte, welche die SED noch nicht unter ihre Kontrolle bekommen hatte. So bestand im Fakultätsrat der Pädagogischen Fakultät Anfang 1951 mit je einem SED- und LDP-Mitglied, drei CDU-Mitgliedern und einem parteilosen Studenten eine deutliche „bürgerliche" Mehrheit.[135]

Über die Schritte der FDJ-/SED-Mehrheit waren die beiden CDU-Studentenräte gut informiert, da sich in deren Fraktionen auch Angehörige der Widerstandsgruppen befanden. Sie konnten sich daher entsprechend vorbereiten.[136] Als sich Ohse jedoch auf einer Vollversammlung der Studentenschaft bei einer Resolution gegen „die angloamerikanischen Monopolkapitalisten und deren Handlanger, die Adenauer, Schumacher und Konsorten" der Stimme enthielt, dieses Verhalten dann im Studentenrat zur Sprache gebracht wurde und nicht auf einhellige Ablehnung stieß, war der Anlaß für eine erste Verhaftungswelle gegeben. Popp und der parteilose Studentenrat Roland Bude wurden am 12. und 13. Juli 1950 als erkannte oder vermutete Widerstandskämpfer verhaftet. Ohse, der Kadersekretär der FDJ, Egon Klepsch, und eine Anzahl weiterer Studenten konnten jedoch noch gewarnt werden und nach West-Berlin flüchten.[137] Die zwei Widerstandsgruppen arbeiteten trotzdem weiter.

Am 18. Januar 1951 wurde das Vorstandsmitglied der CDU-Hochschulgruppe, Franz Bail, verhaftet.[138] Mitte 1952 wurden beide Widerstandsgruppen endgültig zerschlagen. Dabei bewährte sich wie schon Mitte 1950 erneut das innerhalb der Gruppen aufgebaute Warnsystem, so daß die meisten ihrer Mitglieder noch rechtzeitig fliehen konnten.[139]

Im Gegensatz zu allen anderen Universitäten konnten die „bürgerlichen" Gruppen an der Universität Greifswald ihre Mehrheit auch bei den dritten Studentenratswahlen im Wintersemester 1948/49 knapp verteidigen.[140] Offiziell zugelassen wurde die CDU-Hochschulgruppe auch an der Universität Greifswald erst im Sommersemester 1949. Den Rahmen für die Tätigkeit der CDU-Studenten an der Universität Greifswald bildete bis zu diesem Zeitpunkt der Ausschuß für Hochschulpolitik des CDU-Kreisverbandes Greifswald unter Leitung des CDU-Kreisjugendreferenten Hans-Hinrich Jensen, der auch dem Studentenrat sowie dem Fakultätsrat der Theologischen Fakultät angehörte. Die CDU-Hochschulgruppe unterhielt in der Mensa eine regelmäßig aktualisierte Wandzeitung. Sie engagierte sich gegen die politische Instrumentalisierung des Zulassungsverfahrens und der Stipendienvergabe sowie gegen Einschränkungen von Lehr- und Forschungsfreiheit.[141] Erster Vorsitzender der offiziell zugelassenen CDU-Hochschulgruppe wurde Manfred Schmidt. Ihm folgte kurz darauf Klaus-Peter Sogalla, zweiter Vorsitzender wurde Hans-Georg Weigelt.[142] Anstelle von Sogalla wurde Annerose Dietrich im Wintersemester 1949/50 1. Vorsitzende der CDU-Hochschulgruppe.[143] Intensive Bemühungen der CDU-Hochschulgruppe, den Modus der Einheitslistenwahl zum vierten Studentenrat zu verhindern, scheiterten im Vorfeld sowie nach Erlaß der Wahlordnung an Geschäftsordnungsmanipulationen in der Vollversammlung der Studentenschaft.[144] Mit (offiziell) nur 67,2 % gültigen Stimmen für die Einheitsliste, dem zweitschlechtesten Ergebnis aller mitteldeutschen Universitäten, quittierte die dortige Studentenschaft das Verfahren.[145] Auch in Greifswald gab es darüber hinaus inoffizielle Gesprächskreise, in denen CDU-

Studenten aktiv waren. Ein aus der Evangelischen Studentengemeinde heraus entstandener Gesprächskreis, der Literatur aus West-Berlin besorgte und unter den Studenten verteilte, wurde im Sommersemester aufgedeckt. Ein anderer Gesprächskreis versammelte sich um den nach heftigen politischen Auseinandersetzungen zwangsweise von der Universität Halle an die Universität Greifswald versetzten Prof. Erich Fascher.[146] Trotz der schwindenden Möglichkeiten zu politischen Aktivitäten widersetzte sich die CDU-Hochschulgruppe seit Mitte 1951 mit Reinmar Tschirch als 1. Vorsitzendem noch bis Ende 1952 nachhaltig dem Gleichschaltungsdruck der CDU-Parteileitung.[147]

An der Technischen Hochschule Dresden wählte die nichtkommunistische Mehrheit nach den für sie erfolgreichen Wahlen im Wintersemester 1946/47 Karl-Heinz Münch (LDP) zum Studentenratsvorsitzenden.[148] Die SED verfehlte bei den Neuwahlen im Wintersemester 1947/48 erneut die Mehrheit. Daraufhin schloß man der Hochschule die Vorstudienanstalten an, deren vier Vertreter der SED die Mehrheit verschafften. Die Studentenräte der CDU und der LDP sowie zwei Studentenräte der SED traten aus Protest gegen diese Maßnahme von ihren Ämtern zurück. Die von CDU und LDP im Anschluß daran vorbereitete Neuwahl wurde verboten. Die CDU-Hochschulgruppe arbeitete dennoch zumindestens bis Ende 1951 weiter.[149]

Anfang 1948 wurde auf Befehl der SMA die Brandenburgische Landeshochschule in Potsdam gegründet, um ein „fortschrittliches" Gegengewicht zu den alten Universitäten zu schaffen, wurde. Dem ersten „provisorischen" Studentenrat gehörten fünf SED-Studenten, der zu dieser Zeit einzige CDU-Student als zweiter Vorsitzender sowie der einzige LDP-Student an. Eine CDU-Hochschulgruppe (Betriebsgruppe) konstituierte sich erst am 15. November

1949.[150] Anfang 1951 floh der Vorsitzende der CDU-Hochschulgruppe in Potsdam und Hauptreferent des dortigen Studentenrats, Johannes Müller, nach West-Berlin.[151] Daraufhin wurde die gesamte CDU-Hochschulgruppe Potsdam unter Polizeiaufsicht gestellt.[152]

V. Überregionale Zusammenarbeit und Gleichschaltung

Relativ unkomplizierte Möglichkeiten zur überregionalen Kontaktaufnahme und Zusammenarbeit der CDU-Hochschulgruppen in der sowjetischen Besatzungszone und in (Ost-)Berlin existierten erst nach dem ersten studentischen Zonenkongreß vom 19. bis 22. Juni 1947 in Halle. Dort hatte sich auf Antrag der Berliner Delegierten der „Studentische Zonenrat für die sowjetischen Besatzungszone" konstituiert. Zu seinem Vorsitzenden wurde bei einem knappem Übergewicht der nichtkommunistischen Vertreter Wolfgang Hildebrandt (SED, vorher SPD) aus Rostock gewählt. Bernhard Reichenbach (LDP) aus Jena wurde sein Sekretär.[153]

Möglichkeiten zu Treffen und Kontakten boten auch Tagungen der Jungen Union, CDU-Parteitage sowie das Jugendreferat (= Zonen-Junge Union) der CDU-Reichsgeschäftsstelle in Berlin, das schon 1946 begonnen hatte, die CDU-Hochschularbeit zu koordinieren.[154]

Ab 1948 standen diese Institutionen nicht mehr zur Verfügung. Die Junge Union hatte Anfang 1948 auf Zonenebene wegen des zunehmenden Gleichschaltungsdrucks von Seiten der SMA beschlossen, die Arbeit einzustellen, und war im Februar 1948 von der SMA auch noch verboten worden. Nach dem Sturz Reichenbachs in Jena und dem Rücktritt Hildebrandts wurde auch der Studentische Zonenrat ab Ende 1948 endgültig kommunistisch beherrscht. Auf eine Initiative der CDU-Hochschulgruppe Halle Ende März 1949 hin konstituierte sich am 12. Juli 1949 als neue Plattform zur überregionalen Koordination der Unterausschuß für Hochschulfragen des Kulturausschusses beim CDU-Hauptvorstand in Berlin.[155] Durch diese überregionalen Kommunikationsebenen konnten die CDU-Hochschulgruppen ihrer zunehmenden Isolierung vor Ort entgegenwirken. Die Kontaktmöglichkeiten der studentischen Gremien wurden dafür ebenfalls genutzt.

An den monatlichen Sitzungen dieses Unterausschusses in Berlin nahmen alle Vorsitzenden der CDU-Hochschulgruppen teil. Dort wurden Erfahrungen ausgetauscht, Aktionen wie die Werbung von CDU-Anhängern für ein Studium an der „Arbeiter- und Bauernfakultät" in Jena zur Nachahmung empfohlen und gemeinsame Vorgehensweisen beispielsweise bei Zulassungs- und Stipendienfragen besprochen. Als zonenweites Informationsblatt wurde ab September 1949 „Die UNION-Betriebsgruppe-Hochschulgruppen" herausgegeben, deren Redaktion die CDU-Hochschulgruppe Leipzig als stärkste Gruppe ab der zweiten Ausgabe übernahm.[156] Aufgrund der zunehmenden Gleichschaltung der oberen Parteigremien der CDU in der sowjetischen Besatzungszone blieb die Arbeit des Unterausschusses politisch weitgehend wirkungslos.[157]

Im Gegenteil, der Unterausschuß unterstützte und forcierte zunehmend die Gleichschaltung der CDU-Hochschulgruppen. So rief er am 20. Juni 1950 auf Antrag des Vorsitzenden der CDU-Hochschulgruppe an der Humboldt-Universität Berlin, Heinz-Wolfram Mascher, die einzelnen Gruppen einstimmig dazu auf, unter ihren Mitgliedern die Werbung für die FDJ und für eine aktive Mitarbeit in ihr zu verstärken.[158] Im Protokoll der Sitzung des Unterausschusses am 6. Dezember 1950 notierte der zuständige Mitarbeiter der CDU-Hauptgeschäftsstelle Günter Wirth als Resultat der von ihm und dem Vorsitzenden der CDU-Hochschulgruppe Berlin Mascher gemachten Hochschulbesuche,

„daß im Augenblick mit Ausnahme der Hochschulgruppen Halle und Jena das politische Niveau zumindest tragbar ist; in Potsdam und in Berlin sogar ein gutes darstellt. Aus der Lage an den Universitäten konnten folgende Konsequenzen gezogen werden: a) In Übereinstimmung mit den Forderungen Walter Ulbrichts ist im Augenblick die wichtigste Aufgabe der Studenten: Das Studium. b) Die gesellschaftliche Tätigkeit muß mit dem Studium in Verbindung gebracht werden; das kann am besten durch eine intensive Schulungsarbeit erreicht werden. c) Es darf aber keinen Studenten geben, der sich seiner gesellschaftlichen Aufgabe entzieht. Jeder CDU-Student muß in einer gesellschaftlichen Organisation tätig sein. Multifunktionärtum muß ausgemerzt werde – dafür muß erreicht werden, daß jeder CDU-Student eine verantwortliche Aufgabe in einem Ausschuß oder einer Massenorganisation erhält."[159]

In der Sitzung des Unterausschusses am 25. September 1951 wurde Günter Wirth auf Vorschlag des CDU-Hauptvorstandes zum Vorsitzenden gewählt.[160] Im Protokoll der Sitzung des Hochschulausschusses am 6. Oktober 1952 hielt Wirth fest:

„Einleitend referierte Unionsfreund Günter Wirth über die Situation der Hochschulgruppen und stellte fest, daß in den Hochschulgruppen völlige Klarheit über die Rolle der Universität beim sozialistischen Aufbau, über die Stellung der christlichen Studenten an den Universitäten und über das Verhältnis der Hochschulgruppen zu den Parteiorganisationen der SED und zu den anderen christlichen Studenten hergestellt werden müßte. Im einzelnen führte er aus, daß mit Hilfe der Gesellschaftswissenschaften die Universitäten eine neue tragende Mitte erhalten haben, die es ihnen ermöglicht, die wissenschaftlichen Kader für den sozialistischen Aufbau zu entwickeln. Die christlichen Studenten müssen die Ergebnisse und Erkenntnisse der fortschrittlichen Wissenschaften, insbesondere der Gesellschaftswissenschaften anerkennen und müssen erkennen, daß sie nicht im Widerspruch zum christlichen Glauben stehen, weil dieser auf einer ganz anderen Ebene wirksam wird. Die Hochschulgruppen haben die führende Rolle der SED anzuerkennen – was das Verhältnis zu den anderen christlichen Studenten betrifft, so muß es ein solches der hilfreichen Unterstützung und Aufklärung werden. Zu diesem Zwecke müssen die Hochschulgruppen – insbesondere ihre Vorstände – zu einem Zentrum fortschrittlicher Arbeit aus dem Geiste des Christlichen Realismus werden; zu diesem Zweck müssen alle Kräfte aus unseren Hochschulgruppen entfernt werden, die, wie z. Bsp. der Schollbach in Leipzig gezeigt hat, das Ansehen der Hochschulgruppen diskreditieren."[161]

Die CDU-Hochschulgruppen waren deshalb bei kritischen Fragen unverändert auf die schon seit 1947 bestehenden direkten Kontakte untereinander angewiesen.[162] Aufgrund dieser Kontakte war man in der Lage, den Versuch einiger Funktionäre des CDU-Hauptvorstandes, unter ihnen Günter Wirth und Heinz-Wolfram Mascher, zu unterlaufen, im Anschluß an eine Initiative des DDR-Ministerpräsidenten Otto Grotewohl 1952 die Theologischen Fakultäten aus den Universitäten herauszulösen und eine kirchliche Hochschule zu gründen. Auf einem von der Parteiführung organisierten Treffen von CDU-Theologie-Studenten am 22. September 1952 in Leipzig wurde dieser Vorschlag der CDU-Führung geschlossen abgelehnt.[163]

Auf ihrem 6. Parteitag in Meißen vom 16. bis 18. Oktober 1952 erkannte die Ost-CDU den Führungsanspruch der SED ausdrücklich an. Nachdem sich die CDU-Hochschulgruppen bereits an den Universitäten und Hochschulen der DDR dem Führungsanspruch der FDJ hatten unterwerfen müssen und nicht mehr als eigenständige politische Kraft existierten, beendete die innerparteiliche Durchsetzung der Beschlüsse des Meißener Parteitages auch deren Eigenständigkeit und Einflußmöglichkeiten innerhalb der CDU.[164]

VI. Zusammenfassung

Die Instrumentalisierung der Hochschulen der sowjetischen Besatzungszone für die Zwecke der SED ebenso wie die Zerschlagung der CDU-Hochschulgruppen in der sowjetischen Besatzungszone und in (Ost-)Berlin konnte durch das Engagement der CDU-Studenten nur verzögert werden. Doch die Studenten der CDU wollten ebenso wie die Studenten der LDP und parteilose Studenten nicht übergangslos von einem totalitären Regime in das nächste geraten und verteidigten ihre Freiheit mit allen ihnen verfügbaren Mitteln, auch wenn sie dabei aus der heutigen Sicht im Laufe der Zeit manchmal unverständliche Kompromisse eingingen bzw. eingehen mußten.[165]

Damit zwangen sie aber die sowjetische Besatzungsmacht und die SED, ihr wirkliches Verständnis von Freiheit, Demokratie und Gerechtigkeit zu zeigen. Den Studenten der drei westlichen Besatzungszonen und West-Berlins wurde dadurch deutlich gemacht, daß eine Einheit Deutschlands nur in Freiheit erstrebenswert war, Freiheit aber verteidigt sein wollte.[166] Das Schicksal der Studentenvertreter in der sowjetischen Besatzungszone prägte die politische Grundorientierung der Studenten in der Bundesrepublik Deutschland bis in die Mitte der sechziger Jahre.[167]

Anmerkungen

1 Vgl. Brief von Dr. Wolfgang Seibert, 11.6.1986; Brief von Karl-Heinz Schollbach, 17.8.1986; Brief von Dr. Albrecht Magen, 26.8.1986; Winfried Becker, CDU und CSU 1945–1950. Vorläufer, Gründung und regionale Entwicklung bis zum Entstehen der CDU-Bundespartei (Studien zur politischen Bildung, 13). Mainz 1987, S. 190. Alle zitierten, nicht näher zugeordneten Briefe, Vermerke und sonstigen Materialien sowie das Privatarchiv Dr. Peter Scholz (PAS) befinden sich im Besitz des Verfassers.

2 Vgl. Brief des Jugendreferates der CDU Thüringen an Peter Scholz, 24.10.1946 (PAS); Heinz Schwarz, Junge Union Deutschlands. Handbuch 1957. Hamburg 1957, S. 23; Becker, siehe Anm. 1, S. 234.

3 Vgl. Gespräch mit Dr. Peter Scholz, 5.8.1986; Wintersemester (WS) 1946/47 – Bericht von Peter Scholz für die CDU Thüringen vom 10.2.1947 (PAS); Brief von Schollbach, 17.8.1986. Marianne Müller/Egon Erwin Müller, „... stürmt die Festung Wissenschaft!". Die Sowjetisierung der mitteldeutschen Universitäten seit 1945. Berlin 1953 (Reprint 1994), S. 111ff., geht auf diese Details nicht näher ein.

4 Vgl. Gespräch mit Scholz, 5.8.1986; Telefonat mit Alfred Sagner, 6.7.1986; Brief von Seibert, 11.6.1986; Brief von Dr. Günter Abramowski, 24.4.1990; vgl. den Beitrag von Ralf Thomas Baus in diesem Buch.

5 Vgl. Manfred Klein, Jugend zwischen den Diktaturen 1945–1956, Mainz 1968, S. 38: Franzkowiak war auch schon von den Nationalsozialisten verfolgt worden; Becker, siehe Anm. 1, S. 206.

6 Vgl. Klein, siehe Anm. 5, S. 72; Günter Buchstab (Hrsg.), Verfolgt und entrechtet. Die Ausschaltung Christlicher Demokraten unter sowjetischer Besatzung und SED-Herrschaft 1945–1961. Düsseldorf 1998, S. 41.

7 Vgl. Brief von Sagner an Scholz, 5.11.1946 (PAS); Klein, siehe Anm. 5, S. 74f.

8 Vgl. Telefonat mit Seibert, 6.7.1986 und 30.8.1986; Telefonat mit Sagner, 6.7.1986.

9 Vgl. Telefonat mit Sagner, 6.7.1986; Becker, siehe Anm. 1, S. 206.

10 Vgl. Briefe des Jugendreferates („Abteilung Jugend") der CDU Thüringen an Werner Neumann und Peter Scholz vom 5.9.1946, 9.10.1946, 24.10.1946 und 6.12.1946 (alles PAS); Telefonat mit Seibert, 30.8.1986. Die Beschreibung von Becker, siehe Anm. 1, S. 206, ist insoweit ungenau.

11 Vgl. Telefonat mit Sagner, 6.7.1986; Schreiben von Ewald Ernst, 8.6.1986. Fritz Klauck, Junge Union contra Sowjetmacht, in Schwarz, siehe Anm. 2, S. 23 siedelt Ernst irrtümlich in Dresden an.

12 Vgl. Brief von Seibert, 11.7.1986. Becker, siehe Anm. 1, S. 206, führt als Repräsentanten der Parteijugend auch noch Ferdinand Treimer für die Provinz Sachsen, Hermann Gerigk für den Landesverband Brandenburg und Wilfried Parge für den Landesverband Mecklenburg-Vorpommern auf.

13 Vgl. Müller, siehe Anm. 3, S. 35; Johannes Weberling, Für Freiheit und Menschenrechte. Der Ring Christlich-Demokratischer Studenten (RCDS) 1945–1986. Düsseldorf 1990, S. 18.

14 Vgl. Briefe des Jugendreferates („Abteilung Jugend") der CDU Thüringen an Werner Neumann und Peter Scholz vom 5.9.1946, 9.10.1946, 24.10.1946 und 6.12.1946 (alles PAS).

15 Vgl. Briefe des Referates Akademische Jugend an die Studentenführungen vom München, Heidelberg, Erlangen und Freiburg vom 27.3.1946 und des Jugendreferates („Abteilung Jugend") der CDU Thüringen an Werner Neumann vom 5.9.1946 und Bericht über die Arbeit im WS 1946/47 für die CDU Thüringen von Peter Scholz vom 10.2.1947 (alles PAS); Gespräch mit Hans Beitz am 25.7.1986, S. 1.

16 Vgl. Brief des Jugendreferates („Abteilung Jugend") der CDU Thüringen an Scholz vom 24.10.1946 und Bericht über die Arbeit im WS 1946/47 für die CDU Thüringen von Scholz vom 10.2.1947 (alles PAS).

17 Vgl. Bericht über die Arbeit im WS 1946/47 für die CDU Thüringen von Scholz vom 10.2.1947, Lebenslauf von Peter Scholz vom 15.7.1947 und Briefe des Jugendreferates („Abteilung Jugend") der CDU Thüringen an Scholz vom 5.10.1946, 24.10.1946 und 6.12.1946 (alles PAS).

18 Vgl. Bericht von Scholz vom 8.4.1947 für den Landesparteitag der CDU Thüringen, der von der SMA genehmigt werden mußte (am 12.4.1947) und daher entsprechend vorsichtig formuliert ist (PAS); Gespräch mit Scholz, 5.8.1986; Holger Thuß/Mario Voigt, Der RCDS – Fünf Jahrzehnte gelebte Studentenpolitik. Erlangen 2001, S. 25.

19 Vgl. Bericht von Scholz vom 8.4.1947 für den Landesparteitag der CDU Thüringen (PAS); Gespräch mit Scholz, 5.8.1986. Dr. Peter Scholz (1923–1986), stammt aus Bobrek bei Beuthen/OS und begann schwer kriegsversehrt nach seiner Entlassung aus der

Wehrmacht 1944 zunächst in Breslau Jura zu studieren (Lebenslauf vom 15.7.1947; PAS).

20 Vgl. Lebenslauf von Scholz vom 15.7.1947 (PAS); Gespräch mit Scholz, 5.8.1986.

21 Vgl. Brief des Referates Akademische Jugend an die Studentenführungen von München, Heidelberg, Erlangen und Freiburg vom 27.3.1946 als Bescheinigung für Scholz (PAS); Gespräch mit Scholz, 5.8.1986.

22 Vgl. Bericht von Scholz vom 8.4.1947 für den Landesparteitag der CDU Thüringen, Lebenslauf von Scholz vom 15.7.1947 und Briefe vom Jugendreferat („Abteilung Jugend") der CDU Thüringen an Scholz vom 9.10.1946, 29.10.1946 und 6.12.1946 (alles PAS); Gespräch mit Scholz, 5.8.1986; Gespräch mit Hans Beitz, 25.7.1986, S. 1; Thuß/Voigt, siehe Anm. 18, S. 35: Unter den Verhafteten, die bald darauf wieder frei gelassen wurden, waren auch Gerhard Elschner, Horst Lehmann und Peter Neupert.

23 Vgl. Bericht von Scholz vom 8.4.1947 für den Landesparteitag der CDU Thüringen und Lebenslauf von Scholz vom 15.7.1947 (beides PAS).

24 Vgl. Bericht von Scholz vom 8.4.1947 für den Landesparteitag der CDU Thüringen, Bericht über die Arbeit im WS 1946/47 für die CDU Thüringen von Scholz vom 10.2.1947 und Lebenslauf von Scholz vom 15.7.1947 (alles PAS); Gespräch mit Scholz, 5.8.1986; Brief von Magen, 26.8.1986.

25 Vgl. Bericht über die Arbeit im WS 1946/47 für die CDU Thüringen von Scholz vom 10.2.1947 (PAS); Weberling, siehe Anm. 13, S. 21 Anm. 48. Zur CDU-Betriebsgruppe gehörten Studenten, Assistenten und sonstige Mitarbeiter, im Gegensatz zu anderen Universitäten aber keine Professoren; auch Prof. Möbus (später Halle) und der Bibliotheksdirektor, Prof. Burr, waren nur Sympathisanten (Gespräch mit Beitz, 25.7.1986). Gemäßigter SED-Vertreter war neben anderen der Studentenvertretungsvorsitzende Willy Wehner (früher SPD), am 15.3.1948 in Jena verhaftet, von einem SMT zu 25 Jahren Zwangsarbeitslager verurteilt und am 26.7.1956 freigelassen, vgl. Verband Deutscher Studentenschaften (Hrsg.), Dokumentation des Terrors. Berlin [5]1962, S. 154. Wehner – befreundet mit Scholz –, der für den Eintritt in die FDGB-Betriebsgruppe warb, damit man eine Ausweichstation habe, war auch für die Wahl von Scholz in den FDGB-Betriebsgruppenvorstand mitverantwortlich (Gespräch mit Scholz, 5.8.1986); Waldemar Krönig/Klaus-Dieter

Müller, Anpassung Widerstand Verfolgung. Hochschule und Studenten in der SBZ und DDR 1945-1961. Köln 1994, S. 259f.

26 Vgl. Bericht über die Arbeit im WS 1946/47 für die CDU Thüringen vom 10.2.1947 (PAS); Gespräch mit Scholz, 5.8.1986: An Stelle von Scholz, der sich seinen anderen Ämtern besser widmen wollte, kandidierte in der juristischen Fakultät als CDU-Vertreter Albrecht Magen, der mit großer Mehrheit gewählt wurde und als im Dritten Reich politisch Verfolgter auch relativ unangreifbar für die SED war (siehe auch Brief von Magen, 26.8.1986). Vater von Magen war der frühere Oberbürgermeister von Oppeln, spätere Bürgermeister von Bonn und Mitbegründer der CDU Thüringen Karl Magen (vgl. Johann Baptist Gradl, Anfang unter dem Sowjetstern. Die CDU 1945-1948 in der sowjetischen Besatzungszone Deutschlands. Köln 1981, S. 198).

27 Vgl. Schreiben des thüringischen Ministeriums für Volksbildung an Bernhard Reichenbach vom 25.7.1947 (PAS); „Thüringer Tageblatt" vom 22.1.1948; Brief von Magen, 26.8.1986; Bericht über die Ereignisse an der Universität Jena seit den Wahlen vom 6.2.1947 von Peter Scholz vom 6.4.1947 (PAS).

28 Vgl. Müller, siehe Anm. 3, S. 92; Colloquium 10/1948, S. 4; Ullrich Schneider, Berlin, der Kalte Krieg und die Gründung der Freien Universität 1945-1949, in: Jahrbuch für die Geschichte Mittel- und Ostdeutschlands, 34 (1985), S. 37, 41f.: Die russische Besatzungsmacht hatte die Zentralverwaltung für ihre Zone gegründet und ihr im Oktober 1945 den Auftrag zur Wiedereröffnung der Berliner Universität erteilt. Tilman Fichter, SDS und SPD. Parteilichkeit jenseits der Partei. Opladen 1988, S. 46, nennt als Ursache für den Streit unterschiedliche Ansichten über die Zulassungskriterien für ein Studium an der Humboldt-Universität.

29 Vgl. Müller, siehe Anm. 3, S. 92; Colloquium 10/1948, S. 4, und 1/1957, S. 3; Schneider, siehe Anm. 28, S. 55. Georg Wrazidlo wurde am 3.7.1919 in Gleiwitz geboren und besuchte in Neiße das Internat der Steyler Missionare. In der Zeit des Dritten Reiches stieß Wrazidlo zur Widerstandsbewegung und war an den Vorbereitungen zum 20. Juli 1944 aktiv beteiligt. Zu dieser Zeit studierte er als Oberleutnant der Reserve in Breslau Medizin und war gleichzeitig Mitglied und Offizier vom Dienst der Studentenkompanie in Breslau. Nach einer Denunziation wurde er am 3.9.1944 mit fünf anderen Studenten (überwiegend ebenfalls Mitglieder der Studentenkompanie) durch die Breslauer Gestapo verhaftet. Die Wehrmachtsangehörigen wurden noch in der gleichen Nacht vom Standortkomman-

danten von Breslau aus der Wehrmacht ausgestoßen und der Gestapo überstellt, die sie vom Polizeigefängnis Breslau zunächst in das KZ Groß-Rosen und dann, als die Rote Armee näher rückte, in das KZ Buchenwald brachte. Dort wurde Wrazidlo am 8.4.1945 von amerikanischen Truppen befreit. Wrazidlo ging nach dem Kriegsende zunächst nach Gleiwitz zurück, erfuhr aber vom dortigen Pfarrer von der Ermordung seiner Mutter und einer seiner Schwestern durch einen Major der Roten Armee. Daraufhin zog er nach Berlin. Dort gehörte er 1945 zu den Gründern der Jungen Union und der CDU und wurde erster Vorsitzender der CDU-Hochschulgruppe an der wiedereröffneten Humboldt-Universität in Berlin. Als anerkanntes „Opfer des Faschismus" wurde er zum ersten (kommissarischen) Vorsitzenden der Studentischen Arbeitsgemeinschaft ernannt. Als er am 1.5.1946 gemeinsam mit 30 anderen Mitgliedern der Arbeitsgemeinschaft, ebenfalls anerkannte „Opfer des Faschismus", beim Rektor der Universität öffentlich gegen die Ausschmückung der Universität mit kommunistischen Emblemen protestierte, wurde er als Vorsitzender zwangsweise abgesetzt. Wrazidlo nahm als Vorsitzender der Berliner CDU-Hochschulgruppe am ersten gesamtdeutschen Treffen der christlich-demokratischen Studenten vom 7.–10.3.1947 in Marburg teil. Am 13.3.1947 wurde er von einem Spitzel ins Cafe Kranzler gelockt und dort von den Sowjets verhaftet. Zeitgleich wurden bei dieser ersten Verhaftungswelle im Umfeld christlich-demokratischer Jugendorganisationen in der ganzen sowjetischen Besatzungszone viele Jugendliche verhaftet und am 13.12.1948 durch das Sowjetische Militärtribunal Berlin-Lichtenberg wegen angeblicher Spionage zu 25 Jahren Zwangsarbeitslager verurteilt. Aufgrund seiner starken Persönlichkeit war Wrazidlo dafür verantwortlich, daß unter diesen zufällig zusammengekommen Jugendlichen so etwas wie Gruppensolidarität entstand. Zunächst kam er ins Gefängnis nach Bautzen. Dort als Häftlingsarzt eingesetzt, ist es ihm zu verdanken, daß die hohen Todesziffern in diesem Gefängnis später im Westen bekannt wurden. Seine Mitgefangenen und er hatten sich die Namen der Verstorbenen in das Futter ihrer Zivilkleidung geschrieben. Am 13.10.1956 wurde Wrazidlo entlassen. Er ging wieder nach West-Berlin zurück, beendete dort sein Medizinstudium und arbeitete anschließend als Assistenzarzt in einem Berliner Krankenhaus. In dieser Zeit wurde er auch vom Bundesreferat für Gesamtdeutsche Fragen des RCDS betreut. Man entwickelte Pläne, die Erfahrungen und Erlebnisse von ihm und anderen wieder in Freiheit befindlichen Angehörigen von CDU-Hochschulgruppen schriftlich zu fixieren. Dazu kam es nicht mehr. Georg Wrazidlo kam bei einem Autounfall am 3.8.1959 ums Leben. Der RCDS ehrte ihn auf einer Gedenkfeier im Rahmen seiner 12. ordentlichen Bundesdelegiertenversammlung am 21.11.1962 in West-Berlin als eine der zentralen Figuren des RCDS, die sich ihren Aufgaben aus christlicher Verantwortung heraus stellte und mit höchstem Einsatz für Freiheit in ganz Deutschland kämpfte. Vgl. Weberling, siehe Anm. 13, S. 13f.; zuletzt Waltraud Rehfeld, Georg Wrazidlo (1917–1959), in: Die Mahnung vom 1. März 2000, S. 7f.

30 Vgl. Müller siehe Anm. 3, S. 35.

31 Vgl. Zeitungsausschnitt vom Februar 1946 (PAD); Colloquium 2/1949, S. 1, und 3/1953, Sparte „Vergeßt sie nicht!".

32 Vgl. Brief von Seibert , 11.6.1986; Schwarz, siehe Anm. 2, S. 26; Klein, siehe Anm. 5, S. 39. Die CDU-Hochschulgruppe war, ebenso wie die der SPD und der LDP, bis zum Oktober 1947 noch nicht offiziell anerkannt. Studenten der Technischen Universität gehörten ihr zunächst nur wenige an (Colloquium 6/1947, S. 11; Schreiben von Prof. Dr. Ernst Benda, 18.7.1986).

33 Vgl. Colloquium 10/1948, S. 4, und 1/1957, S. 3; Telefonat mit Dr. Reinhard Praus, 18.8.1986; Müller, siehe Anm. 3, S. 92; Schneider, siehe Anm. 28, S. 55.

34 Vgl. Müller, siehe Anm. 3, S. 93f.; Colloquium 10/1948, S. 4f. Siehe auch Anm. 29.

35 SED-Kandidaten erhielten nur drei der 28 Studentenratssitze (Colloquium 8/1947, S. 13; Schneider, siehe Anm. 28, S. 56f.

36 Vgl. Klein, siehe Anm. 5, S. 70. Franz Amrehn (1912–1981), 1949–1951 Sprecher der Jungen Union Berlin, 1955–1963 Bürgermeister Berlins, 1961–1969 Landesvorsitzender der CDU Berlin. Winfried Becker u. a. (Hrsg.), Lexikon der Christlichen Demokratie in Deutschland. Paderborn 2002, S. 179f.

37 Vgl. Müller, siehe Anm. 3, S. 35.

38 Vgl. Telefonat mit Ewald Ernst, 6.7.1986; Brief von Abramowski, 24.4.1990; Thuß/Voigt, siehe Anm. 18, S. 38. Auf dem Marburger Treffen war von Aktivitäten Hallenser CDU-Studenten noch nichts bekannt (Notizen vom Marburger Treffen 1947; PAS). Von Anfang an müssen jedoch in Halle die Zulassungsbestimmungen gegenüber Studienbewerbern, die nicht der SED angehörten, restriktiv gehandhabt worden sein. So wurde Ludwig Auerbach (1926–1976), aus Beuthen/OS und anerkanntes Opfer des Faschismus, 1946 wegen seiner

CDU-Mitgliedschaft nicht zugelassen, am 6.8.1946 in Halle verhaftet, vom SMT Potsdam am 13.12.1946 wegen angeblicher Spionage zu 15 Jahren Zwangsarbeitslager verurteilt und am 29.12.1955 wieder freigelassen (vgl. Colloquium 10/1951, S. 8; Verband ehemaliger Rostocker Studenten e. v. VERS [Hrsg.], Namen und Schicksale der von 1945 bis 1962 in der SBZ/DDR verhafteten und verschleppten Professoren und Studenten. Rostock 1994 [Reprint der Dokumentation des Verbandes Deutscher Studentenschaften, 1962], S. 169; Buchstab, siehe Anm. 6, S. 76).

39 Vgl. Müller, siehe Anm. 3, S. 35.

40 Vgl. Gottfried Berger, In tyrannos. Die Sowjetisierung der Hochschulen. Dargestellt am Beispiel der Universität Leipzig (PZ Archiv – Aktuelle Sonderdrucke Heft 4). Köln 1951 S. 5; Müller, siehe Anm. 3, S. 93f.

41 Vgl. Brief von Schollbach, 17.8.1986; Telefonat mit Sagner, 6.7.1986. Die Schreibweise „Rau" in Gradl, siehe Anm. 26, S. 147 und 208, ist falsch.

42 Vgl. Berger, siehe Anm. 40, S. 5; Müller, siehe Anm. 3, S. 94.

43 Vgl. Berger, siehe Anm. 40, S. 5f. und 37; Colloquium 10/1952, S. 9; Müller, siehe Anm. 3, S. 97; Hermann Marx, Liberale Studenten im Widerstand, Bonn 1959, S. 28; Thuß/Voigt, siehe Anm. 18, S. 25: Der zweite Vorsitzende des Studentenrates, Heinz Zastrow, trat später aus der SED aus und floh in den Westen. Ebenso trat der Kassierer, Karl-Heinz Rüfer, später aus der SED aus.

44 Vgl. Müller, siehe Anm. 3, S. 35.

45 Vgl. Thomas Ammer, Universität zwischen Demokratie und Diktatur. Ein Beitrag zur Nachkriegsgeschichte der Universität Rostock. Köln 1969 (Reprint 1994), S. 33f.: Die „bürgerliche" Mehrheit betrug nur 57 %; zweiter Vorsitzender wurde Günther Eingrieber (LDP). Wolfgang Hildebrandt, Jahrgang 1924, wurde am 3.4.1949 verhaftet, vom SMT Schwerin wegen angeblicher Spionage zu 25 Jahren Zwangsarbeitslager verurteilt, in die UdSSR, Lager Taischet, deportiert und 1955 freigelassen (vgl. VERS, siehe Anm. 38, S. 147).

46 Vgl. Notizen vom Marburger Treffen 1947 (PAS): Auch dort war von Aktivitäten Rostocker CDU-Studenten noch nichts bekannt. Nach Ammer, siehe Anm. 45, S. 31f., war die offiziell erst am 21.10.1947 zugelassene LDP-Hochschulgruppe bzw. -Betriebsgruppe die mit Abstand stärkste Kraft des „bürgerlichen" Lagers an der Universität Rostock.

47 Vgl. Müller, siehe Anm. 3, S. 35.
48 Vgl. Colloquium 2/1949, S. 10; Müller, siehe Anm. 3, S. 97. Siehe auch Notizen vom Marburger Treffen 1947 (PAS): Dort war über Aktivitäten von Greifswalder oder Dresdener CDU-Studenten nichts bekannt.
49 Die ersten Wahlen zu den Studentenräten, die im November/ Dezember 1946 von den Landesregierungen aufgrund des erst im Dezember 1946 in Kraft getretenen Vorläufigen Studentenstatuts für die Hochschulen der sowjetischen Besatzungszone der Zentralverwaltung für Volksbildung genehmigt worden waren, ergaben aber an allen Universitäten mehr oder weniger starke „bürgerliche" Mehrheiten (Müller, siehe Anm. 3, S. 95ff.).
50 Nach Müller, siehe Anm. 3, S. 95f.
51 In der ersten Zeit war die Leistung des Bewerbers für die Entscheidung über seine Zulassung ausschlaggebend. Bevorzugt wurden Verfolgte und Benachteiligte des Naziregimes. Nur ausnahmsweise zugelassen wurden NSDAP-Mitglieder, höhere HJ-Führer, Mitglieder von SA und SS, aktive Offiziere von Wehrmacht und Polizei, Reserveoffiziere vom Oberleutnant an aufwärts und noch beeinflußte Kinder namhafter NSDAP-Mitglieder. Die Zulassungskommissionen wurden von den Volksbildungsministerien berufen und setzten sich aus drei Vertretern des öffentlichen Lebens (mindestens einer davon mit einem akademischen Grad) und einem vom Rektor berufenen Mitglied der jeweiligen Fakultät zusammen. Die von den Kommissionen befürworteten Gesuche wurden zur nochmaligen Überprüfung an das zuständige Volksbildungsministerium und von dort an den sowjetischen Universitätsoffizier weitergereicht. Zu Beginn des WS 1946/47 wurde erstmals auch die „demokratische Verantwortlichkeit" und die „gegenwärtige demokratische Haltung und Tat" mit ausschlaggebend. Ab 1947 richtete man besondere Landeskommissionen zur Förderung des Arbeiter- und Bauernstudiums ein. Im Laufe des Jahres 1947 wurden die Bedingungen noch stärker parteipolitisch ausgerichtet und die Kommissionen noch mehr im SED-Sinne besetzt (Vgl. Gespräch mit Roland Bude, 26.6.1986; Brief von Dr. Gerhard Popp, 7.8.1986; Schreiben der CDU-Betriebsgruppe an der Staatlichen Hochschule für Musik Leipzig vom 29.6.1949, ACDP 07-013-899; Müller, siehe Anm. 3, S. 75ff.; Ammer, siehe Anm. 45, S. 30f.; Schneider, siehe Anm. 28, S. 48ff.; Uwe Schlicht, Vom Burschenschafter zum Sponti. Studentische Opposition gestern und heute. Berlin 1980, S. 41; siehe auch Anm. 33).

52 Vgl. Gespräch mit Bude, 26.6.1986, S. 1; Müller, siehe Anm. 3, S. 87ff.: Nach der Wiedereröffnung der Universitäten waren die Stipendien in der sowjetischen Besatzungszone im Vergleich zu den Westzonen zahlreicher und höher. Das resultierte aus der dortigen Ablehnung des Werkstudententums. Allerdings zeigte sich bald, daß die Landesregierungen als Stipendiengeber die Stipendienvergabe von politischem Wohlverhalten abhängig machten und sie für ihre Ziele instrumentalisierten. Ab 1947 wurde die soziale Herkunft alleiniges Vergabekriterium. 75 % der Stipendienmittel wurden für Studenten aus Arbeiter- und Bauernkreisen gezahlt. Politische Organisationen wie der FDGB machten zusätzliche Unterstützungen außerdem von der Mitgliedschaft in ihren Hochschul-Betriebsgruppen abhängig.
53 Vgl. Gespräch mit Scholz, 5.8.1986; diverse Unterlagen im PAS.
54 Vgl. Brief von Dr. Bernhard Ohse, 1.7.1986; Gespräch mit Scholz, 5.8.1986; Brief von Abramowski, 3.6.1990; Berger, siehe Anm. 40, S. 30; Müller, siehe Anm. 3, S. 112f.; Marx, siehe Anm. 43, S. 8f.; Ammer, siehe Anm. 45, S. 34.
55 Vgl. Müller, siehe Anm. 3, S. 100f.: Ein studentischer Zonenkongreß, der einen „Studentischen Zonenrat für die sowjetische Besatzungszone" wählte, tagte erst im Juni 1947 in Halle.
56 Vgl. Weberling, siehe Anm. 13, S. 26.
57 Die Junge Union hatte sich am 20.1.1947 in Königstein/Taunus auf gesamtdeutscher Ebene zusammengeschlossen und dort festgestellt, daß die Studenten lieber einen eigenen Dachverband anstrebten. In der Diskussion darüber tauchte erstmals der Name „Ring Christlich-Demokratischer Studenten (RCDS)" auf (vgl. Weberling, siehe Anm. 13, S. 28. Zur Gründung der Jungen Union vgl. Becker, siehe Anm. 1, S. 232ff., und ders., Anm. 36, S. 568; Claus-Peter Grotz, Die Junge Union. Kehl 1983, S. 58f.).
58 Vgl. Notizen vom Marburger Treffen 1947 (PAS); DNZB-Meldung vom 29. März 1947 (Privatarchiv Dr. Georg Dambowy – PAD): Von einer Teilnahme Manfred Kleins ist hier ebenso wie in Klein, siehe Anm. 5, nichts erwähnt, so daß die Passage in Schwarz, siehe Anm. 2, S. 26, wohl unzutreffend ist. Siehe ferner: Gespräch mit Hans Beitz, 25.7.1986, S. 2; Gespräch mit Scholz, 5.8.1986; Hans Beitz, in: CIVIS 28/April 1957, S. 231f.
59 Vgl. Beitz, in: CIVIS 28/April 1957, S. 232; Weberling, siehe Anm. 13, S. 28 in Anm. 94. Johann Baptist Gradl (1904–1988), Mitgründer der CDU in Berlin und in der sowjetischen Zone, 1965/66 Bundesminister für Vertriebene und Gesamtdeutsche Fragen und

langjähriger Vorsitzender der Exil-CDU (Becker, siehe Anm. 36, S. 256f.; zuletzt Ulrich Mohr, Politische Auffassungen und deutschlandpolitisches Wirken Johann Baptist Gradls. Frankfurt/Main 2000). Emil Dovifat (1890–1969), Mitgründer der CDU in Berlin und in der sowjetischen Zone, Juli–September 1945 Chefredakteur der CDU-Tageszeitung „Neue Zeit", 1948–1959 Direktor des Instituts für Publizistik an der Freien Universität Berlin (Gradl, siehe Anm. 26, S. 193; Becker, siehe Anm. 36, S. 221f.).

60 Vgl. Notizen vom Marburger Treffen 1947 (PAS); Beitz, in: CIVIS 28/April 1957, S. 232.

61 Vgl. Resolutionsentwurf der Jenenser Vertreter auf der Marburger Konferenz und Notizen vom Marburger Treffen 1947 (beides PAS); Beitz, in: CIVIS 28/April 1957, S. 232.

62 Vgl. Beitz, in: CIVIS 28/April 1957, S. 232; Weberling, siehe Anm. 13, S. 29.

63 Vgl. Notizen vom Marburger Treffen 1947 (PAS): Als Vertreter der einzelnen Länder wurden Wilhelm Treffot (Marburg) für Hessen, Gregor Plettner (Mainz) für Rheinland-Pfalz, Joachim Schwarz (Berlin) für Berlin, Wolfgang Jahn (Heidelberg) für Nordbaden, Elmar Gramlich (Stuttgart) für Württemberg, Gert Lemmer (Göttingen) für Niedersachsen, Karl Bergmann (Eschenau) für Bayern, Werner Hastenrath (Bonn) für Nordrhein-Westfalen, Hanns Mauser (Hamburg) für Hamburg und Georg Vollmar Graf Zedtwitz (Preetz) für Schleswig-Holstein neben Hermann Mau notiert. Einige Länder blieben vakant. Als weiterer Teilnehmer ist noch Rudolf Birkl (Eichstätt) aufgeführt.

64 Vgl. Schreiben von Ernst Benda an Peter Scholz vom 17.10.1947 (PAS).

65 Siehe Anm. 51 und 52 sowie Müller, siehe Anm. 3, S. 103ff., 144, 146ff., 165ff. und 179ff.; Schlicht, siehe Anm. 51, S. 40; Krönig/Müller, siehe Anm. 38, S. 35f.: Im Vorfeld der Studentenratswahlen im WS 1947/48 versuchte man, nicht-kommunistische Studentenräte durch Angriffe der SED-Presse einzuschüchtern und die Aufstellung von SED-Kandidaten durch Vorabstimmungen, die neu in die Wahlordnungen aufgenommen worden waren, zu begünstigen. Die Wahlergebnisse veränderten sich dennoch nur wenig zugunsten der SED. Eine Initiative des Unterausschusses für Hochschulfragen der CDU sowie Proteste zahlreicher CDU-Hochschulgruppen insbesondere gegenüber der CDU-Volkskammerfraktion und dem CDU-Hauptvorstand führten lediglich zu kosmetischen Korrekturen der Wahlordnung, änderten aber nichts

an dem faktischen Ausschluß der Hochschulgruppen der Parteien aus der akademischen Selbstverwaltung (vgl. Protokoll des Unterausschusses für Hochschulfragen am 1.12.1949, S. 1; Schreiben der CDU-Betriebsgruppe Universität Leipzig an die CDU-Volkskammerfraktion vom 17.11.1949 sowie vom 30.12.1949 an die CDU-Hauptgeschäftsstelle; Schreiben der CDU-Hauptgeschäftsstelle – Abteilung II – an die CDU-Volkskammerfraktion vom 11.1.1950; Rundschreiben der CDU-Hauptgeschäftsstelle an die CDU-Hochschulgruppen Jena, Rostock, Greifswald, Leipzig, Weimar, Dresden, Freiberg, Tharandt, Halle und Potsdam vom 16.1.1950; Schreiben der CDU-Hochschulgruppe Rostock vom 16.1.1950; Vermerk der CDU-Hauptgeschäftsstelle – Abteilung II – für Nuschke und Dertinger vom 17.1.1950; alles: ACDP 07-013-899). Die Behauptung von Heribert Adam, Studentenschaft und Hochschule. Möglichkeiten und Grenzen studentischer Politik. Frankfurt/Main 1965, S. 5, die Masse der Studenten habe sich kaum für die politischen Ideen einer Selbstverwaltung interessiert und sich auch nicht nach einer eigenen Interessenvertretung gedrängt, ist zumindestens für die mitteldeutschen Hochschulen in dieser Zeit völlig abwegig.

66 Vgl. Protokoll der Tagung der Kreisjugendreferenten am 29.11.1947, undatiertes Schreiben der CDU-Ortsgruppe Jena 1947, Brief von Peter Scholz vom 11.4.1947 und Einladung zur Schulungstagung der Kreisreferenten der Jungen Union am 29./30.11.1947 (alles PAS).

67 Vgl. Protokoll der Sitzung des engeren Jugendausschusses am 6.6.1947 (PAS).

68 Vgl. Gespräch mit Beitz, 25.7.1986, S. 2.

69 Vgl. Bericht über die Sitzung des „Politischen Ausschusses zur Überprüfung der immatrikulierten Studenten" am 9.4.1947, Besprechungsprotokoll vom 16.4.1947 (an dieser Besprechung nahm General Kolosnitschenko von der SMA Thüringen teil) und Protokoll der Tagung der Kreisjugendreferenten der Jungen Union am 29.1.1947 (alles PAS); Telefonat mit Dr. Georg Dambowy, 29.7.1986.

70 Vgl. Protokoll der Tagung der Kreisjugendreferenten der Jungen Union am 29.11.1947 (PAS).

71 Vgl. Undatiertes Schreiben des Universitätsausschusses an der Universität Jena an die Orts- und Kreisverbände der CDU Thüringen, Protokoll über die 4. Sitzung des CDU-Studentenausschusses am 22.7.1947 (hier wurde auch eine stärkere Beteiligung an den

Wahlen in der FDGB-Studentengruppe beschlossen; Schriftführer der CDU-Hochschulgruppe – siehe auch das Protokoll der Sitzung vom 24.6.1947 – war zu dieser Zeit Helmut Werneburg) und Protokoll der Tagung der Kreisjugendreferenten der Jungen Union am 29.11.1947 (alles PAS). Siehe auch Anm. 52.

72 Vgl. Protokoll über die Tagung der Kreisjugendreferenten der Jungen Union am 29.11.1947 (PAS): Unter den neuzugelassenen Studenten waren 310 SED-Mitglieder, 83 LDP-Mitglieder, 44 CDU-Mitglieder und 408 Parteilose. Siehe auch Anm. 74 und Colloquium 4/1952, S. 13.

73 Nach Müller, siehe Anm. 3, S. 52ff., sollte mit der allgemein begrüßten Gründung von Vorstudienanstalten im Frühjahr 1946 begabten jungen Menschen aus Arbeiter- und Bauernschaft sowie rassisch oder politisch Verfolgten die Möglichkeit zur Ablegung der Reifeprüfung gegeben werden. Die SED sah die Vorstudienanstalten aber als Mittel, das Klassenbewußtsein der Arbeiterstudenten zu stärken, um sie als Träger der revolutionären Umgestaltung der Universitäten von unten einsetzen zu können (vgl. hierzu Krönig/ Müller, siehe Anm. 25, S. 30ff.). Als Besonderheit gab es in Jena auch eine CDU-Gruppe an der Vorstudienanstalt (der späteren Arbeiter- und Bauernfakultät „Fred Oelssner") im Rahmen der CDU-Betriebsgruppe, die man in den Semesterferien durch die Werbung von Studenten u. a. über katholische Pfarrämter zum Beispiel im Eichsfeld zu verstärken versuchte (vgl. Protokoll der Tagung der Kreisjugendreferenten der Jungen Union am 29.11.1947 [PAS]; Protokoll der Sitzung des Unterausschusses für Hochschulfragen am 4.10.1949 [ACDP 07-013-899]; Gespräch mit Beitz, 25.7.1986). Siehe auch Detlev E. Otto, Studenten im geteilten Deutschland. Ein Bericht über die Beziehungen zwischen den Studentenschaften in Ost-und Westdeutschland 1945 bis 1958 (Schriften des Verbandes Deutscher Studentenschaften 1). Bonn 1959, S. 10; Schlicht, siehe Anm. 51, S. 40f.; Hermann Weber, Geschichte der DDR. München 1985, S. 172; Schneider, siehe Anm. 28, S. 47f.

74 Vgl. Müller, siehe Anm. 3, S. 101; Gespräch mit Scholz, 5.8.1986.

75 Vgl. Brief von Hans-Adolf Hilgenfeld an den Hauptwahlausschuß vom 9.12.1947 (wegen der Unterschlagung einer Kandidatenliste für die Studentenratswahl durch SED-Vertreter) und Protokolle des Hauptwahlausschusses der Universität (alles PAS): So wählte zum Beispiel der sichere „bürgerliche" Wahlkreis X (Math.-Naturw.-Fakultät) bei 331 Wahlberechtigten zwei Studentenratsvertreter, während der sichere SED-Wahlkreis XI (Pädagogische Fa-

kultät) bei 367 Wahlberechtigten drei Studentenratsvertreter bestimmte. Artikel von Peter Scholz im „Thüringer Tageblatt" vom 22.1.1948 (PAS); Colloquium 2/1948, S. 15, und 4/1948, S. 12; Müller, siehe Anm. 3, S. 106.

76 Vgl. Brief von Magen, 26.8.1986 mit Anlagen; Colloquium 4/1948, S. 12, und 4/1952, S. 13f.; Müller, siehe Anm. 3, S. 106f.

77 Vgl. Gespräch mit Scholz, 5.8.1986; siehe auch Anm. 25. Scholz war mittlerweile auch Landesjugendreferent der CDU Thüringen geworden (Delegiertenausweis von Peter Scholz zum 2. Deutschen Volkskongreß des Landes Thüringen am 5.3.1948; aus: PAS). Bei daraufhin durchgeführten Nachwahlen am 5.5.1948 wurden trotzdem erneut „bürgerliche" Kandidaten, darunter neben zwei weiteren CDU-Mitgliedern Gerhard Pauly gewählt, der erster Vorsitzender der am 20.10.1948 offiziell gegründeten CDU-Betriebsgruppe wurde (vgl. Thuß/Voigt, siehe Anm. 18, S. 47 und 49).

78 Vgl. Brief von Magen, 26.8.1986; Gespräch mit Beitz, 25.7.1986, S. 1. Hans Beitz (1917–1992), stammte aus Breslau (seine Mutter, eine überzeugte Katholikin, wurde von den Nationalsozialisten mehrere Jahre im KZ Majdanek inhaftiert) und arbeitete im dortigen Widerstand mit (vgl. VERS, siehe Anm. 38, S. 113.; Colloquium 1/1951, S. 15; CIVIS 25/Januar 1957, S. 172; Buchstab, siehe Anm. 6, S. 84).

79 Vgl. Gespräch mit Beitz, 25.7.1986, S. 1f.; Vermerk von Prof. Dr. Klaus Matzel („Der Fall der Jenaer Studenten 1950") von 1954.

80 Vgl. Müller, siehe Anm. 3, S. 171f., und dort Anm. 79 sowie Anm. 65.

81 Vgl. Müller, siehe Anm. 3, S. 185f.

82 Vgl. Colloquium 1/1951, S. 15; Gespräch mit Beitz, 25.7.1986, S. 2f.; Vermerke von Matzel („Der Fall der Jenaer CDU-Studenten 1950" und „Vorstellung meiner Untersuchungshaft bis zum Abschluß des Falles durch den Untersuchungsoffizier") von 1954; Krönig/Müller, siehe Anm. 25, S. 263ff.; Buchstab, siehe Anm. 6, S. 43f. Verurteilt wurden am 18.1.1951: Hans Beitz, am 5.9.1956 freigelassen (vgl. VERS, siehe Anm. 38, S. 113; Buchstab, siehe Anm. 6, S. 84; die anderslautenden Passagen zu Beitz in Gradl, siehe Anm. 26, S. 155 und S. 191, und Schwarz, siehe Anm. 2, S. 15, sind falsch); Helga Kämpfe, am 17.1.1954 freigelassen (vgl. VERS, siehe Anm. 38, S. 118; Buchstab, siehe Anm. 6, S. 169); Oskar Stück, Fakultätsrat der LDP in der Philosophischen Fakultät, am 9.8.1956 entlassen (vgl. VERS, siehe Anm. 38, S. 124); Walter Peter, CDU-Mitglied, am 18.1.1954 entlassen (vgl. VERS, siehe

Anm. 38, S. 121; Buchstab, siehe Anm. 6, S. 231f.); Johannes Schumann, offensichtlich nach Beitz' Verhaftung als Vorsitzender der CDU-Hochschulgruppe nachgewählt, am 16.1.1954 freigelassen (vgl. VERS, siehe Anm. 38, S. 123; Buchstab, siehe Anm. 6, S. 274); Michael Hertz-Eichenrode, CDU-Mitglied, aus Oppeln, am 17.1.1954 entlassen (vgl. VERS, siehe Anm. 38, S. 117; Buchstab, siehe Anm. 6, S. 154); Horst Ludwig, CDU-Studentenrat, am 17.1.1954 entlassen (vgl. VERS, siehe Anm. 38, S. 120; Buchstab, siehe Anm. 6, S. 199); Rolf Stapel, im Januar 1954 freigelassen (vgl. VERS, siehe Anm. 38, S. 124; Buchstab, siehe Anm. 6, S. 495); Gerhart Seyfart, Wirt von Helga Kämpfe; Klaus Matzel, CDU-Mitglied, am 17.1.1954 entlassen (vgl. VERS, siehe Anm. 38, S. 120; Buchstab, siehe Anm. 6, S. 206f.).

83 Vgl. DNZB-Artikel vom 29. März 1947 (PAD); Gradl, siehe Anm. 26, S. 82; Schwarz, siehe Anm. 2, S. 25f.; Schneider, siehe Anm. 28, S. 57; Weberling, siehe Anm. 13, S. 34; Buchstab, siehe Anm. 6, S. 42: Gerda Rösch, Pharmaziestudentin wurde am 16.6.1948 vom SMT Berlin-Lichtenberg zu 25 Jahren Zwangsarbeit verurteilt und am 5.9.1956 entlassen (vgl. VERS, siehe Anm. 38, S. 47; Buchstab, siehe Anm. 6, S. 487f.); Manfred Klein, Germanistikstudent, wurde am 13.12.1948 vom SMT Berlin zu 25 Jahren Zwangsarbeitslager verurteilt und am 19.10.1956 entlassen (vgl. VERS, siehe Anm. 38, S. 43; Buchstab, siehe Anm. 6, S. 176; siehe auch Klein, siehe Anm. 5, S. 90); Wolfgang Schipke war Student; Joachim Wolf, Leiter der „Jungen Union" Schönweide und Student, wurde vom SMT Berlin-Lichtenberg zu 25 Jahren Zwangsarbeitslager verurteilt und verstarb in der Strafvollzugsanstalt Bautzen am 18.2.1950 (vgl. VERS, siehe Anm. 38, S. 50, Buchstab, siehe Anm. 6, S. 313); zu Wrazidlo siehe Anm. 29; Reinhard Praus, Medizinstudent und ursprünglich aus Neiße, wurde, da er nur zufällig mit Wrazidlo zusammen war, wenige Stunden nach der Verhaftung wieder freigelassen (vgl. Brief von Dr. Reinhard Praus, 17.8.1986; Telefonat mit Praus, 18.8.1986).

84 Vgl. DNZB-Artikel vom 29.3., 1.4. und 5.4.1947, NZ-Artikel vom 28.3.1947, KUR-Artikel vom 26.3. und 1.4.1947 und TAS-Artikel vom 28.3.1947 (alle PAD); Schwarz, siehe Anm. 2, S. 26; Protokoll über die 4. Sitzung des CDU-Studentenausschusses in Jena am 22.7.1947, TOP 4 (PAS); Buchstab, siehe Anm. 6, S. 43.

85 Vgl. Müller, siehe Anm. 3, S. 99 mit Quellenhinweis in Anm. 69.

86 Vgl. DNZB-Artikel vom 29.3. und 1.4.1947 (PAD); Protokoll der Sitzung des Hauptvorstands der CDU am 1.4.1947, S. 4 (ACDP

01-171-001/1); Colloquium 1/1957, S. 3; Klein, siehe Anm. 5, S. 93: Erst Ende 1949 durfte Klein seinen Angehörigen zum ersten Mal schreiben.

87 Vgl. Brief von Praus, 17.8.1986; Telefonat mit Praus, 18.8.1986; Klein, siehe Anm. 5, S. 39; Unterlagen der Alliierten Kontrollkommission u. a. vom 22./24./31.3., 1.4., 6.5 und 18.7.1947 in den Beständen des Foreign Office im Public Record Office London.

88 Vgl. Schreiben von Ernst Benda an Peter Scholz vom 17.10.1947 (PAS); Brief von Prof. Dr. Ernst Benda, 18.7.1986; Brief von Dr. Peter Lorenz, 3.7.1986.

89 Vgl. Colloquium 5/September 1947, S. 8f.

90 Vgl. Colloquium 6/Oktober 1947, S. 11.

91 Vgl. Weberling, siehe Anm. 13, S. 35.

92 Vgl. Brief von Dr. Wolfgang Seibert, 11.6.1986.

93 Vgl. Colloquium 8/Dezember 1947, S. 13: Die Wahlbeteiligung betrug 75,1 %. Die SED-Vertreter wurden alle in der Pädagogischen Fakultät gewählt. Die Vorstudienanstalt stimmte hier nicht mit ab (Colloquium 1/1948, S. 13).

94 Vgl. Telefonat mit Praus, 18.8.1986; VERS, siehe Anm. 38, S. 40; Buchstab, siehe Anm. 6, S. 131: Franz Giersch, Jahrgang 1920, wurde am 29.1.1949 vom SMT Potsdam zu 25 Jahren Zwangsarbeitslager wegen angeblicher Spionage und illegaler Gruppenbildung verurteilt und am 25.7.1956 entlassen.

95 Vgl. Colloquium, Sondernummer April 1948, S. 1; Otto, siehe Anm. 73, S. 17; Schlicht, siehe Anm. 51, S. 41f.; Schneider, siehe Anm. 28, S. 64f.; Weberling, siehe Anm. 13, S. 36.

96 Vgl. Colloquium, Sondernummer April 1948, S. 12ff.; Otto, siehe Anm. 73, S. 17; Schlicht, siehe Anm. 51, S. 43; Schneider, siehe Anm. 28, S. 65.

97 Vgl. Colloquium 10/1948, S. 5; Müller, siehe Anm. 3, S. 118.

98 Vgl. Colloquium 10/1948, S. 5f.; Müller, siehe Anm. 3, S. 116ff.; Otto, siehe Anm. 73, S. 17; Schlicht, siehe Anm. 51, S. 43ff.; Schneider, siehe Anm. 28, S. 66f.; Weberling, siehe Anm. 13, S. 36.

99 Vgl. Müller, siehe Anm. 3, S. 121.

100 Vgl. Colloquium 3/1950, S. 7; VERS, siehe Anm. 38, S. 67; Flugblatt des Vorbereitenden Ausschusses der CDU-Betriebsgruppe Humboldt-Universität Berlin vom 18.10.1949 (ACDP 07-013-899); Buchstab, siehe Anm. 6, S. 239; im September 1950 wurde Peter Püschel (1927–1951), CDU, Student der Politischen Wissenschaften an der Humboldt-Universität verhaftet und am 22.6.1951 vom SMT

Berlin-Lichtenberg wegen angeblicher Spionage und antisowjetischer Hetze zu dreimal 25 Jahren Zwangsarbeit und zum Tode verurteilt. Nach derzeitigem Kenntnisstand wurde das Todesurteil am 24.9.1951 in der UdSSR vollstreckt.

101 Vgl. Brief von Ewald Ernst. 8.6.1986; Telefonat mit Ewald Ernst, 6.7.1986; Schwarz, siehe Anm. 2, S. 25f.; Buchstab, siehe Anm. 6, S. 42f. An Stelle von Ewald Ernst wurde später Josef Bock, Dresden, in den Zonenvorstand der CDU gewählt (Telefonat mit Sagner, 6.7.1986; Brief von Seibert, 11.7.1986; Gradl, siehe Anm. 26, S. 121).

102 Vgl. Müller, siehe Anm. 3, S. 44: Spätestens ab dem Herbst 1948 übernahmen eingesetzte „Kuratoren" de facto die Verantwortung für die Universitäten, da dem Rektor und dem Senat nur noch die wissenschaftliche Leitung der Universität vorbehalten blieb. Weil die alte Universitätsfassade mit Senat und Rektor nach außen hin erhalten blieb, konnten die Verwaltungen der Universitäten von der Öffentlichkeit weitgehend unbemerkt „gleichgeschaltet" werden.

103 Vgl. Otto, siehe Anm. 73, S. 10; Bruno Heck, Auf festem Grund. Aufsätze und Reden. Stuttgart 1977, S. 215f.

104 Vgl. Colloquium 1/1948, S. 15, und 4/1948, S. 16f.

105 Vgl. Colloquium 1/1948, S. 15, und 4/1948, S. 16f. Günter Abramowski wurde wieder in den Fakultätsrat der Pädagogischen Fakultät gewählt, dessen Vorsitz ein SED-Mitglied übernahm. Zur CDU-Hochschulgruppe gehörte zu dieser Zeit auch der Neutestamentler Prof. Erich Fascher (Gespräch mit Beitz, 25.7.1986, S. 1; Schreiben von Abramowski, 24.4. und 3.6.1990; Peter Bloch, Zwischen Hoffnung und Resignation. Als CDU-Politiker in Brandenburg 1945–1950. Köln 1986, S. 146).

106 Günter Abramowski, Jahrgang 1928, wurde am 7.6.1948 verhaftet, durch ein SMT wegen angeblicher illegaler Gruppenbildung und Spionage zu 25 Jahren Zwangsarbeitslager verurteilt und am 18.1.1954 entlassen (vgl. VERS, siehe Anm. 38, S. 95; Buchstab, siehe Anm. 6, S. 73).

107 Vgl. Colloquium 4/1949, S. 6; Müller, siehe Anm. 3, S. 168ff.

108 Vgl. Die Brücke Nr. 1 (September 1949), hrsg. von der CDU-Betriebsgruppe an der Martin-Luther-Universität Halle, sowie Schreiben der CDU-Betriebsgruppe Martin-Luther-Universität an die CDU-Hauptgeschäftsstelle vom 7.11.1949 (ACDP 07-013-899).

109 Vgl. Müller, siehe Anm. 3, S. 186.

Verfolgung und Widerstand von Studenten (RCDS/JU)

110 Vgl. Gespräch mit Beitz, 25.7.1986, S. 4; Berger, siehe Anm. 40, S. 22; Müller, siehe Anm. 3, S. 181. Offensichtlich wurde zwischen Gerald Götting und Peter Heilmann (FDJ) vorher ein Abkommen geschlossen, daß eine Vertretung der CDU auch in diesen Studentenräten sicherstellen sollte; (vgl. Protokoll über die Sitzung des Kulturpolitischen Ausschusses der Zonen-CDU [ACDP 01-188-002/2] am 1.2.1950). Siehe auch Anm. 65. Gerald Götting, Jahrgang 1923, 1949–1966 Generalsekretär der Ost-CDU und 1966–1989 deren Vorsitzender (vgl. Becker, siehe Anm. 36, S. 253f.).

111 Ebenso: Colloquium 3/1950, S. 13.

112 Das CDU-Hochschulgruppenmitglied Georg Wolny, Jahrgang 1926, aus Hindenburg/OS, wurde am 29.7.1950 verhaftet, am 1.8.1950 vom SMT Halle wegen angeblicher antisowjetischer Hetze zu 25 Jahren Zwangsarbeitslager verurteilt und am 22.10.1956 entlassen (vgl. Gespräch mit Beitz am 25.7.1986, S. 4; VERS, siehe Anm. 38, S. 109; Buchstab, siehe Anm. 6, S. 314).

113 Vgl. Berger, siehe Anm. 40, S. 7f.; Müller, siehe Anm. 3, S. 97f. Bei den Fakultätswahlen im März 1947 konnten die demokratischen Studenten ihre Mehrheit sogar noch ausbauen (vgl. Berger, siehe Anm. 40, S. 6; Colloquium 10/1952, S. 9).

114 Vgl. Brief von Karl-Heinz Schollbach an Dr. Buchheim vom 26.7.1949 (ACDP 01-188-002/2); Brief von Schollbach, 17.8.1986; Berger, siehe Anm. 40, S. 8; Müller, siehe Anm. 3, S. 98; Universität Leipzig (Hrsg.), Studentischer Widerstand an der Universität Leipzig 1945–1955. Leipzig 1997, S. 15; Buchstab, siehe Anm. 6, S. 43. Wolfgang Weinoldt, Jahrgang 1923, wurde nach seiner Verhaftung am 16.9.1947 vom SMT Dresden wegen angeblicher Spionage und Agententätigkeit zu 15 Jahren Zwangsarbeitslager verurteilt und am 16.1.1954 entlassen (VERS, siehe Anm. 38, S. 188; Buchstab, siehe Anm. 6, S. 305); Werner Ihmels wurde nach seiner Verhaftung am 11.9.1947 am 2.12.1947 wegen angeblicher Spionage und Gruppenbildung zu 25 Jahren Zwangsarbeitslager verurteilt und starb am 25.6.1949 in der Strafvollzugsanstalt Bautzen (VERS, siehe Anm. 38, S. 133; Universität Leipzig, siehe Anm. 114, S. 72ff.; Buchstab, siehe Anm. 6, S. 164; Folkert Ihmels (Hrsg.), Im Räderwerk zweier Diktaturen. Werner Ihmels 1926–1949. Leipzig 1999); Luise Langendorf, Jahrgang 1925, wurde am 10.9.1947 verhaftet, am 11.5.1948 vom SMT Dresden wegen angeblicher Spionage zu 25 Jahren Zwangsarbeitslager verurteilt und im November 1955 entlassen (VERS, siehe Anm. 25, S. 135; Buchstab, siehe Anm. 6, S. 193).

115 Vgl. Brief von Schollbach, 17.8.1986; Berger, siehe Anm. 40, S. 10f.; Müller, siehe Anm. 3, S. 107f.; Marx, siehe Anm. 43, S. 28f.; Colloquium 10/1952, S. 10; Thuß/Voigt, siehe Anm. 18, S. 47. Die SED hatte mehr Mitglieder, als sie Stimmen erhalten hatte. Die LDP erhielt elf Sitze, die CDU neun, die SED acht und Parteilose zwei (Colloquium 1/1948, S. 13f.). Um die Sperrminorität zu erhalten, schloß die Landesregierung die Vorstudienanstalt als „Arbeiter- und Bauernfakultät" der Universität an, deren vier Vertreter dann die SED-Fraktion verstärkten (Berger, siehe Anm. 40, S. 11; siehe auch Anm. 73).

116 Vgl. Brief von Schollbach, 17.8.1986; Berger, siehe Anm. 40, S. 15.

117 Vgl. Abschrift des Schreibens von Karl-Heinz Schollbach an die CDU-Landtagsfraktion in Dresden vom 2.2.1949 (ACDP 01-188-002/2); Colloquium 10/1952, S. 10; Berger, siehe Anm. 40, S. 14f.; Müller, siehe Anm. 3, S. 106f.; Marx, siehe Anm. 43, S. 30; Weberling, siehe Anm. 13, S. 39; Universität Leipzig, siehe Anm. 114, S. 8. Wolfgang Natonek (1919–1994), wurde nach seiner Verhaftung am 12.11.1948 von einem SMT wegen angeblicher Begünstigung von Spionagetätigkeit zu 25 Jahren Zwangsarbeitslager verurteilt und im Juni 1956 entlassen (vgl. VERS, siehe Anm. 38, S. 136; Universität Leipzig, siehe Anm. 114, S. 16f. sowie S. 116).

118 Vgl. Berger, siehe Anm. 40, S. 15; Colloquium 10/1952, S. 10; Müller, siehe Anm. 3, S. 167f.

119 Vgl. Abschrift des Briefes von Karl-Heinz Schollbach an die Landtagsfraktion der CDU in Dresden vom 2.2.1949, Rundschreiben an die CDU-Dozenten vom 28.4.1949, Brief von Schollbach an Buchheim vom 26.7.1949 und dessen Antwortbrief vom 29.7.1949, Die UNION-Betriebsgruppe-Hochschulgruppen Nr. 2 vom 17.1.1949, S. 2–5 (alles ACDP 01-188-002/2); Berger, siehe Anm. 40, S. 15; Brief von Schollbach an die CDU-Hauptgeschäftsstelle vom 7.6.1950 (ACDP 07-013-899); Brief von Schollbach, 17.8.1986. Im Sommer 1949 startete die CDU-Hochschulgruppe den Versuch einer Patenschaft zwischen Leipzig und Göttingen (Die UNION-Betriebsgruppe-Hochschulgruppen Nr. 2 vom 17.1.1950, S. 4f. (ACDP 01-188-002/2); Berger, siehe Anm. 40, S. 20f.; siehe auch Otto, siehe Anm. 73, S. 31f.).

120 Vgl. Colloquium 5/1949, S. 13; Berger, siehe Anm. 40, S. 19 und 22f.; Müller, siehe Anm. 3, S. 186; Universität Leipzig, siehe Anm. 114, S. 8f.

121 Vgl. Berger, siehe Anm. 40, S. 38.

122 Vgl. Anm. 158.
123 Vgl. Ammer, siehe Anm. 45, S. 47.
124 Vgl. Brief von Popp, 7.8.1986.
125 Vgl. Ammer, siehe Anm. 45, S. 40.
126 Vgl. Colloquium 4/1948, S. 10; Ammer, siehe Anm. 45, S. 40f.
127 Vgl. Schreiben des CDU-Landesverbandes Mecklenburg-Vorpommern an den CDU-Hauptvorstand vom 28.6.1949 (ACDP 07-013-899); Brief von Popp, 7.8.1986.
128 Vgl. Brief von Dr. Hartwig Bernitt, 27.8.1986.
129 Vgl. Müller, siehe Anm. 3, S. 168; Ammer, siehe Anm. 45, S. 41f.
130 Vgl. Colloquium 6/1949, S. 10, und 1/1950, S. 7.
131 Vgl. Karl Wilhelm Fricke, Selbstbehauptung und Widerstand in der Sowjetischen Besatzungszone Deutschlands (Bonner Berichte aus Mittel- und Ostdeutschland). Bonn/Berlin ²1966, S. 73f.; Ders., Opposition und Widerstand in der DDR. Köln 1984, S. 61; Ammer, siehe Anm. 45, S. 46ff.; das Verbot der LDP-Hochschulgruppe wurde erst Mitte 1950 aufgehoben. Arno Esch (1928–1951), aus Memel, wurde nach seiner Verhaftung am 20.7.1950 vom SMT Schwerin zum Tode verurteilt und am 24.7.1951 in Moskau umgebracht (VERS, siehe Anm. 38, S. 146). Friedrich-Franz Wiese, Jahrgang 1929, aus Rostock, wurde am 20.7.1950 vom SMT Schwerin zu 25 Jahren Zwangsarbeitslager und am 23.11.1950 vom SMT Berlin zum Tode verurteilt, vom Obersten Sowjet in Moskau zu 25 Jahren Zwangsarbeitslager begnadigt, in die UdSSR, Lager Omsk und Karaganda, deportiert und am 15.12.1955 entlassen (VERS, siehe Anm. 38, S. 153; Ammer, siehe Anm. 45, S. 52f.). Wolfgang Schmitt (CDU) konnte im November 1949 noch rechtzeitig flüchten (Gespräch mit Bude, 26.6.1986).
132 Vgl. Ammer, siehe Anm. 45, S. 54f. und 71ff.; Brief von Elsbeth Popp (geb. Wraske), 4.6.1986.
133 Vgl. Brief von Ohse, 1.7.1986; Brief von Popp, 7.8.1986; Müller, siehe Anm. 3, S. 186; Ammer, siehe Anm. 45, S. 55f.
134 Vgl. Gespräch mit Bude, 26.6.1986; Ammer, siehe Anm. 45, S. 73ff.
135 Vgl. Ammer, siehe Anm. 45, S. 75.
136 Vgl. Brief von Ohse, 1.7.1986; Ammer, siehe Anm. 45, S. 72 und 74f.
137 Vgl. Colloquium 8/1950, S. 14; Hamburger Studentenzeitung vom 23.11.1950, S. 3f. (ACDP 04-006-005/1); Brief von Ohse,

1.7.1986. „Roland Bude war vom Verwaltungsdirektor zum Schein zu einer Besprechung über Angelegenheiten der Studentenzeitung bestellt und bei dieser Gelegenheit in Anwesenheit des damaligen Studentendekans, Seemann, festgenommen worden. Einen Tag später versuchte der Staatssicherheitsdienst, auch den zur Widerstandsgruppe gehörenden Kadersekretär der FDJ-Hochschulgruppenleitung, Egon Klepsch, festzunehmen. Dieser nahm gerade an einer Sitzung des Sekretariats der Hochschulgruppenleitung in der Mensa teil. Das Festnahmekommando erschien auch dort, wollte Klepsch aber nicht aus der Sitzung heraus verhaften, um jedes Aufsehen zu vermeiden. Der Studentenratsvorsitzende Fensch (SED) und einige andere FDJ-Funktionäre wurden veranlaßt, Klepsch aus der Sitzung herauszurufen. Da ihm das Verschwinden Budes schon aufgefallen war, weigerte er sich zu seinem Glück, die Sitzung zu verlassen, konnte so etwas Zeit gewinnen und der Verhaftung durch sofortige Flucht entgehen" (Ammer, siehe Anm. 45, S. 86). Roland Bude, Jahrgang 1926, aus Freiwaldau/Sudeten, Angehöriger der Rostocker Katholischen Hochschulgemeinde, wurde am 31.10.1950 vom SMT Schwerin wegen angeblicher Spionage zu 25 Jahren Zwangsarbeitslager verurteilt, in die UdSSR, Lager Workuta, gebracht und am 16.10.1955 freigelassen (VERS, siehe Anm. 38, S. 146; Colloquium 10/1953, S. 15; Gespräch mit Bude, 26.6.1986; Buchstab, siehe Anm. 6, S. 453). Gerhard Popp, Jahrgang 1924, aus Schmalsin/Kreis Stolp, wurde wegen angeblicher antisowjetischer Propaganda zu 25 Jahren Zwangsarbeitslager verurteilt und am 17.1.1954 entlassen (VERS, siehe Anm. 38, S. 151; Brief von Popp, 7.8.1986; Buchstab, siehe Anm. 6, S. 236).

138 Franz Bail, Jahrgang 1927, aus Dux/Sudeten, wurde wegen angeblicher Verbreitung antisowjetischer Hetznachrichten am 22.8.1951 vom Landgericht Greifswald zu zehn Jahren Zuchthaus verurteilt und am 5.9.1956 entlassen (Colloquium 1/1954, S. 14; VERS, siehe Anm. 38, S. 145; Ammer, siehe Anm. 45, S. 170; Buchstab, siehe Anm. 6, S. 78).

139 Vgl. Ammer, siehe Anm. 45, S. 86ff. Karl Alfred Gedowski (1927–1952), Leiter der Widerstandsgruppe, wurde am 26.6.1951 verhaftet, am 6.12.1951 vom SMT Schwerin zum Tode verurteilt, in die UdSSR deportiert und dort wahrscheinlich 1952 umgebracht (VERS, siehe Anm. 38, S. 147; Ammer, siehe Anm. 45, S. 88f.).

140 Vgl. Müller, siehe Anm. 3, S. 172.

141 Vgl. Vorlesungsverzeichnis der Universität Greifswald Sommersemester 1949, S. 5; Schreiben von Hans-Hinrich Jensen vom

10.11.1948 über die Einschränkung der Forschungsfreiheit (Universitätsarchiv Greifswald [UAG] Theol.-Fak. 305); Wandzeitungen der CDU-Hochschulgruppe „Forschungsfreiheit" vom November 1948, „Grundsätze der Partei neuen Typus" vom Februar 1949, „Religiöses Leben" vom April 1949, „Warum gerade heute CDU?" (undatiert) sowie „Hat christliche Politik noch einen Sinn?" (undatiert) sowie Schreiben des Rektors der Universität Groß an Prof. D. Ernst Jensen vom 19.5.1949 zur Frage der Aushanggenehmigungen (alles: UAG Theol.-Fak. 305); Bericht und Stellungnahmen zu Zulassungsverfahren an die CDU-Landtagsfraktion Mecklenburg-Vorpommern von Hans-Hinrich Jensen Ende September 1948, Eingangsbestätigung der CDU-Fraktion vom 6.10.1948, Antwortschreiben an die CDU-Fraktion von Hans-Hinrich Jensen vom 12.10.1948 (alles UAG Theol.-Fak. 305); diverse Aushänge der CDU-Hochschulgruppe im Wintersemester 1948/49 (UAG Theol.-Fak. 305), Schreiben der CDU-Hochschulgruppe Greifswald an den CDU-Generalsekretär vom 6.8.1950 zur Rückführung ausgelagerter Bestände der Universitätsbibliothek Greifswald (ACDP 07-013-899). Zur Stipendienvergabe siehe auch Anm. 52 und 157.

142 Vgl. Schreiben des CDU-Landesverbandes Mecklenburg-Vorpommern an den CDU-Hauptvorstand vom 28.6.1949 (ACDP 07-013-899). Klaus-Peter Sogalla, Jahrgang 1926 aus Hindenburg, wurde am 15.3.1950 verhaftet, am 13.9.1950 vom SMT Schwerin wegen angeblicher Spionage zu 25 Jahren Zwangsarbeitslager verurteilt, am 31.8.1956 in Bautzen entlassen (Buchstab, siehe Anm. 6, S. 280; VERS, siehe Anm. 38, S. 91).

143 Vgl. Schreiben der CDU-Hochschulgruppe Greifswald an die CDU-Hauptgeschäftsstelle vom 30.12.1949; Protokoll der Sitzung des Unterausschusses für Hochschulfragen am 18.7.1950, S 2 (alles ACDP 07-013-899).

144 Vgl. Müller, siehe Anm. 3, S. 181f.

145 Vgl. Ebd., S. 186.

146 Vgl. Telefonat mit Prof. Dr. Claus D. Kernig, 1.6.1990. Zur Zwangsversetzung von Prof. Fascher vgl. Friedemann Stengel, Die Theologischen Fakultäten in der DDR als Problem der Kirchen- und Hochschulpolitik des SED-Staates bis zu ihrer Umwandlung in Sektionen 1970/71. Leipzig 1998, S. 34ff.; siehe hierzu auch Anm. 105.

147 Vgl. Schreiben der CDU-Hochschulgruppe Greifswald an die CDU-Hauptgeschäftsstelle vom 19.4.1951 zur Diskussion des Themas „FDJ-Arbeit auf Kosten der Parteiarbeit und umgekehrt bzw. Möglichkeiten der Ausbalancierung der FDJ-Arbeit und der

Parteiarbeit" im Unterausschuß für Hochschulfragen (ACDP 07-013-1710); Abänderungsvorschläge der CDU-Hochschulgruppe Greifswald zum Christlichen Realismus vom 25.3.1952 (Verfasser: Tschirch) und Vermerk der CDU-Hauptgeschäftsstelle – Abteilung II vom 26.3.1952 (ACDP 07-013-1731). Zur Beteiligung der CDU-Hochschulgruppe Greifswald an den Aktivitäten der CDU-Hochschulgruppen gegen die Herauslösung der Theologischen Fakultäten siehe Anm. 163.

148 Vgl. Colloquium 4/1952, S. 14. Karl-Heinz Münch, Jahrgang 1927, aus Dresden, wurde am 7.4.1951 ohne Haftbefehl verhaftet, am 26.6.1952 vom Landgericht Mühlhausen freigesprochen und am 10.10.1952 freigelassen (VERS, siehe Anm. 38, S. 80; Colloquium 4/1952, S. 14).

149 Vgl. Colloquium 9/1948, S. 13, und 2/1949, S. 10; Protokoll der Sitzung des Unterausschusses für Hochschulfragen vom 25.9.1951 (ACDP 07-013-1710). Vorsitzender der CDU-Hochschulgruppe war im Sommersemester 1949 und im Wintersemester 1949/50 Lothar Schmidt (vgl. Mitgliederlisten des Unterausschusses für Hochschulfragen, ACDP 07-013-899).

150 Vgl. Colloquium 6/1952, S. 10f.; Schreiben der CDU-Betriebsgruppe der BLH Potsdam vom 15.12.1949 an den CDU-Hauptvorstand (ACDP 07-013-899).

151 Vgl. Colloquium 5/1951, S. 19. Johannes Müller wurde nach der Gründung des RCDS-Landesverbandes Berlin Anfang 1954 dessen erster Landesvorsitzender, ging Mitte 1954 als Bundesgeschäftsführer des RCDS nach Bonn, wurde später als Ostspion enttarnt und wegen Landesverrates rechtskräftig verurteilt (Colloquium 2/1954, S. 23, und 8/1954, S. 23; Protokoll der RCDS-Bundesausschußsitzung am 6./7.6.1959, S. 1 (ACDP 04-006-011/3); Brief von Dr. Konrad Kraske vom 4.8.1986).

152 Vgl. Colloquium 6/1951, S. 19. Weitere CDU-Hochschulgruppen, die allerdings als eigenständige politische Kraft nicht näher in Erscheinung traten, existierten an der Bauhochschule Weimar, der Musikhochschule Weimar, der Hochschule für Musik Leipzig (seit Juli 1948), der Hochschule für Werkkunst Dresden, der Bergakademie Freiberg sowie der Forstakademie Tharandt (vgl. Mitgliederlisten des Unterausschusses für Hochschulfragen, Die UNION-Betriebsgruppe-Hochschulgruppen Nr. 1 vom 17.9.1949, S. 3f., sowie Schreiben der CDU-Hauptgeschäftsstelle an die CDU-Hochschulgruppen vom 16.1.1950 (alles ACDP 07-013-899).

153 Vgl. Berger, siehe Anm. 40, S. 7; Müller, siehe Anm. 3, S. 100f.; Otto, siehe Anm. 73, S. 10; Gespräch mit Bude, 26.6.1986. Siehe auch Anm. 45.

154 Vgl. Briefe des Jugendreferates des CDU-Reichsverbandes vom 29.11.1946 und 18.12.1946 (PAS); Brief von Schollbach, 17.8.1986; Gespräch mit Scholz, 5.8.1986.

155 Vgl. Offener Brief an die Angehörigen der Jungen Union in der sowjetisch besetzten Zone und Berlin vom 1.2.1948 (PAS); Schwarz, siehe Anm. 2, S. 15f.; Schreiben der CDU-Hochschulgruppe Halle vom 24.3.1949 (ACDP 07-013-899); Die UNION-Betriebsgruppe-Hochschulgruppen Nr. 1 vom 17.9.1949, S. 2 (ACDP 07-013-899), und Nr. 2 vom 17.1.1950, S. 2f., sowie Protokoll der Sitzung des Kulturpolitischen Ausschusses am 1.2.1950 (ACDP 01-188-002/2). Als Nachfolger Hildebrandts wurde zunächst der parteilose Heinz Gensich (Leipzig) zum Vorsitzenden des Zonenrates gewählt, der wegen dauernder Behinderungen seiner Arbeit durch die SMA Ende 1948 wieder zurücktrat (Berger, siehe Anm. 40, S. 13; Müller, siehe Anm. 3, S. 108).

156 Vgl. Brief von Popp, 7.8.1986; Protokolle der Sitzungen des Unterausschusses für Hochschulfragen am 4.10.1949 und 1.12.1949 (ACDP 07-013-899); „Die UNION-Betriebsgruppe-Hochschulgruppen" Nr. 2 vom 17.1.1950, S. 2f., und Protokoll über die Sitzung des Kulturpolitischen Ausschusses am 1.2.1950 (ACDP 01-188-002/2). Siehe auch Anm. 73. Das Mitteilungsblatt „Die UNION-Betriebsgruppe-Hochschulgruppen" ging Anfang 1951 in dem Mitteilungsblatt „Stimme junger Unionsmitglieder und Mitteilungen für Studenten der Hochschulgruppen" auf (vgl. „Die UNION-Betriebsgruppe-Hochschulgruppen" Dezember 1950, Stimme junger Unionsmitglieder – Ausgaben 1951–1952 [„Stimme junger Unionsmitglieder"], alles: ACDP 07-013-1021).

157 Vgl. z. B. zur Wahlordnung für die Studentenratswahlen 1950 den zumindestens zu spät berücksichtigten Beschluß des Unterausschusses in seiner Sitzung am 1.12.1949 nebst Entwurf einer Wahlordnung auf Vorschlag der CDU-Hochschulgruppe Greifswald (Protokoll der Sitzung des Unterausschusses am 1.12.1949, S. 1 nebst Anlage 1, ACDP 07-013-899), sowie zum ohne Resultat gebliebenen Beschluß des Entwurfs einer neuen Stipendienverordnung durch den Ausschuß das Protestschreiben des Vorsitzenden der CDU-Hochschulgruppe Leipzig vom 7.6.1950 (Brief von Karl-Heinz Schollbach an die CDU-Hauptgeschäftsstelle vom

7.6.1950 – ACDP 07-013-899). Siehe hierzu auch Anm. 52 und 65 sowie zur Gleichschaltung auch Colloquium 3/1951, S. 17.

158 Vgl. Protokoll der Sitzung des Unterausschusses für Hochschulfragen am 20.6.1950, S. 2 (ACDP 07-013-899). Ausweislich des Protokolls der Sitzung des Unterausschusses für Hochschulfragen am 18.7.1950 hatte die CDU-Hochschulgruppe Leipzig in Durchführung dieses Beschlusses das Ziel, bis zum 14.8.1950 75 % ihrer Mitglieder für die FDJ zu werben. „An anderen Hochschulen, wie beispielsweise Halle sind die Mitglieder unserer Partei zumeist auch Mitglieder der FDJ, wenn auch in Jena und Greifswald in dieser Hinsicht noch eine gewisse Schwierigkeit zu überwinden ist." (vgl. Protokoll der Sitzung des Unterausschusses für Hochschulfragen am 18.7.1950 [ACDP 07-013-899], S. 2).

159 Protokoll der Sitzung des Unterausschusses für Hochschulfragen am 6.12.1950, S. 1 (ACDP 07-013-899).

160 Vgl. Protokoll des Sitzung des Unterausschusses für Hochschulfragen vom 25.9.1951, S. 1 (ACDP 07-013-1710); „Stimme junger Unionsmitglieder" – undatiert (Ende 1951), S. 3 (ACDP 07-013-1021).

161 Vgl. Protokoll der Sitzung des Hochschulausschusses am 6.10.1952 (ACDP 07-013-1710)

162 Vgl. Brief von Dr. Karl Buchheim an die CDU-Hochschulgruppe Halle vom 3.8.1949 (ACDP 01-188-002/2); Brief der CDU-Betriebsgruppe Universität Leipzig an die CDU-Hauptgeschäftsstelle vom 17.11.1949 (ACDP 07-013-899); Gespräch mit Scholz, 5.8.1986; Brief von Magen, 26.8.1986; Brief von Ohse, 1.7.1986. Dabei wurden die CDU-Hochschulgruppen und ihre Mitglieder auch in einem im Detail nicht näher ermittelbaren Umfang vom Ring Christlich-Demokratischer Studenten (RCDS) materiell unterstützt; vgl. Rundschreiben 1/1952 des Referats für gesamtdeutsche Fragen des RCDS vom 8.2.1952 (ACDP 04-006-034/3), S. 1.

163 Vgl. Schreiben der CDU-Hochschulgruppe Greifswald an die CDU-Parteileitung sowie die CDU-Hochschulgruppen Berlin, Leipzig, Halle, Jena und Rostock vom 28.8.1952, Schreiben der CDU-Hochschulgruppe Rostock an die CDU-Parteileitung vom 3.9.1952, Bericht und Beschlußprotokoll der Beratung einiger CDU-Theologie-Studenten über die Zukunft der theologischen Fakultäten vom 22.9.1952, Schreiben der CDU-Hochschulgruppe Rostock an den CDU-Hochschulausschuß vom 14.10.1952, Schreiben der CDU-Hochschulgruppe Greifswald an die CDU-Parteileitung vom 21.10.1952 (alles: ACDP 07-013-1808); Stengel, siehe Anm. 146,

S. 78ff.; siehe ferner den beschwichtigenden Beitrag in „Stimme junger Unionsmitglieder" Nr. 10/1952, S. 4 (ACDP 07-013-1021).

164 Vgl. Vermerk Aufgaben auf dem Gebiete des Hochschulwesens in Auswertung der Ergebnisse des 6. Parteitages der Christlich-Demokratischen Union (ACDP 07-013-1808); „Stimme junger Unionsmitglieder" Nr. 11/1952, S. 1ff.: „Die Stellung der christlichen Studenten in der sozialistischen Gesellschaftsordnung und ihre Aufgaben beim sozialistischen Aufbau"; Becker, siehe Anm. 36, S. 57.

165 Vgl. Gespräch mit Scholz, 5.8.1986; Brief von Magen, 26.8.1986; Brief von Popp, 7.8.1986. Siehe dazu auch Wolfgang Natonek (LDP) in Fricke, siehe Anm. 131 (1984), S. 61, und Colloquium 10/1948, S. 12. Vgl. auch Bloch, siehe Anm. 105, S. 121ff., der den Nutzen der Weiterarbeit trotz aller Kompromisse aus der Sicht eines führenden, erst 1950 geflüchteten CDU-Funktionärs beschreibt.

166 Siehe dazu insbesondere Müller, siehe Anm. 3, S. 195ff.

167 Vgl. Weberling, siehe Anm. 13, S. 214ff.; Müller, siehe Anm. 3, und Verband Deutscher Studentenschaften, siehe Anm. 25.

Der Fall Liberal Organisation (LO)
Eine Widerstandsgruppe in Frankfurt/Oder

Jochen Stern

Die damalige junge Generation war unmittelbar nach dem Kriegsende (8. Mai 1945) angetreten, ein demokratisch-freiheitliches Gemeinwesen aufzubauen, wobei zunächst die jeweilige Besatzungsmacht in den vier Besatzungszonen Hilfestellung leisten sollte. Dabei schien die SBZ im politischen und kulturellen Bereich „fortschrittlicher" zu sein als die drei Westzonen. So ließ man neben der KPD auch die andere Arbeiterpartei SPD sowie die bürgerlichen Parteien LDP und CDU (Ost) zu. Deren uneingeschränkte Entwicklung wurde jedoch schon bald gebremst. Sie durften auf keinen Fall die angestrebte „sozialistische" Machtkonstellation gefährden. Dem entsprach die Vereinigung von KPD und SPD im April 1946. In Anbetracht der Herbstwahlen 1946 in der SBZ mußte eine mögliche bürgerliche Parteienmehrheit verhindert werden. Der nächste „logische" Schritt war dann später der Zusammenschluß (und damit die Gleichschaltung) aller bürgerlichen Parteien im „antifaschistischen Block". Die wirklich demokratisch gesinnten Kräfte in diesen Parteien standen auf verlorenem Posten. Deren andere Meinung war nicht gefragt, weil die „Diktatur des Proletariats" derartige „bourgeoise" Abweichungen nicht erlaubte. Offener Widerstand auch im Untergrund waren die Folge. Zwangsläufig wurde das makabre Raster stalinistischer Willkür in Gang gesetzt und legte sich wie ein undurchdringliches Netz über die SBZ und spätere DDR. Das propagierte Kollektivwesen Mensch wurde ausschließlich nach seinem Klassencharakter beurteilt, nach dem Grad seiner Anpassungsfähigkeit und seiner Einordnung in die „Sozialistische Gesellschaft".

Daher ist der Zweck der Verfolgung, Bespitzelung und Verhaftung durch den NKWD eindeutig und klar: Die Ausrottung und Ausschaltung aller tatsächlichen und vermeintlichen Klassenfeinde, die Eliminierung aller tatsächlichen und vermeintlichen Gegner. Unter diesem Gesichtspunkt ist auch die Verhaftungswelle 1947/48 in Frankfurt/Oder zu sehen. Niemand der Betroffenen verschwand durch Zufall, wenn es auch zufällig erschien. Hier war der Versuch, in der Öffentlichkeit den verhafteten jungen Menschen gerüchteweise zu unterstellen, sie hätten Hitler-Lieder gesungen oder wären Werwolf-Mitglieder, völlig absurd. Derartige „Faschismus"-Andeutungen sollten nur von den wahren Inhaftierungsgründen ablenken.

Man betrachte einmal die Soziostruktur der damals in Frankfurt/Oder Verhafteten: acht Neulehrer, zwei Neulehrer, die sich später beruflich veränderten (der eine wurde Schüler, der andere Theologiestudent), ein Schulamtsbewerber, ein Altlehrer, fünf Studenten, fünf Oberschüler, ein Architekt, zwei Betriebswirte, sieben Angestellte, zwei Kaufleute, drei Drogisten, fünf Handwerker, ein ehemaliger Oberschüler, eine Hausfrau, ein Arbeiter (Betriebsrat).

Wie viele andere waren auch wir damals nach Frankfurt/Oder zurückgekehrt (als ehemalige Wehrmachtsangehörige oder Evakuierte) und angetreten, den Wiederaufbau – gerade auch den politisch, geistig, kulturellen – im Zeichen der Menschenwürde und Freiheit in der SBZ zu beginnen. Durch die allmählich systematisch geförderte Bevorzugung der SED und ihrer Organisationen, der Gleichschaltungsversuche innerhalb der FDJ, die eigentlich überparteilich wirken sollte, machte sich bei uns jungen Menschen Enttäuschung breit. Die geradezu grotesken Gegensätze von Theorie und Praxis reizten die Jungintellektuellen zum Widerspruch. Aber genau diese Entwicklung war von der Besatzungsmacht in Karlshorst und den SED-Spitzenfunktionären beabsichtigt, um jegliche Meinungsfreiheit mittels des Polizeiterrors (durch den NKWD) und der politischen Strafjustiz zu unterbinden.

Zur Geschichte der Liberal Organisation (LO) in Frankfurt/Oder

Diese sogenannte Organisation existierte nur in den Köpfen der sowjetischen Untersuchungsrichter in der U-Haft, Potsdam, Lindenstraße. Originalton des Hauptangeklagten, Klaus Niepmann: „Der Vernehmende fragte mich nach der Organisation. Ich verneinte jede Kenntnis und Beteiligung und stritt alles ab. Dabei verblieb ich zunächst auch, als er mir den Namen der Organisation ‚LO' nannte [...]"

Jeder Inhaftierte hatte seine eigene Geschichte, so daß eine „Gruppenbildung", wie sie der berüchtigte § 58, Absatz 11 StGB der RSFSR vorsah, gar nicht vorlag – jedenfalls nicht in dem umfangreichen Sinne, wie es der Wortlaut des Strafgesetzes beschrieb. Viele von uns kannten sich vor der Inhaftierung nicht. Die jeweiligen Freundschafts- und Interessenkreise waren ausschlaggebend und wurden erst in der Potsdamer U-Haft zur großen Gruppe LO zusammengefügt.

Das Aktenzeichen unserer LO-Gruppe lautete: 951 b. Welcher unverfrorenen Farce wir allein schon bei der Verhaftung unterworfen waren, beweist der Befehl Nr. 54 vom 28. Oktober 1947 des Ministeriums für Staatssicherheit der UdSSR – Operativsektor der SMA Brandenburg:
- Der stellvertretende Chef der Abteilung 6 des Operativsektors der SMA, Hauptmann Uschakow in Potsdam,

Der Fall Liberal Organisation (LO)

erhält den Befehl, die Durchsuchung und Verhaftung des Deutschen Stern Joachim, geb. 1928 in Frankfurt/Oder, Wohnanschrift: Frankfurt/Oder, Sophienstraße 1, Land Brandenburg, durchzuführen.
- Der stellvertretende Chef des Operativsektors der SMA, Land Brandenburg, gez. Oberst Gorelow.
- Die Verhaftung wurde vom Militärstaatsanwalt des Landes Brandenburg, Oberleutnant der Justiz, Shigatschow, zugestimmt.

24. Oktober 1947.
(Diese und auch folgende Auszüge sind Übersetzungen von originalen Akten.)

Man beachte das Datum. Da saß ich bereits 10 Tage in U-Haft, in Potsdam! Meine Verhaftung erfolgte am 14. Oktober 1947 gegen 4.30 Uhr in meiner o. g. Wohnung, und zwar durch zwei NKWD-Offiziere, einen Dolmetscher und den stellvertretenden Leiter der Kriminalpolizei K 5 (Vorläufer der Stasi).

Nach einem kurzen Verhör in der NKWD-Zentrale Frankfurt/Oder, Gelbe Presse (einer ehemaligen Villa) gelangte ich mit anderen Verhafteten (wie Rudolf Hoffmann, Inge Pietsch, Helga Wunsch, Armin Tulle, Guntram Kohlrusch, Theo Löhrke, Dr. Walter Vogel, Walter Gerlach, den Zwillingen Kurt und Eduard Müller und der Mutter von R. Hoffmann) in die NKWD-Hauptzentrale von Brandenburg nach Potsdam, Lindenstraße 11. Dort verblieb ich fast ein Jahr.

Das erste Verhör dort erfolgte am 22. Oktober 1947 (also vor dem Befehl Nr. 54!), acht Tage nach meiner Inhaftierung. Bis dahin wußte ich nicht, weshalb man mich verhaftet hatte. Die Haare hatte man mir bereits geschoren, Fingerabdrücke genommen und mich fotografiert. In meinem Personalbogen vermerkte die Untersuchungsabteilung am 23. Oktober 1947, ich sei als Agent des Geheimdienstes verhaftet worden. Man hielt mich also zunächst für einen „großen Fisch", der als Oberspion die ganze Region von Stettin bis Görlitz mit Hilfe der LO abgedeckt hätte. Namen tauchten auf, die ich nie in meinem Leben gehört hatte. Die Verhöre dauerten zumeist vier bis sechs Stunden, vorwiegend ab 22.00 Uhr bis morgens 3.00 bzw. 4.00 Uhr. Wenn ich nunmehr aus meinem ersten Vernehmungsprotokoll zitiere, dann ist dies eine Wiedergabe gemäß der NKWD-Sprachregelung.

Originalton:

Frage (des Hauptmann Uschakow): Die Ermittlung verfügt über die Information, daß Sie Mitglied einer illegalen Organisation waren und feindliche Tätigkeit gegen die sowjetischen Besatzungstruppen in Deutschland ausgeübt haben. Bestätigen Sie das? Antwort: Ja, ich war tatsächlich ab September 1946 Mitglied einer illegalen Organisation, die in Frankfurt/Oder bestand und Spionagetätigkeit gegen die sowjetischen Besatzungstruppen in Deutschland betrieb. Leiter dieser Spionageorganisation war der Einwohner von Frankfurt/Oder, Nippman, Klaus.

Frage: Wer hat Sie in diese Spionageorganisation hineingezogen?

Antwort: Der Leiter der Spionageorganisation Nippmann, Klaus.

Frage: Unter welchen Umständen?

Antwort: Nippmann, Klaus lernte ich im Mai 1946 kennen, da wir beide Mitglieder der LDP waren und auch an allen politischen Diskussionen teilnahmen. Im September 1946 lud mich Nippmann über Heinz Blumenstein zu sich in seine Wohnung ein, wo ich Bartel, Hans begegnete. Nachdem Bartel gegangen war, unterhielt sich Nippmann mit mir über die deutschen Behörden, die SED und die Sowjetische Militäradministration. Er äußerte Unzufriedenheit über die Bedingungen, wie sie in der sowjetischen Besatzungszone festgelegt worden waren. Nippmann sagte, daß es notwendig sei, einen Kampf gegen die SED und die Sowjetische Militäradministration zu führen. Nippmanns Meinung wurde von mir gebilligt, worauf er sagte, daß er Informationen brauche über die Stimmung unter den Lehrern, über die Arbeit der Behörden und den durch die SMA auf diese ausgeübten Druck. Er wolle wissen, welche Verbindungen es zwischen SED und SMA gebe, wie viele Jugendliche es in Frankfurt/Oder gebe, wie viele davon Mitglied der Freien Deutschen Jugend (FDJ) oder von Parteien seien und wie viele Jugendliche Geschlechtskrankheiten hätten. Nippmann ersuchte mich, die genannten Informationen zu sammeln und sie in schriftlicher Form Nippmann persönlich zur Verfügung zu stellen. Somit war ich von September 1946 bis zu meiner Verhaftung Mitglied einer illegalen Spionageorganisation, die in Frankfurt/Oder bestand.

Frage: Berichten Sie über Ihre praktische Spionagetätigkeit.

Antwort: Ungefähr im Februar 1947 gab mir Nippmann einen weiteren Auftrag. Ich sollte neue Personen für eine Spionagetätigkeit auswählen und anwerben. Doch in der Praxis hatte ich für Nippmann noch nichts erledigen können, außer daß ich mit Blumenstein in meiner Wohnung Belastungsmaterial über die SED und die sowjetische Militäradministration zusammengestellt hatte, das ich Nippmann, Klaus persönlich übergeben hatte.

Frage: War Blumenstein Mitglied der Spionageorganisation?

Antwort: Blumenstein war auch Mitglied der Spionageorganisation, die von Nippmann, Klaus geleitet wurde, und soviel ich weiß, war er dieser Organisation im August 1946 beigetreten [...]

Frage: Für welchen Geheimdienst haben Sie gearbeitet?

Antwort: Der Leiter der Spionageorganisation Nippmann, Klaus sagte mir, daß er alle Spionageinformationen nach Berlin an Ludwig, Wolfgang weitergeleitet und dieser sie an die Amerikaner übermittelt habe [...] Usw., usw.

Hierzu bedarf es naturgemäß einiger Erläuterungen:

Klaus Niepmann (Nippmann ist die russische Schreibweise) und Heinz Blumenstein waren schon längst verhaftet. Deshalb konnte man behaupten, über Kenntnisse hinsichtlich meiner Person zu verfügen.

2. Das Wort „tatsächlich" ist äußerst verdächtig. Es subsumiert sämtliche nachfolgende Aussagen von mir unter stereotype Begriffe wie Mitgliedschaft in einer illegalen Spionage-Organisation. Die Sätze wurden mir in den Mund gelegt, wie der Untersuchungsoffizier sie für notwendig hielt. Deshalb diese Protokoll-Sprache. Sie entsprach nicht meinen Aussagen!

3. Ich war niemals in meinem Leben in der Wohnung von Klaus Niepmann. Das angeblich damals erfolgte Gespräch mit ihm entsprach der Vorstellung des Untersuchungsrichters, nicht der Realität.

4. Adjektive wie „feindlich" habe ich niemals ausgesprochen. Der Text meiner Aussagen war größtenteils manipuliert.

5. Die angeblichen Aufträge waren Fiktion. Sie kamen durch mich niemals zur Ausführung, auch wenn sie als verwirklicht dargestellt wurden. Es war pure Orwellsche Gehirnwäsche.

6. Für die Untersuchung war der wichtigste „Auftrag", ich „daß neue Personen für eine Spionagetätigkeit auswählen und anwerben sollte". Damit hatten sie den Ansatz, neue Verdächtige zu verhaften.

7. Der Ablauf von Frage und Antwort verlief keineswegs so ‚friedlich', wie es hier den Anschein hat. Es lagen häufig

große Pausen dazwischen, die mitunter auch mit Schlägen und psychischem Druck ausgefüllt wurden.

8. Meine in den beiden Verhören als „tatsächlich" deklarierte Spionagetätigkeit in einer illegalen Organisation LO am 22. und 24.10.1947 war dringend notwendig, um mich als Angeklagten vor Gericht zu stellen, da ich „hinreichend überführt" sei, einer Spionageorganisation anzugehören und die Anwerbung neuer Agenten betrieben zu haben. Das geschah am 31. Oktober 1947.

Einen Staatsanwalt oder Verteidiger bekam ich nie zu Gesicht. Es war ganz einfach ein Beschluß des stellvertretenden Ressortchefs der Untersuchungsabteilung im Operativsektor der SMA, Land Brandenburg, Hauptmann Uschakow.

Doch warum mußte ich noch bis zum ersten Tribunal im Juli 1948 mehrere Verhöre über mich ergehen lassen, wenn ich bereits gleich „überführt" war? Mich als siebzehn-, achtzehnjährigen Chef-Spion abgestempelt zu haben, schien wohl auch den Untersuchungsrichtern eine gewisse Glaubwürdigkeitslücke zu hinterlassen, obwohl das Alter bei politischen Vergehen keine Rolle spielte. Aber da man mich der LO zugeordnet hatte, bekam ich die entsprechenden Anklagepunkte nach Art. 58–6 Teil 1 und 58–11 StGB der RSFSR angerechnet. (Agententätigkeit und illegale Organisation)

Dazu noch zwei Bemerkungen:

1. Mein Freund Heinz Blumenstein, übrigens der erste FDJ-Vorsitzende in Frankfurt/Oder, den das MGB bereits am 30. September 1947 verhaftete, nachdem ihn Gerhard Jentsch, der Nachfolger im FDJ-Vorsitz, aus dem Westen (München) wieder nach Frankfurt/Oder gelockt hatte, wurde mir in Potsdam gegenübergestellt. Er war körperlich und seelisch gebrochen, litt an Tbc, woran er dann im März 1949 in Bautzen starb. Seine Aussagen sollten mich gravierend belasten. So konstruierten die Untersuchungsrichter

aus unseren Zusammenkünften eine antisowjetische Haltung und Spionagetätigkeit. Meine Einwendungen und Beteuerungen, daß diese Behauptungen nicht zuträfen, fanden kein Gehör und blieben unerheblich. Ich sollte nur Blumensteins Belastungsprotokoll unterschreiben, was ich ablehnte und dafür fast drei Tage schweren Karzer erhielt.

2. Unterleutnant Suworrow, mein letzter NKWD-Untersuchungsoffizier, suchte zudem in meinem beschlagnahmten Tagebuch nach Subversivem. Offenbar wurde er fündig. Ich hatte u. a. beschrieben, wie ein Sowjetoffizier im angetrunkenen Zustand vor dem Theaterportal in Frankfurt/Oder eine junge Frau belästigte. Das sei Rufmord, behauptete Suworrow wütend, und eine Verleumdung. So etwas täte kein Sowjetoffizier. Damit hätte ich eindeutig meine antisowjetische Haltung bewiesen. Die Folge: Ich handelte mir eine kaum zu schildernde Prügelorgie ein.

Aus der LO-Organisation schälte sich während der U-Haft eine „Kerntruppe" heraus, eben der Niepmann-Kreis. Dazu gehörten: Werner Tieke, Inge Schulze, Gerda Schulze, Brigitte Grünke, Hermann Spiekermann, Rudolf Hoffmann, Armin Tulle, Horst Neumann, Waltraud Schmidt und Dieter Zuschneid.

Durch die Enttäuschung über die allmähliche Entwicklung hin zum Totalitarismus in der SBZ waren sie als Gleichgesinnte bereit, darüber mit der CDU in West-Berlin zu diskutieren und ihr Berichte sowie Informationen aus Frankfurt/Oder zukommen zu lassen. Die Kontakte hatte Klaus Niepmann aufgenommen, zumal er zu verstehen gab, Theologie studieren zu wollen. Der Ansprechpartner war Georg von Broich-Oppert, ein CDU-Funktionär in West-Berlin. Außer Niepmann reisten noch H. Spiekermann und D. Zuschneid zu ihm, um Informationsmaterial abzugeben. Es geschah dies alles aus idealistischen Grün-

Der Fall Liberal Organisation (LO)

den, bei den meisten sogar ohne zu wissen, wie das „Material" ausgewertet wurde. Man suchte ganz einfach nur Anlehnung an demokratisch-freiheitliche Gepflogenheiten, die in der SBZ immer mehr abhanden kamen.

Darum waren die jungen Menschen aus der Kerntruppe bereit, Nachrichten, zumal aus dem Heimkehrerlager in Frankfurt/Oder, über die zurückkehrenden Kriegsgefangenen und deren Sterben in den Straßen und Krankenhäusern im zonenvergleichenden Maßstab ebenso zu beschaffen wie Informationen, die durch Briefe oder mündliche Überlieferungen ohnehin bekannt waren: Etwa über die Wahlbeeinflussung durch die SED während der Wahlkampagne im Herbst 1946, die Entwicklung der Parteien und ihre Infiltration mit sozialistischem Gedankengut durch die Medien der Sowjets und ihrer SED-Helfer.

Niepmann und andere wurden auch bespitzelt. So hatte man Wolf-Dieter Schenk als Spitzel auf D. Zuschneid angesetzt. Schenk warnte Zuschneid und bat ihn, auch die übrigen in Verdacht geratenen Mitstreiter wie Spiekermann und Hoffmann davon zu unterrichten. Doch mit einer Ausnahme tat dieser es nicht, sondern floh sofort nach West-Berlin. Niemand hörte mehr etwas von ihm. Obwohl ich mit ihm befreundet war, erfuhr ich von alledem nichts. Aber vielleicht glaubte er, ich gehörte nicht zum Niepmann-Kreis und wäre demzufolge nicht gefährdet.

Klaus Niepmann war also der Hauptangeklagte. Dabei spielte sein Taschenkalender (mit ABC-Register) eine bedeutende Rolle. Sämtliche Namen aller ihm bekannten „Mitstreiter" standen in seinem Notizbuch. Spiekermann war zwar als erster verhaftet worden – man hatte ihn observiert und befürchtet, er würde nach dem Westen fliehen – aber die Kettenreaktion der Verhaftung für alle übrigen begann erst mit Hilfe von Niepmanns Notizbuch, das eine Woche nach der Verhaftung in seiner Wohnung aufgefunden wurde. Nach und nach fielen die darin aufgeführten Personen der nun massiv vorgenommenen Verhaftungswelle zum Opfer. Und zwar immer dann, wenn Niepmann sie durch meist abwegige Behauptungen in seinen Protokollen belastete.

Er führte in diesem Zusammenhang darüber u. a. später aus: „[...] ich wurde geprügelt und schikaniert und mit der Verhaftung meiner Mutter und meines Bruders bedroht. Die Russen hielten mich für den ‚Residenten' der Organisation. Einige Zeit nach der Verhaftung wurde ich nach Potsdam verlegt. Wegen meiner Lungenerkrankung (Tbc) erhielt ich zeitweilig eine sogenannte doppelte Verpflegung, wurde dennoch mißhandelt. Die Verhöre fanden nachts statt. Ich mußte mich auf den Fußboden legen und erhielt mit einem Gummiknüppel Schläge auf die Fußsohlen, wenn ich nicht aussagen wollte. Ich mußte auch mehrere Tage im Winter unbekleidet bei offenem Fenster in einem Karzer stehen. Dann wurde mein Bruder Anfang Dezember (1947) verhaftet. Am 19. Dezember unternahm ich einen Selbstmordversuch, der aber fehlschlug. Danach war ich völlig fertig und konnte keinen Widerstand mehr leisten. Ich gab alles zu und machte damals jede gewünschte Aussage [...]" Die Kerngruppe nebst der dazugehörenden „kleinen Fische", insgesamt 30 Personen, wurde am 31. März 1948 vom Tribunal in Potsdam jeweils zu 25 Jahren Zwangsarbeits- und Erziehungslager verurteilt. Die zweite Gruppe der LO umfaßte 14 Personen und hatte zwei Verhandlungen, die erste am 16. Juli 1948. Weil hier alle Beteiligten (einmalig in Potsdam) angaben, nur unter Zwang die Aussagen gemacht zu haben, gab der Tribunal-Vorsitzende den Vorgang nochmals an die Untersuchungsorgane zurück. Die Rache des leitenden Ressortchefs des Operativen Sektors war gravierend: Zwei der Angeklagten, Heinz Blumenstein und Kurt Wandrey, bekamen schwere Tbc und verstarben daran später in Bautzen. Die zweite Verhandlung – natürlich waren wir schuldig zu sprechen! – fand dann vom 23. bis 25. September 1948 statt.

Weshalb die Behauptung, es wäre Rache gewesen? – Nun, der o. a. Ressortchef Oberleutnant Prokuratow sagte, uns würde die Zwischenzeit teuer zu stehen kommen, weil wir noch mehr körperlich geschwächt würden und noch weniger zu essen bekämen, was auch zutraf. Allerdings waren es diesmal nur zehn Personen, die vor dem Tribunal zu erscheinen hatten. Die Greifswalder Gruppe, vier Studenten mit Werner Niepmann, urteilte man gesondert ab, zu 25 Jahren Zwangsarbeits- und Erziehungslager. Sie wurden in die UdSSR transportiert, nach Workuta.

Die übrigen bekamen ebenfalls 25 Jahre und gelangten nach Bautzen. Verteidigung gab es grundsätzlich nicht, den Staatsanwalt sahen nur wenige. Einige Beispiele dafür, was den „Angeklagten" aus der LO-Organisation zur Last gelegt wurde:

Armin Tulle, Hans Bartel und Horst Neumann überklebten während der Wahlkampagne 1946 SED-Wahlplakate, weil die Wahlplakate von LDP und CDU systematisch abgerissen wurden. Außerdem berichteten sie von unmenschlichen Vorgängen im Gronefelder Heimkehrerlager in Frankfurt/Oder.

Anneliese Fricke wurde verhaftet, weil sie als Fotografen-Tochter angeblich ein Spionage-Foto an Niepmann weitergegeben hätte. Ein Sowjetoffizier hatte sich im Laden Abzüge von einem T 34-Panzer machen lassen.

Inge Pietsch und Helga Wunsch, Oberschülerinnen, hatten sich parteipolitisch betätigt. Ihre Namen standen in Niepmanns Notizbuch. Bernd Becker, CDU-Mitglied, Leiter der katholischen Jugend und anfangs initiativ in der FDJ tätig, stand im Notizbuch. Ihm wurde per se eine oppositionelle Haltung unterstellt. Georg Dammköhler hatte einen Koffer von Zuschneid aufbewahrt, den dieser bei seiner Flucht bei ihm hinterlassen hatte. Dabei handelte es sich angeblich um Spionage-Material. Die Brüder Kurt und Eduard Müller aus Brieskow-Finkenherd standen im Notizbuch. Außerdem hatten sie zugegeben, sie hätten in einer Müllgrube ein paar verrostete Waffen gefunden und dies der zuständigen Behörde gemeldet. Aber diese nahm keine Notiz davon. Daraus konstruierte der NKWD „Waffenbesitz" der Organisation. Guntram Kohlrusch, Neulehrer, behindert, betätigte sich parteipolitisch in der LDP. Sein Name stand im Notizbuch. Ebenso der von Theodor Löhrke, Neulehrer; er kannte Niepmann sogar von Kindheit an.

Heinz Blumenstein, Oberschüler, später Neulehrer, Begründer der Frankfurter FDJ, unterstellte man eine Gruppenbildung innerhalb der LO: enge Zusammenarbeit mit Niepmann als „Chefideologe".

Walter Vogel, damals Leiter der „Inneren Mission" in Frankfurt/Oder, früher Stadtrat, hatte nach Aussagen von Niepmann dem D. Zuschneid, der nach Cottbus mit dem Zug fahren wollte, ein warmes Essen auf dem Bahnhof verabreicht. Damit hatte er sich der Unterstützung der LO schuldig gemacht.

D. Zuschneid besuchte Ruth Tesch in Cottbus (sie kannten sich aus der Lufwaffenhelfer-Zeit). Weil er dort übernachtete, wurde sie der Mitarbeit in der Organisation bezichtigt. Darüber sagte Niepmann aus, sozusagen aus zweiter Hand, denn Zuschneid war im Westen und konnte nicht aussagen.

Willi Ludwig, Lehrer, Anfang Fünfzig, war Vater von Wolfgang Ludwig, der in West-Berlin als Student lebte und vom NKWD als wichtigste Verbindungsfigur zwischen Broich-Oppert und den Frankfurtern angesehen wurde. Man versuchte sogar, ihn zu kidnappen. Der nur kurzfristig inhaftierte Günter Makosch erklärte sich bereit, den Menschenraub zu organisieren. Doch er warnte Wolfgang Ludwig und floh nach Westdeutschland. Für diesen Mißerfolg mußte sein Vater Willi Ludwig büßen. Seine Verurteilung war nichts anderes als Sippenhaft.

Ebenso erging es Kurt Zuschneid, der in Görlitz wohnte,

dem Onkel von D. Zuschneid. Weil sein Neffe rechtzeitig fliehen konnte, wurde er an seiner Stelle verhaftet. Als Vorwand dienten Bemerkungen von K. Zuschneid während der Verhöre, die „wirtschaftlichen Verhältnisse" in der SBZ seien mangelhaft.

Hans Seidel, Endzwanziger, Architekt, hatte 1946 das Stalin-Denkmal im Anger in Frankfurt/Oder errichtet. Er war engagiert in der CDU und der FDJ und sein Name stand im Notizbuch. Harald Michel war mit Niepmann aus der Schulzeit bekannt. Seine Beschuldigung erfuhr niemand, denn Michel starb bereits in der U-Haft.

Dieter Linke, Oberschüler, erfuhr auf einer Lokal-Toilette von Niepmann, daß er Verbindungen mit CDU-Kreisen in West-Berlin hätte. Er wurde wegen Mitwisserschaft zu 25 Jahren verurteilt. Dieses Strafmaß erhielten alle Verurteilten, mit Ausnahme der Spitzel Nete und Schenk, die jeweils zehn Jahre erhielten, auch die Mutter von Rudolf Hoffmann, bei der man Briefe aus dem Westen anläßlich der Verhaftung ihres Sohnes gefunden hatte. Jene Angeklagten, die außerhalb Frankfurts lebten – in Cottbus, Görlitz, Guben – galten automatisch als Spionagezelle der LO. So auch Kurt Wandrey aus Staßfurt, der zufällig als Student mit Wolfgang Ludwig bekannt war. Er hatte als Mitglied der CDU im Oktober 1947 während der Volkskongreß-Tagung in Ost-Berlin als junger Abgeordneter gegen die Gleichschaltung der bürgerlichen Parteien im Antifa-Block gestimmt.

Er starb in Bautzen, wie auch Heinz Blumenstein, Gerda Schulze (in Hoheneck), Hans Bartel und Harald Michel (in U-Haft). Ruth Tesch wurde geisteskrank.

Ich selbst wurde mit der zweiten Gruppe am 16. Juli bzw. am 25. September 1948 verurteilt. Zur Strafverbüßung kam ich nach Bautzen. Im Januar 1954 wurde ich aufgrund einer Amnestie zu meinen Eltern in die Bundesrepublik entlassen.

Nähere Ausführungen bzw. Details sind zu entnehmen aus meinen Büchern: *Der Westen schweigt. Erlebnisse, Berichte, Dokumente über Mitteldeutschland 1945–1975.* Preußisch Oldendorf 1976. *Von Mimen und anderen Menschen: aus dem Leben eines Komödianten.* Baden-Baden 1993.

Katholische Jugend und FDJ in der SBZ und frühen DDR

Wolfgang Tischner

Eine Darstellung der Jugendarbeit der katholischen Kirche im sowjetischen Machtbereich nach dem Krieg wirft etliche Probleme auf.[1] Grundlegend ist dabei die Erkenntnis, daß man eigentlich kaum von „der katholischen Jugend" reden kann – so homogen der ostdeutsche Katholizismus in mancher Hinsicht war, so divergierend waren die Formen, in denen die katholische Jugendarbeit in Erscheinung trat. Sowohl die – spärliche – archivalische Überlieferung wie die Zeitzeugenberichte weisen darauf hin, daß man einen solchen Sammelbegriff nur mit äußerster Vorsicht gebrauchen kann, da der institutionelle Rahmen sich von Pfarrei zu Pfarrei deutlich unterscheiden konnte: Mal ist von einer „Meßdienergruppe" die Rede, mal von einer „Benno-Jugend" oder „Petrus-Gruppe". Die Jugendgruppen unterschieden sich in Struktur und Ausrichtung deutlich voneinander. Dieses phänotypische Verwirrspiel war durchaus nicht unbeabsichtigt: Die katholische Kirche hat sehr genau darauf geachtet, daß es in der SBZ keine einheitliche katholische Jugendorganisation gab.

Allerdings war diese lokale Vielgestaltigkeit nicht allein eine Entwicklung der Nachkriegszeit. Schon in den zwanziger Jahren wurde in der mitteldeutschen Diaspora ein auf die einzelne Pfarrei konzentriertes Konzept der Seelsorge und damit auch der Jugendseelsorge entwickelt. Unter dem Namen der „Katholischen Aktion" sollte sich etwa im Bistum Berlin das gesamte kirchliche Leben um die stark ausgebauten Gemeinden formieren, da in der räumlichen Zersplitterung eine diözesane Steuerung über die Stadt Berlin hinaus nicht möglich schien.[2]

In der NS-Zeit und in den ersten Jahren nach dem Krieg zeigte dieses regional unterschiedliche Auftreten deutliche Vorteile im Umgang mit den beiden einheitsstaatlichen, diktatorischen Regimen. Deren Sicherheitsapparate waren weitgehend zentral gelenkt und nahmen deshalb in den Diasporagebieten stärker die Protestanten wahr. In der SBZ bedeutete dies, daß die in der Öffentlichkeit präsente Junge Gemeinde der evangelischen Landeskirchen sehr viel mehr Aufmerksamkeit seitens der SED und der FDJ auf sich zog. Während diese „Vernachlässigung" der katholischen Jugend einen deutlich geringeren Verfolgungsdruck brachte, liegt der Nachteil für den Historiker darin, daß auf der übergeordneten Ebene heute nur sehr wenig kirchliche Quellen auffindbar sind. Dementsprechend stammt ein Großteil der generalisierenden Informationen aus staatlichem Material und muß mit dem nötigen quellenkritischen Vorbehalt gesehen werden. Außerdem hat die Konzentration des kommunistischen Apparates auf die Junge Gemeinde dazu geführt, daß auch in der Forschung fast ausschließlich die Junge Gemeinde als Gegner der FDJ wahrgenommen wird.[3]

In der Folge soll versucht werden, das so vielschichtige Phänomen der „katholischen Jugend" anhand der Auseinandersetzung mit der FDJ zu beschreiben. Zuerst wird die Ausgangslage im Jahr 1945 vorgestellt, dann die Auseinandersetzung zwischen FDJ und katholischer Jugend geschildert und abschließend die Entwicklung bis zum Volksaufstand vom 17. Juni 1953 skizziert.

I. Die Ausgangslage für die katholische Jugend im Jahr 1945

Die Katholiken im Bereich der späteren SBZ stellten 1939 nur eine vergleichsweise kleine Minderheit von 6 % der Bevölkerung, in absoluten Zahlen etwas unter einer Million Menschen.[4] Abgesehen von der sorbischen Minderheit in der Lausitz und den Katholiken im Eichsfeld handelte es sich dabei um eine im Zuge der Industrialisierung im Kaiserreich zugewanderte Gruppe, die sozial, religiös und landsmannschaftlich bis in die erste Hälfte des zwanzigsten Jahrhunderts von der einheimischen Bevölkerung ausgegrenzt wurde. Da sie als arme Zuwanderer am unteren Ende der sozialen Skala angesiedelt waren, kann man von einem Unterschichten-Katholizismus sprechen. Eine Folge dieser Ausgrenzung war eine deutlich staatsferne Mentalität der mitteldeutschen Katholiken, die aber auch Verstrickungen mit dem NS-Regime zur Ausnahme machte. Schon vor 1945 führte die soziale Situation und die Abwehrhaltung gegenüber der NS-Ideologie zu einer Gettoisierung des damaligen mitteldeutschen Katholizismus.

Noch im Krieg begann der Katholikenanteil an der Bevölkerung der späteren SBZ deutlich anzusteigen.[5] Neben der Mobilität durch Wehrmacht und Kriegswirtschaft war dies vor allem auf die Bombenevakuierungen zurückzuführen, die aus dem Rheinland nach Thüringen, Sachsen und Mecklenburg gingen. Für die Evakuierten wurde in Kooperation mit den Heimatbistümern eine eigene kirchliche Seelsorgestruktur errichtet. In Thüringen waren zeitweise mehrere Dutzend Priester aus dem Erzbistum Köln tätig, die dort Evakuierte, sowie Angehörige von Wehrmacht und Reichsarbeitsdienst betreuten.

Mit dem Zusammenbruch der Ostfront im Winter 1944/45 und der folgenden Flucht und Vertreibung kam es 1946 zur Verdoppelung der katholischen Bevölkerung auf

12 % (oder 2,1 Millionen) Menschen in der SBZ. Aufgrund der politischen Ausgrenzung als „Umsiedler" und ihrer völligen Mittellosigkeit war deren soziale und mentale Lage ähnlich der der einheimischen Katholiken.[6] Größere Spannungen scheint die Integration in die katholischen Gemeinden deshalb nicht bereitet zu haben – mit Ausnahme der sorbischen Gebiete –, wozu auch beitrug, daß ein großer Teil der Priester aus den Ostgebieten ebenfalls in der SBZ verblieb.[7] Anders als bei fast allen anderen Gruppen der Vertriebenen behielt ein Teil der Eliten, die Geistlichen, seine soziale Stellung bei und unterlag nicht der üblichen Deklassierung. Folglich spricht viel dafür, daß bei großen Teilen der vertriebenen Katholiken in der SBZ/DDR die Integration eher in die Gemeinden als in die als feindlich wahrgenommene Gesamtgesellschaft erfolgte und deshalb die religiöse Bindung noch gestärkt wurde.[8]

Die Verdoppelung der Gläubigenzahlen führte auch bei den Jugendgruppen zu einem entsprechenden Wachstum. Die Ausgangslage war hier vergleichsweise gut, da in der Diaspora katholische Jugendgruppen zum Teil die gesamte NS-Zeit mit arbeitsfähigen Strukturen überstanden hatten. Ein bekanntes Beispiel etwa ist die katholische Jugendgruppe in Brandenburg,[9] die den Jagdflieger Werner Mölders zu ihren Mitgliedern gezählt hatte und 1945 über den Zusammenbruch hinaus weiterbestand. Anders war die Situation der Protestanten: Durch die Überführung der evangelischen Jugendverbände in die HJ war nach dem Zusammenbruch ein Neuaufbau notwendig.

Konkrete Zahlen lassen sich hier nur schätzen, aber man wird für fast jede katholische Pfarrei eine solche Jugendgruppe annehmen dürfen, die allerdings häufig auch unter anderem Namen wie „Jugendseelsorgekreis" oder „Meßdienergruppe" fungierte. Bei rund tausend Pfarreien bzw. Seelsorgestellen wird man deshalb von einem harten Kern von 1945 nicht unter 10.000 Jugendlichen in der SBZ ausgehen dürfen, die das Skelett der katholischen Jugend bildeten. Allerdings muß man auch bedenken, daß damit wohl nur die regelmäßigen Teilnehmer an Gruppenstunden erfaßt sind, die Mobilisierungsfähigkeit von katholischen Jugendlichen dürfte noch weitaus höher gewesen sein: Man war also nicht Mitglied oder nicht, sondern die Teilnehmerzahlen variierten je nach Anlaß. Bei rein religiösen Feiern war der Kreis der beteiligten Jugendlichen vermutlich am größten, während mit Jugendstunden weniger Teilnehmer erreicht wurden.

Während somit die Ausgangslage für die katholische Jugendarbeit in der SBZ vergleichsweise gut war, stellten sich die Probleme für ihren Gegner, die KPD, anders dar. Am gravierendsten war der Personalmangel: Die Verfolgung durch das NS-Regime hatte praktisch die gesamte Jugendarbeit der KPD zum Erliegen gebracht, so daß der notwendige Personalstamm nicht zur Verfügung stand. Eine ganze Generation potentieller kommunistischer Jugendleiter war entweder gefallen oder aber durch eine HJ-Mitgliedschaft diskreditiert. Da der Aufbau einer Jugendorganisation ausgesprochen personalintensiv ist, schloß das von vornherein einen raschen Neuaufbau einer rein kommunistischen Jugend von der Basis her aus.

Zudem war die KPD in Bezug auf die katholische Jugend in ihrer Handlungsfreiheit durch ihren kirchenpolitischen Kurswechsel im Exil eingeschränkt: Nach 1935 hatten die deutschen Kommunisten versucht, eine „Volksfront" gegen das NS-Regime zu bilden, für die neben den Sozialdemokraten auch die katholische Kirche als Bündnispartner vorgesehen war.[10] Obwohl man seitens der Kirche niemals auf diese Avancen eingegangen war, hatte die KPD doch im Zuge dieser Politik einen Großteil ihrer antireligiösen Forderungen aus den Zeiten der Weimarer Republik wie etwa die nach einer Verstaatlichung kirchlichen Besitzes aufgegeben und konnte jetzt nicht mehr dahinter zurückgehen. Im „Nationalkomitee Freies Deutschland", der Kriegsgefangenenorganisation in der Sowjetunion, gab es mit dem „Arbeitskreis für kirchliche Fragen" sogar eine eigene Unterorganisation, in der Geistliche beider Konfessionen Konzeptionen für ein Deutschland nach dem Krieg entwickelten.[11] Insgesamt war somit 1945 die Ausgangslage für einen Aufbau und Ausbau der katholischen Jugend in der SBZ vergleichsweise weniger ungünstig als er vielen Zeitgenossen erschien.

II. Die Auseinandersetzung zwischen katholischer Jugend und FDJ in der Anfangsphase der SBZ

Aufgrund der geschilderten Personalknappheit empfahl sich für die Kommunisten vor allem eine Strategie in der Jugendpolitik: Sie bestand darin, eine Einheitsjugend zu bilden, in der sie dann langfristig die Führung übernehmen würden.[12] Es sollte sich also nicht um einen Aufbau von unten handeln, sondern um die Bildung einer Gesamtorganisation, in der man sich mit Hilfe der Sowjets dann durchsetzen konnte. Auf diese Weise konnte man einerseits – zumindest theoretisch – verhindern, daß konkurrierende Jugendorganisationen aufgebaut werden würden, und andererseits durch eine schrittweise Gleichschaltung das dringend benötigte eigene Personal langsam heranbilden. Ungewöhnlich war dieses Vorgehen nicht: bei einer vergleichbaren Problemlage ging die KPD/SED im Bereich der Sozialfürsorge mit der Gründung der Volkssolidarität ganz ähnlich vor – und scheiterte dort schließlich ebenfalls.[13]

Aufgrund solcher Überlegungen wurden deshalb die Jugendausschüsse als Vorläufer dieser einheitlichen Jugendbewegung gegründet. Sie erhielten das Monopol für die Jugendarbeit und den Zugriff auf die Erbmasse der HJ, z. B. im Bereich der Sportstätten. In dieser quasi verbeamteten

Form der Jugendarbeit konnte die KPD in den ersten Monaten nach Kriegsende die ihr durch ihre Position bei der SMAD zur Verfügung stehenden Möglichkeiten am besten nutzen. Der Zugriff auf bezahlte Stellen, der sich für Jugendfunktionäre bot, war in der immensen Not der Nachkriegszeit ein sehr überzeugendes Argument und half der KPD bei der Rekrutierung einer eigenen Personalbasis. Der Nachteil dieser Strategie war, daß natürlich schon die Zeitgenossen sie durchschauten und der Vergleich zur HJ sofort nahelag.

Für die Kirchen allerdings, und speziell für die katholische Kirche mit ihrer relativ gut funktionierenden Jugendarbeit, hatten diese Jugendausschüsse auch Vorteile. Zum einen bot die Mitarbeit einen begrenzten Schutz. In der Phase der kirchlichen Mitgliedschaft in den Jugendausschüssen und später in der FDJ konnten KPD/SED und Besatzungsmacht nur sehr eingeschränkt mit polizeilichen Mitteln gegen die katholische Jugend vorgehen. Diese konnte sich ja jederzeit darauf berufen, daß die Mitgliedschaft von katholischen Geistlichen in den Jugendausschüssen den guten Willen der Katholiken beweise, sich am Aufbau einer einheitlichen deutschen Jugendbewegung zu beteiligen. Zum anderen schien die Mitarbeit in den ersten Nachkriegsmonaten relativ risikolos zu sein, da die Kommunisten und die mit ihnen kooperierenden Sozialdemokraten in den Ausschüssen anfangs gar nicht die personellen Mittel hatten, um ihren Führungsanspruch durchzusetzen. Vor allem aber konnte man diese Zeit dazu nutzen, den Aufbau der eigenen Jugendgruppen möglichst ungestört voranzutreiben.

Diese kirchliche Gegenstrategie, sich offiziell am Aufbau der Jugendausschüsse und der FDJ zu beteiligen, ist praktisch niemals schriftlich festgehalten worden, war aber den Zeitgenossen präsent, wie erbitterte Bemerkungen von FDJ- und SED-Funktionären dokumentieren.[14]

Die Jugendausschüsse wurden bis zum Winter 1945 deutlich personell ausgebaut, so daß um die Jahreswende 1945/46 die KPD ernsthaft die Gründung der Gesamtjugendorganisation betreiben konnte. In den Jugendausschüssen gab es aufgrund der geschilderten Volksfront-Konzeption der KPD auch Vertreter der katholischen Kirche, später der evangelischen, obwohl sich zu diesem Zeitpunkt die evangelischen Jugendgruppen in der SBZ noch in der Gründungsphase befanden. Im Zentralen Jugendausschuß in Berlin vertrat Domvikar Robert Lange[15] die katholische Kirche. Lange war ein Vertrauter des Berliner Bischofs, des späteren Kardinals Konrad von Preysing[16] und konnte in seiner Funktion als Diözesanjugendseelsorger auch für sich in Anspruch nehmen, tatsächlich die notwendigen Kompetenzen zu besitzen. Zuerst hatte die KPD versucht, den aus der katholischen Jugendarbeit kommenden Manfred Klein[17] der katholischen Kirche als ihren Vertreter aufzudrängen. Klein, der anfangs das persönliche Vertrauen von Erich Honecker genoß, hatte sich aber sofort mit kirchlichen Stellen in Verbindung gesetzt und fungierte nach der Ernennung Langes zum Vertreter der katholischen Kirche dann als Mittelsmann der CDU.[18] Da aber das Verhältnis zwischen Lange und Klein nach anfänglichen Spannungen sehr gut war und zudem auch der Kontakt zum evangelischen Vertreter, Oswald Hanisch, funktionierte, gab es mehrere dezidierte Vertreter kirchlicher Interessen im Jugendausschuß bzw. FDJ-Zentralrat. Die von Honecker favorisierte Variante hätte aus kommunistischer Perspektive den Vorteil gehabt, eine nur von ihm abhängige Marionette zu installieren, die ohne kirchlichen Rückhalt dann nur formal hätte agieren können, während sich jetzt eine Gruppe formierte, die der SED-Politik deutlich distanziert gegenüberstand.

Dieser Personenkreis versuchte, im Vorfeld der FDJ-Gründung im Januar und Februar 1946 die Gesamtkonzeption der FDJ dahingehend zu ändern, daß es sich lediglich um einen Dachverband unterschiedlicher weltanschaulicher Gruppen handeln würde.[19] Eine solche Änderung hätte das Ende der Versuche der KPD bedeutet, die gesamte Jugendarbeit von oben her zu koordinieren und zu vereinnahmen. Sie konnte dieser Krise nur begegnen, indem sie durch die Besatzungsmacht Druck auf die kirchlichen Vertreter ausüben ließ und ihnen ein Verbot sämtlicher kirchlicher Jugendarbeit androhte. Gleichzeitig wurde als Entgegenkommen die Einrichtung kirchlicher Arbeitsgemeinschaften innerhalb der FDJ angeboten – die es dann allerdings niemals in nennenswertem Umfang geben sollte.

Das Risiko für die KPD bestand zu dieser Zeit darin, daß die Kirchen demonstrativ aus dem Prozeß der FDJ-Gründung aussteigen könnten und deshalb der damals noch erhobene Anspruch, eine für ganz Deutschland bestimmte demokratische Jugendorganisation zu sein, ad absurdum geführt werden würde. Diese Orientierung auf die Wirkung in den Westzonen bildete auch in der Folge den wichtigsten Schutzfaktor für die katholische Jugend.

Als weiterer Vorteil kam hinzu, daß die Beziehungen des Berliner Kardinals von Preysing gerade zur amerikanischen Besatzungsmacht sehr gut waren, so daß in den Berliner Westsektoren eine ganz reguläre katholische Jugend aufgebaut werden konnte. Dabei tolerierte die US-Besatzungsmacht Organisationsstrukturen im katholischen Bereich, die sie zur gleichen Zeit bei anderen Trägern der Jugendarbeit in ihrem Sektor unterband.[20] Neben Preysings persönlichem Renommee war dafür wohl vor allem der Einfluß der amerikanischen Militärkapläne verantwortlich. Etliche Aktivitäten, die in der SBZ behindert wurden oder zumindest risikoreich waren, etwa Schulungskurse für Jugendführer oder der Druck eines eigenen Mitteilungsblattes für die Leiter der katholischen Jugendgruppen,[21] fanden deshalb schon 1946 in West-Berlin statt. Der KPD/SED blieben diese Vorgänge nicht verborgen, doch waren ihre

Handlungsmöglichkeiten äußerst beschränkt, da gerade ihre sowjetischen Beschützer aus Angst vor westlicher Einflußnahme in der SBZ besonders strikt auf die Autonomie der jeweiligen Besatzungsmacht in ihrem Machtbereich pochten. Diese Kompensationsfunktion, die die freien Sektoren Berlins übernahmen, verbesserten deutlich die Ausgangslage der katholischen Jugend.

Die eigentliche FDJ-Gründung wurde auf dem sogenannten „I. Parlament" der FDJ vom 8. bis 10. Juni 1946 in Brandenburg an der Havel organisiert. Während das äußere Programm deutlich auf eine Einbeziehung der Kirchen eingestellt war – es gab z. B. Gottesdienste für Teilnehmer des Parlaments – kam es trotzdem zum Eklat[22]. Der sächsische Delegierte Robert Bialek äußerte während einer Tagungspause, als sich Teilnehmer über den ihrer Ansicht nach zu kirchenfreundlichen Kurs beklagten, daß die Zugeständnisse an die Kirchen nur taktischer Natur seien und man diesen zu gegebener Zeit schon „den Schnorchel umdrehen" werde. Da die Organisation alles andere als perfekt war, hörte dies ein katholischer Delegierter aus dem Eichsfeld mit, der darüber die kirchlichen Vertreter informierte. In deren Kreis wurde dann über einen demonstrativen Auszug aus dem Parlament beraten und auch eine Resolution entworfen, die sehr scharfe Kritik an der kommunistischen Jugendpolitik übte. Mit einer butterweichen Stellungnahme und der Einrichtung einer Untersuchungskommission, vor allem aber durch handfeste Drohungen des sowjetischen Jugendoffiziers Bodin wurden die kirchlichen Vertreter abgehalten, sich vom Parlament zurückzuziehen. Im Nachhinein wäre ein Bruch zu diesem Zeitpunkt möglicherweise die beste Lösung gewesen, da damit die FDJ von Anfang an klar mit dem Stigma der kommunistischen Zwangsorganisation belastet worden wäre. Allerdings war 1946 der Weg in die Diktatur zumindest für die Zeitgenossen noch nicht endgültig vorgezeichnet.

In dieser Krise nahm Erich Honecker als erster Vorsitzender der FDJ eine erstaunlich konziliante Haltung ein. Seine Interessenlage zielte dabei auf Höheres: Er wollte der Parteispitze der neugegründeten SED beweisen, daß er die gestellten Aufgaben, nämlich Bildung einer einheitlichen Jugendorganisation, aber auch ein Offenhalten der Ausbreitungsmöglichkeiten nach Westen hin, erfüllen konnte. Dazu kam die Rivalität zu den radikaleren sächsischen Vertretern, vor allem zu Robert Bialek, die zu diesem Zeitpunkt ebenfalls noch für eine Führungsaufgabe in der FDJ in Frage kamen und deshalb eine direkte Bedrohung seiner Position darstellten.

All dies führte dazu, daß Honecker im Gegensatz zu vielen lokalen FDJ-Funktionären auf der zentralen Ebene lange um eine Beschwichtigung der kirchlichen Vertreter bemüht war. Ein typisches Beispiel dafür ist Honeckers Position in einer anderen Affäre, der Auseinandersetzung um die Nutzung eines Jugendraums in Brandenburg, dem sogenannten Steintorturm.[23] Dort eskalierte die Auseinandersetzung zwischen der katholischen Jugendgruppe und der örtlichen FDJ soweit, daß die sowjetische Besatzungsmacht sich zum Eingreifen genötigt sah, um der Stadtverwaltung und der FDJ den Rücken zu stärken. Sicherlich spielte dabei auch eine Rolle, daß die Verknüpfungen zwischen Kirchengemeinde, örtlicher CDU und katholischer Jugend so eng waren, daß ausgesprochen geschickt gemeinsam agiert werden konnte. Auch hier versuchte Honecker aus taktischen Motiven eine Entspannung der Situation zu erreichen, die schon überregionales Aufsehen erregte.[24]

Diese Sonderbedingung hätten sich vermutlich insbesondere für die katholische Jugend positiv auswirken können, die in den Westzonen einen sehr guten Stand hatte: In der Nachkriegszeit war sie dort die wohl größte Jugendorganisation. Allerdings wurde diese Position nicht für die katholische Jugend in der SBZ wirksam, da es zu mehreren schweren taktischen Fehlern von Seiten der Koordinatoren der katholischen Jugendarbeit in den Westzonen kam.[25] So wurde Honecker noch zu einer Zeit, als er wegen seiner Politik innerhalb der SED nicht unumstritten war, in das katholische Jugendhaus Altenberg eingeladen, was natürlich trotz aller dort an ihm geübten Kritik seine Stellung gegenüber der SED-Spitze festigte.

Es gibt deutliche Anzeichen dafür, daß der gesamten FDJ-Spitze einschließlich Honeckers das Vorgehen der Kirchen mitsamt dem Ausbau der eigenen Jugendarbeit deutlich bewußt war, genauso, wie man sich in kirchlichen Kreisen wenig Illusionen über die kommunistischen Endziele hingab. Pointiert formuliert waren sich sowohl die kirchlichen Vertreter wie auch die FDJ-Spitze darüber im klaren, daß man sich gegenseitig belog. Beide Seiten hatten aber ein deutliches Interesse daran, es nach Möglichkeit in der ersten Nachkriegszeit nicht zum Bruch kommen zu lassen. Honecker und die übrigen Führungsmitglieder der FDJ benötigten die zumindest formale Mitarbeit der Kirchen und Blockparteien, um ihren innerparteilichen Aufstieg abzusichern, während die Kirchen fieberhaft ihre Position in der Jugendarbeit zu konsolidieren versuchten.

Diese Situation änderte sich jedoch, als ab Ende 1946 die Spannungen zwischen den Besatzungsmächten eskalierten und die Sowjetunion in der SBZ die Separatstaatsgründung vorbereiten ließ. Die katholische Kirche war davon besonders betroffen, da sich der Berliner Kardinal von Preysing, wie schon in der NS-Zeit, als mutiger Gegner jeglicher totalitärer Tendenzen erwies. Der Gleichschaltungsprozeß fand im Dezember 1947 seinen vorläufigen Höhepunkt, als die katholisch dominierte Berliner CDU-Spitze um Jakob Kaiser von den Sowjets abgesetzt und aus der SBZ verdrängt wurde.[26]

Das schärfere Vorgehen gegen jegliche politische Opposition ließ auch die Position von Manfred Klein als CDU-

Vertreter in der FDJ-Spitze auf Dauer unhaltbar werden. Klein hatte sich mutig den Gleichschaltungsbestrebungen innerhalb der FDJ entgegengestellt und mehrere Warnungen Honeckers mißachtet.[27] Zudem war er vom sowjetischen Geheimdienst unter Druck gesetzt worden, Berichte über seine Tätigkeit und vermutlich auch über die katholische Kirche und die CDU anzufertigen. Klein offenbarte dies dem katholischen Jugendvertreter Lange[28], weswegen der Vorgang überhaupt rekonstruierbar ist. Man kann die Anfertigung solcher Berichte nicht mit einer Spitzeltätigkeit für das MfS gleichsetzen: In der Nachkriegszeit konnte die Ablehnung einer solchen Anforderung seitens der Sowjets direkt lebensbedrohliche Konsequenzen nach sich ziehen, so daß Indizien dafür sprechen, daß sich auch etliche damalige Entscheidungsträger in der CDU und der LDP diesem Druck nicht verschließen konnten.[29] Wie weitgehend Klein sich den Sowjets widersetzte, läßt sich nicht rekonstruieren, klar ist jedoch, daß er auf der politischen Ebene Widerstand leistete und versuchte, einen Grundsatzbeschluß herbeizuführen, der Gewalt aus der FDJ verbannen sollte. Als er trotz Warnungen seitens Honeckers nicht davon abging, wurde er im März 1947 unter dem Vorwurf des Waffenbesitzes und der nationalsozialistischen Tätigkeit verhaftet und zu 25 Jahren Gefängnis verurteilt, von denen er insgesamt sieben absitzen mußte.

Kleins Verhaftung führte zum Ende der regulären Mitarbeit der kirchlichen Vertreter beim FDJ-Zentralrat, die aber formal noch ihre Verbindungsfunktion aufrecht erhielten – sie waren offiziell nicht Mitglieder, sondern Verbindungsleute – während die Vertreter von CDU und LDP im Januar 1948 ausgeschieden waren. Vermutlich war die Eskalation im Fall Klein so weder von Honecker noch den Sowjets geplant, die sicherlich das öffentliche Aufsehen gerne vermieden hätten. Dafür sprechen die mehrfachen Warnungen Honeckers an Klein sowie die Verhaftung mehrerer Jugendlicher in Dresden im August 1946,[30] die ein deutliches Warnsignal darstellen sollte, deren Mitglieder aber dann wieder freigelassen wurden. Insgesamt läßt sich diese Phase der Jahre 1945 bis 1947/48 so zusammenfassen, daß es eine vorgetäuschte Zusammenarbeit gab, in der beide Seiten jeweils ihre Positionen ausgebaut haben.

III. Vom Ausscheiden der kirchlichen Jugend aus der FDJ 1949 bis zum Aufstand vom 17. Juni 1953

Obwohl spätestens mit Kleins Verhaftung jede noch existierende Zusammenarbeit zwischen katholischer Jugend und FDJ aufgehört hatte, kam es erst 1949, auf dem III. Parlament der FDJ, zur offiziellen Trennung von den Kirchen. Aus kommunistischer Sicht war damit endgültig der Versuch gescheitert, sich das Monopol auf die weltanschauliche Prägung der ostdeutschen Jugend zu sichern. Allerdings ging wohl der Großteil der FDJ-Spitze zu diesem Zeitpunkt davon aus, daß im Zuge des fortschreitenden Machtausbaus der SED bald mit Polizeigewalt jegliche nichtkommunistische Jugendarbeit unterdrückt werden könnte. Für die katholische Jugend bedeutete dies, daß der Schutz, den die formale Mitgliedschaft in der FDJ trotz allem geboten hatte, wegfiel.

Allerdings spricht viel dafür, daß der im Detail nur schwer nachzuzeichnende Ausbau der katholischen Jugendgruppen 1949 schon im wesentlichen vollendet war. Die Gemeindestrukturen waren soweit ausgedehnt, daß der Verdoppelung der Gemeindemitglieder Rechnung getragen werden konnte. Vor allem war in West-Berlin ein breites Spektrum an Hilfsmöglichkeiten für die katholische Kirche in der DDR geschaffen worden: Kurse für Jugendführer, kirchliches Schrifttum und, für den schlimmsten Fall, ein Fluchtweg standen hier bereit und erleichterten die Arbeit in der DDR deutlich.[31] Konkrete Zahlen über das Wachstum der katholischen Jugend in der DDR gibt es m. W. aus kirchlichen Quellen nicht. Man wird aber wohl von einem harten Kern von bis zu 15.000 Mitgliedern der Pfarrjugendgruppen allein in Berlin ausgehen können. Das Verschleiern der tatsächlichen Größenordnung war auf katholischer Seite durchaus gewollt: Um dem Vorwurf zu entgehen, die katholische Jugend sei eine illegale Organisation, gab es kaum ernstzunehmende Versuche, auf diözesaner (und schon gar nicht DDR-weiter) Ebene eine einheitliche Organisationsstruktur zu schaffen, sondern die Jugendarbeit spielte sich in den einzelnen Pfarreien ab. Eine Rolle spielte dabei auch die Rivalität zwischen den Bistümern Meißen und Berlin, die anfängliche Vorüberlegungen zu einer überregionalen Koordinierung zunichte machte.[32]

Der Verzicht auf einen überregionalen Zusammenschluß der katholischen Jugend war auch deshalb zu verschmerzen, weil die einheitliche Weltanschauung und die religiösen Feiern wie etwa Jugendwallfahrten für die entsprechenden übergreifenden Gemeinschaftserlebnisse sorgten. Während die FDJ genau wie vor ihr die HJ große Aufmärsche und Gemeinschaftserlebnisse erst mühselig inszenieren mußte, konnte der ostdeutsche Katholizismus auf ein seit den Tagen der Weimarer Republik erprobtes Repertoire an religiösen Großveranstaltungen zurückgreifen. Die speziell für den Diasporakatholizismus entwickelten Veranstaltungstypen wie etwa die „Märkischen Katholikentage" hatten früh Formen der Glaubensausübung bereitgestellt, die auch in Minderheitssituationen realisierbar waren: Die nicht immer durchzuführenden alltäglichen oder -wöchentlichen Gottesdienste wurden durch monatliche Sondertreffen ergänzt. Für die Jugendseelsorge waren solche Veranstaltungsmuster in der Nachkriegszeit ideal. Bei diesen Diözesanjugendtagen oder -wallfahrten zeigte sich dann, daß das Mobilisierungspotential unter katholischen Jugendlichen für derartige Sonderereignisse weit über die eigentlichen Pfarrjugendmitglieder hinausging. So verzeichnen staatsnahe und kirchliche Berichte übereinstimmend auch für reine Diasporagebiete Ende der vierziger Jahre durchaus mehrere tausend Teilnehmer bei diesen Veranstaltungen.[33]

Wie gut es trotz solcher Zahlen gelang, ein niedriges Profil beizubehalten, zeigt sich an der Wahrnehmung seitens der kommunistischen Gegner: Man findet in den Akten besonders der Volkspolizei nur selten explizite Verweise auf die katholische Jugend, die in der Regel unter die „Junge Gemeinde" subsumiert wurde. Die katholische Jugend war für die zentralistisch denkenden Staats- und Parteifunktionäre sehr viel schlechter zu fassen als die evangelische Junge Gemeinde, die in der ganzen DDR unter diesem Namen auftrat und deshalb deutlich schneller in ein Verfolgungsraster geriet.[34]

Ende der 40er Jahre führte die verstärkte Stalinisierung der DDR in einer Gegenreaktion zu einem deutlichen Aufschwung der kirchlichen Jugendarbeit, wie die von der Volkspolizei erhobenen Mitgliedszahlen deutlich belegen: Die katholische Jugend in der DDR und Ost-Berlin hatte 1951 22.000 Mitglieder, die bis 1952 auf 30.000 anwuchsen, die Junge Gemeinde 1951 72.000 und ein Jahr später schon 108.000.[35] Deutlich wird beim Vergleich dieser Zahlen, die zwar einerseits mit einem großen quellenkritischen Vorbehalt versehen werden müssen, anderseits aber nicht völlig unrealistisch erscheinen, daß die Organisationsdichte in den katholischen Jugendgruppen größer war als bei den Protestanten: Prozentual mehr katholische Jugendliche waren kirchlich gebunden. Die soziale Zusammensetzung der katholischen Jugend wich dagegen vermutlich von der der Jungen Gemeinde ab. Während die evangelische Jugend eine deutliche Stärke im Bereich der Oberschulen zeigte, dort quasi als Sammelpunkt jugendlicher Oppositionshaltung zu verstehen ist, war die katholische Jugend wahrscheinlich eher schichtübergreifend zusammengesetzt.[36] Überspitzt formuliert dürfte bei der katholischen Pfarrjugend der Kern immer noch in der religiösen Betätigung gelegen haben, während sich bei der Jungen Gemeinde wohl häufiger religiöse und politische Motive die Waage hielten.

Das Wachstum der kirchlichen Jugend, vor allem der Jungen Gemeinde, war einer der Auslöser für den Kirchenkampf 1952/53 im Zuge des „beschleunigten Aufbaus des Sozialismus".[37] Da die Verfolgungsmaßnahmen der SED sich vor allem auf die höheren Schulen und Universitäten konzentrierten, war die Junge Gemeinde davon stärker betroffen als die katholische Jugend, wobei die staatlichen Quellen kaum konfessionelle Unterscheidungen treffen. Mehrere tausend Schüler und Studenten wurden auf Druck der jeweiligen FDJ- oder SED-Gruppe von der Schule bzw. dem Studium ausgeschlossen.[38] Am Aufstand des 17. Juni 1953 selbst waren die Jugendgruppen beider Konfessionen deutlich beteiligt, nicht immer zur Freude der eigenen Amtskirchen. Die Wut über die besonders in den Frühjahrsmonaten 1953 verschärfte Drangsalierung war bei den kirchennahen Jugendlichen so groß, daß auch der Abbruch des offenen Kirchenkampfes durch die SED am 9./10. Juni auf Weisung aus Moskau nicht zu einer Beruhigung führte. Die offenen Verfolgungsmaßnahmen wurden zwar nicht wiederaufgenommen, doch führte die im nächsten Jahr, 1954, erstmals durchgeführte Jugendweihe zu einem tiefen quantitativen Einschnitt in der kirchlichen Jugendarbeit.

Insgesamt betrachtet begann die katholische Jugend in der SBZ ihre Arbeit 1945 von einer relativ starken Position aus. Sie hatte als einzige größere weltanschauliche Gruppe in der Jugendarbeit das Dritte Reich mit zum Teil arbeitsfähigen Strukturen überstanden. Zudem war die KPD durch ihr Volksfrontkonzept an sofortigen Repressionsmaßnahmen gehindert. In den ersten Nachkriegsjahren verfolgte die katholische Jugend, genau wie die evangelische Junge Gemeinde, eine doppelgleisige Strategie: Man beteiligte sich offiziell an der FDJ-Gründung, um dadurch Zeit zum Aufbau der eigenen Jugendgruppen zu bekommen. Als die Verhaftung Manfred Kleins und endgültig das Ausscheiden aus der FDJ 1949 die katholische Jugend stärker der Verfolgung aussetzten, waren die wesentlichen Strukturen gebildet, die bis 1952/53 ein deutliches Wachstum trotz aller staatlichen Repressionsmaßnahmen erlaubten. Es gelang also, unter den Bedingungen einer beginnenden Diktatur die katholische Jugendarbeit weiter auszubauen und das kommunistische Konzept einer Einheitsjugend zu unterlaufen.

Anmerkungen

1 Die katholische Jugendarbeit in der SBZ/DDR ist vor allem aufgrund der Quellenproblematik bisher weitgehend unerforscht. Zu den auf zentraler Ebene zu rekonstruierenden Abläufen vgl. Wolfgang Tischner, Katholische Kirche in der SBZ/DDR 1945–1951. Die Formierung einer Subgesellschaft im entstehenden sozialistischen Staat (Veröffentlichungen der Kommission für Zeitgeschichte, B, 90). Paderborn u. a. 2001, S. 323–349.

2 Zur Katholischen Aktion in Berlin vgl. den Quellenbestand im Nachlaß von Walter Adolph in der Kommission für Zeitgeschichte in Bonn (KfZ WA). Das gemeindezentrierte Berliner Konzept ist am besten faßbar in der Darstellung des späteren Bischofs von Ermland, Maximilian Kaller, Unser Laienapostolat in St. Michael, Berlin. Leutesdorf am Rhein 1926.

3 So auch die überzeugende Analyse von Hermann Wentker, „Kirchenkampf" in der DDR. Die Auseinandersetzung um die Junge Gemeinde 1950–1953, in: VfZG 42 (1994), S. 95–127.

4 Zur Diskussion über die Katholikenzahl in der SBZ vgl. Tischner, siehe Anm. 1, S. 57.

5 Die Bevölkerungsverlagerungen im Zuge der Bombenevakuierungen sind bisher nicht völlig erforscht; teilweise zog sich die Rückführung in die Heimatgemeinden bis 1948 hin. Vgl. Manfred Wille,

Zu einigen Aspekten der Bevölkerungsbewegung in den ersten Jahren nach dem Zweiten Weltkrieg in der Sowjetischen Besatzungszone Deutschlands, in: Wissenschaftliche Zeitschrift der Pädagogischen Hochschule „Erich Weinert" Magdeburg 26 (1989), S. 532–542.

6 Eine Analyse der Lage der katholischen Vertriebenen in der SBZ/DDR stellt ein weiteres Desiderat der Forschung dar; vgl. für Sachsen Notker Schrammek, Alltag und Selbstbild von Flüchtlingen und Vertriebenen in Sachsen 1945–1952. Diss. Leipzig 2000, im Druck.

7 Aussagen darüber sind schwierig, da nur e silentio argumentiert werden kann. Dennoch läßt sich m. E. dieser Schluß ziehen, da eine gezielte Suche in kirchlichen Quellen nach größeren Konflikten zwischen Vertriebenen und einheimischen Katholiken erfolglos blieb. Ebenso betonen die Befragungsprotokolle der katholischen Vertriebenen aus Notker Schrammeks Projekt die gute Integration in die Gemeinden, vgl. ebd.

8 Vgl. ebd. sowie die Zwischenergebnisse eines gemeinsamen Projektes des Historischen Seminars der Universität Leipzig mit der Kommission für Zeitgeschichte, Bonn, in dem die Integration vertriebener Eliten in Sachsen 1945–1952 untersucht wird. In den protestantischen Gemeinden scheint der Prozeß eher andersherum abgelaufen zu sein: Die Vertriebenen fanden keine Heimat und verloren deshalb den Kontakt.

9 Vgl. die Erinnerungen eines Mitglieds: Werner Dolata, Chronik einer Jugend. Katholische Jugend im Bistum Berlin 1936–1949. Hildesheim 1988.

10 Die Religionspolitik der KPD im Exil ist bislang nur sehr unzureichend erforscht; vgl. aber Gerhard Wolter, Die Strategie und Taktik der KPD und SED bei der Einbeziehung christlicher Kräfte in die Lösung der Lebensfragen der deutschen Nation (1933–1950). Habilitation masch. Leipzig 1968.

11 Vgl. die allerdings sehr problematische Quellenedition von Klaus Drobisch (Hrsg.), Christen im Nationalkomitee „Freies Deutschland". Eine Dokumentation. Berlin (Ost) 1973.

12 Vgl. Ulrich Mählert, Die Freie Deutsche Jugend 1945–1949. Von den „Antifaschistischen Jugendausschüssen" zur SED-Massenorganisation: Die Erfassung der Jugend in der Sowjetischen Besatzungszone. Paderborn u. a. 1995.

13 Vgl. Wolfgang Tischner, Wohlfahrtspflege zwischen den Diktaturen: Caritas, Innere Mission und Volkssolidarität in SBZ und

früher DDR, in: Mike Schmeitzner/Rainer Behring (Hrsg.), Diktaturdurchsetzung in Sachsen. Studien zur Genese der kommunistischen Herrschaft 1945–1952 (Schriften des Hannah-Arendt-Instituts für Totalitarismusforschung, 22). Köln u. a. 2003, S. 349–369.

14 Vgl. den Bericht des Landesjugendausschusses Sachsen vom 20.12.1945, SAPMO DY 30/IV 2/16 217 pg. 202–216: „Am 4. November 1945 fand in Leipzig eine illegale Sitzung verschiedener Geistlicher und der katholischen und evangelischen Vertreter im Jugendausschuß mit dem Berliner Professor Dovifat statt, auf der Professor Dovifat riet, sich offiziell zwar an der Arbeit des Jugendausschusses zu beteiligen, aber trotzdem eigene Jugendgruppen zu organisieren [...] Inzwischen ist festzustellen, daß sich die Jugendlichen, die [sich] bisher in den katholischen und evangelischen Jugendgruppen betätigten, überhaupt nicht an der Arbeit des Jugendausschusses der Stadt Leipzig beteiligen".

15 Vgl. Georg Puchowski, Pfarrer Robert Lange (1908–1955), in: Wichmann-Jahrbuch 9/10 (1955/56), S. 152–159.

16 Dr. Konrad Graf von Preysing-Lichtenegg-Moos (1880–1950), 1932 Bischof von Eichstätt, 1935 Bischof von Berlin, 1946 Kardinal. Vgl. zuletzt Wolfgang Knauft, Konrad von Preysing – Anwalt des Rechts. Der erste Berliner Kardinal und seine Zeit. Berlin 1998.

17 Manfred Klein (1925–1981), 1945–1947 Vertreter der CDU im Zentraljugendausschuß bzw. Zentralrat der FDJ, 1947–1956 inhaftiert. Vgl. seine Erinnerungen: Manfred Klein, Jugend zwischen den Diktaturen 1945–1956. Mainz 1968.

18 Ebd., S. 25–27.

19 Vgl. Tischner, siehe Anm. 1, S. 331f.

20 Ebd., S. 340.

21 Es handelte sich um „Die Botschaft", die als Organ für die Leiter katholischer Jugendgruppen ab September 1946 in einer Auflage von rund 2.000 Stück erschien und zum größten Teil in den kommunistischen Machtbereich verbracht wurde, vgl. den Antrag für die Drucklizenz vom 31.5.1946 im DAB I/12–19.

22 Von dem Vorfall liegen mehrere Berichte mit jeweils unterschiedlichem Wortlaut, aber mit wenig Differenzen in der Sache vor. Zu den Quellen vgl. Tischner, siehe Anm. 1, S. 334, Anm. 468. Der wichtigste Augenzeugenbericht wurde vermutlich vom sächsischen Delegierten Waldemar Pilaczek verfertigt, vgl. das Exemplar im Bistumsarchiv Magdeburg, Faszikel FDJ. Dort auch der Wortlaut der Resolution.

23 Vgl. den Augenzeugenbericht in Dolata, siehe Anm. 9, sowie den Schriftverkehr in KfZ WA 33a.

24 Vgl. zu Honeckers persönlicher Position den Bericht in SAPMO DY 30 IV 2/905/78 pg.112.

25 So das Urteil seines späteren Stellvertreters, vgl. dessen Darstellung: Heinz Lippmann, Honecker. Porträt eines Nachfolgers. Köln 1971, S. 86f.

26 Dazu zuletzt Ralf Thomas Baus, Die Christlich-Demokratische Union Deutschlands in der sowjetisch besetzten Zone 1945 bis 1948 (Forschungen und Quellen zur Zeitgeschichte, 36). Düsseldorf 2001, S. 397–408.

27 Vgl. Klein, siehe Anm. 17, S. 80–85.

28 Vgl. den Bericht von Lange vom 20.4.1947 über Kleins Berichterstattung an sowjetische Stellen, KfZ WA 18e2 pg. 142.

29 Bisher sind die Arbeitsmethoden der sowjetischen Geheimdienste aufgrund der fehlenden Quellen nur wenig untersucht; vgl. aber die Beschreibung, die Karl Buchheim in seinem Tagebuch von den Versuchen gibt, ihn anzuwerben (ACDP 01-188 NL Karl Buchheim).

30 Vgl. den Bericht von Werner Haberthür und Herbert Franzkowiak, DAB V/16-5 sowie demnächst die Leipziger Dissertation von Birgit Mitzscherlich über das Bistum Meißen in der Amtszeit von Bischof Petrus Legge.

31 Die katholische Kirche verfügte im Bistum Berlin über ausgezeichnete Kontakte zur amerikanischen Besatzungsmacht, gerade auch im Bereich der Sicherheitsdienste. Die entscheidende Figur war hierbei Walter Adolph, vgl. dessen Schriftverkehr mit dem politischen Berater der amerikanischen Besatzungsmacht, Kleinschmidt, in KfZ WA 5j.

32 Dazu Tischner, siehe Anm. 1, S. 340.

33 Vgl. etwa die Mitteilung der FDJ Werdau vom 23. Mai 1948 über ein Bezirksjugendtreffen der katholischen Jugend, SAPMO DY 30/IV 2/16 218 pg. 243 oder den Bericht im „Petrusblatt" 40 (30.10.1948) über eine Jugendwallfahrt im Bistum Meißen am 29.8.1948 mit 4.500 Teilnehmern.

34 Dementsprechend fehlt die katholische Jugend auch in nach 1989 entstandenen Darstellungen zur Geschichte der FDJ weitgehend, vgl. Mählert, siehe Anm. 12.

35 „Bericht über die Tätigkeit der sogenannten ‚Jungen Gemeinde'", ca. Juli 1952, BArchB 11/867 pg. 5–16.

36 Die Schichtung der ostdeutschen Katholiken ist bisher nur wenig untersucht. Die zeitgenössischen Klagen legen eine deutliche Abwanderungsbewegung der Akademiker in die Westzonen nahe, doch ist 1989 der Akademikeranteil unter den Katholiken der DDR relativ hoch, was auf einen sektoralen Aufstieg in nicht-gesellschaftswissenschaftlichen, politisch unproblematischen Studiengängen hindeutet.

37 Vgl. Wolfgang Tischner, Die Kirchen im Umfeld des Volksaufstands vom 17. Juni 1953, in: HPM 7 (2000), S. 151–181.

38 Zu den Zahlen vgl. ebd., S. 161f., Anm. 57.

Evangelische Jugend in der SBZ

Georg Wilhelm

Diktaturen mit dem Anspruch auf totalitäre Durchdringung ihrer Gesellschaft legten – wie die Geschichte des letzten Jahrhunderts gezeigt hat – besonders viel Wert darauf, den Einfluß auf die Jugend zu monopolisieren und andere Träger der Jugendarbeit aus diesem Bereich zu verdrängen. Wie die evangelische Kirche in der SBZ darauf reagiert hat, soll im Mittelpunkt des vorliegenden Beitrags stehen, während auf die Jugendpolitik der KPD/SED nur insoweit eingegangen wird, als es für die Darstellung der evangelischen Jugendarbeit notwendig ist.[1] Ihre Überwachung durch die neu entstandenen Sicherheitsorgane in der SBZ bildet einen besonderen Schwerpunkt meines Beitrags.

Nachfolgend soll unter der Evangelischen Jugend die Junge Gemeinde verstanden werden, ein Begriff, der die Jugendarbeit der acht evangelischen Landeskirchen in der SBZ/DDR umfaßt. In der Nachkriegszeit gehörten in der Regel nur getaufte und konfirmierte Jugendliche zur Jungen Gemeinde.[2] Dabei orientierte sich die evangelische Kirche, zu der sich 1946 noch über 80 % der Bevölkerung in der SBZ bekannten, am volkskirchlichen Konzept. Die Zugehörigkeit zur Jungen Gemeinde basierte auf der Taufe und der aktiven Teilnahme am religiösen Leben in den Jugendgruppen der jeweiligen Kirchgemeinde.[3] Eine besondere Mitgliedschaft in der Jungen Gemeinde gab es nicht. Seine Zugehörigkeit zu ihr bekundete der einzelne mit dem Kreuz auf der Weltkugel, dem sogenannten Kugelkreuz. Dieses war als Zeichen der evangelischen Jugend schon in der „Ordnung der Evangelischen Jugend Deutschlands" im Mai 1946 festgelegt worden.[4] Es wurde damals im Gesamtbereich der Evangelischen Kirche in Deutschland als Bekenntniszeichen getragen, also auch in den westlichen Besatzungszonen, wo wieder unterschiedliche Jugendorganisationen entstanden. Mit der „Stafette", die mit der Weihnachtsnummer 1947 (Auflage: 50.000) herauskam und bis Ende 1952 erscheinen konnte, verfügte die Junge Gemeinde in der SBZ sogar über eine eigene Zeitschrift.[5] Seriöse Angaben über die Größe der Jungen Gemeinde in der SBZ sind aufgrund ihrer Anbindung an die jeweilige Kirchgemeinde kaum möglich.[6] 1952 ging die SED von ca. 108.000 Angehörigen aus.[7] Sie war stärker in den bürgerlichen Mittelschichten vertreten, besonders unter den Oberschülern.

Wenden wir uns nun der Ausgangslage der evangelischen Kirche im Jahr 1945 zu! Hatte die Politik der Nationalsozialisten die Verdrängung der Kirchen aus dem öffentlichen Leben mit großem Aufwand betrieben, so schlug bei Kriegsende die „Stunde der Kirche". Insofern Deutschland als völkerrechtliches Subjekt über keine eigene Zentralgewalt mehr verfügte, fiel den Kirchen als nahezu einzigen institutionell weitgehend schadlos gebliebenen Instanzen eine vor allem soziale und politische Wortführerschaft im Lande zu. Aufgrund ihrer weitgehend intakten Organisation, ihrer volkskirchlichen Verankerung und ihrer karitativen Kompetenz konnten die Kirchen nicht nur eine moralische Führungsrolle beanspruchen, es wurde ihnen auch von seiten der alliierten Besatzungsmächte ein – im Vergleich zu anderen Institutionen – weitgehender geistiger und politischer Freiraum gewährt.[8] Diesen suchten die Kirchen mit dem Ziel einer umfassenden Neuordnung Deutschlands auf der Basis und aus dem Geiste des Christentums zu nutzen. Schließlich interpretierten sie den Nationalsozialismus als extreme Erscheinung der die Säkularisierung vorantreibenden Moderne.⁹ Nicht nur eine 1945 – allerdings nicht sehr lang anhaltende – Kircheneintrittswelle signalisierte nach Kriegsende, daß die evangelische Kirche mit dieser Konzeption zeitweise über großen Rückhalt in der Bevölkerung verfügte.

Eine zentrale Erkenntnis aus dem Kirchenkampf war der kirchliche Anspruch, sich nicht mehr aus der Öffentlichkeit verdrängen zu lassen, sondern gesellschaftliche Verantwortung wahrzunehmen.¹⁰ Ihren Auftrag sah die evangelische Kirche darin, vom Evangelium her zu den Lebensfragen des Volkes Stellung zu nehmen.¹¹ Als eine weitere Lehre aus dem Dritten Reich zog die Kirche die Erkenntnis, ihre institutionelle Autonomie zu behaupten: „Kirche muß Kirche bleiben." Das Leitbild der „staatsunabhängigen, aber gesellschaftsoffenen Volkskirche"¹² implizierte die Freiheit von Bevormundung und Unterwanderung.

Im Vergleich zu der Zeit vor dem Nationalsozialismus gab es jedoch 1945 klare Einbußen. Der Protestantismus war durch die nationalsozialistische Kirchenpolitik stärker auf den engeren Kirchenbereich zurückgedrängt worden. Das galt besonders für die kirchliche Jugendarbeit. Die verschiedenen Vereine und Bünde, die sich in der evangelischen Jugendarbeit engagiert hatten, waren noch Ende 1933 eigenmächtig von Reichsbischof Müller in die Hitlerjugend eingegliedert worden.¹³ Die religiöse Betreuung der evangelischen Jugendlichen war so nur noch in beschränktem Umfang möglich gewesen. Als Reaktion darauf lösten sich die Vereine teils selbst auf oder entließen ihre Mitglieder, um sie – beschränkt auf „lediglicheWortverkündung" – im Rahmen der Kirchgemeinden wieder zu sammeln. Evangelische Jugendverbände wie der „Christliche Verein junger Männer" bestanden nur noch für die über 18jährigen und hatten sich ebenso wie die katholischen Organisationen auf rein religiöse Aktivitäten zu beschränken. Die örtlichen Vereine des CVJM wurden ab Mitte 1938 vom Sicherheitsdienst

(SD) nach und nach aufgelöst.[14] In dieser Zeit spielten Jugendgottesdienste, gemeinsame Morgen- und Abendwachen, das evangelische Bekenntnislied und das Verkündigungsspiel eine zunehmende Rolle.

Diese Entwicklung ist nach 1945 nicht rückgängig gemacht worden.[15] Die Tendenz zur engeren Anbindung von evangelischen Vereinen an die kirchlichen Strukturen, die im Nationalsozialismus schon gegeben war, wurde unter den neuen Bedingungen verstärkt.

Denn die SMAD, deren Kirchenpolitik zunächst von weitgehendem Entgegenkommen gekennzeichnet war, verwahrte sich gegen die Wiedererrichtung des umfangreichen kirchlichen Verbands- und Vereinswesens.[16] Dabei wurde das Verbot konfessioneller Jugendverbände unterschiedlich aufgenommen. Mit diesem konfrontiert, äußerten kirchliche Vertreter aus Leipzig schon kurz nach Kriegsende gegenüber ihren Gesprächspartnern aus dem Lager der Arbeiterparteien ihre Bedenken hinsichtlich einer Einheitsorganisation: „Wir machten ihnen klar, daß wir von einer solchen Einheitsbewegung, in der unterschiedslos alle Kräfte zusammengefaßt werden, uns nicht viel Erfolg versprächen, da ja die Geschichte der Hitlerjugend gelehrt habe, daß eine Zwangserfassung oder solche gewaltsame Ausrichtung auf eine Linie der deutschen Jugend nicht gerecht würde und im übrigen aus mancherlei Gründen unbedingt scheitern müßte."[17]

Gleichwohl sahen kirchliche Vertreter dieses Verbot nicht nur negativ. Denn gerade Anhänger der Bekennenden Kirche favorisierten – in Anknüpfung an ihre Erfahrungen im Nationalsozialismus – den Aufbau der Jugendarbeit von der Gemeinde aus, so z. B. der äußerst umtriebige Leiter des Leipziger Amtes für Gemeindedienst, Herbert Dost: „Die eine [Frage] ist die nach dem Fortgang unserer Jugendarbeit. Ich bemerke hier in Leipzig, daß bestimmte Entwicklungen in den westlichen Besatzungszonen auf etliche

Leute Eindruck machen, die die Erfahrungen der letzten zwölf Jahre nicht recht mitgemacht haben. Genauer gesagt handelt es sich um die Entwicklung vom Christlichen Jugendbund zur Jungen Gemeinde, die doch bei aller Begrenzung, die uns von der damals herrschenden politischen Schicht auferlegt wurde, einen ganz großen Segen bedeutet. Glücklicherweise ist Fritz Riebold[18] [...] derselben Auffassung, daß wir nicht noch einmal eine Rückentwicklung zu Jugendbünden und alten Vereinswerken nehmen, sondern auf den planmäßigen Auf- und Ausbau einer Gemeindejugend [...] hinarbeiten sollen."[19]

So arbeiteten kirchliche Vertreter in den neu entstandenen kommunalen Jugendausschüssen, die über das Monopol für die Jugendarbeit verfügten, mit. Schließlich waren viele Anhänger der Bekennenden Kirche davon überzeugt, daß christliche Grundwerte angesichts des Niedergangs des Nationalsozialismus gerade unter Jugendlichen eine hohe Akzeptanz finden würden und sahen in den Jugendausschüssen auch die Chance, Jugendliche zu erreichen, die sonst den Weg zur Kirche nicht fänden. Daß das Christentum dem Marxismus überlegen war, davon waren charismatische Protestanten wie Herbert Dost zutiefst überzeugt, wie er in einer Rede an die Jugend im Sommer 1945 verdeutlichte: „Zuletzt kann der Mensch mit einer wissenschaftlichen, sozialistischen oder kommunistischen Grundlegung doch innerlich leer, einsam und verlassen bleiben. Mit allen, die solch ein Programm übernehmen, um der Menschheit zu helfen, wissen wir uns ganz einig, aber wer jemals das Neue Testament aufgeschlagen und gelesen hat, der weiß, daß hier unsere Tat sich begründet, und wir wollen auch bedenken, daß unser Gegenwartsschicksal das Ergebnis eines unabänderlichen Parteiprogrammes ist."[20]

So forderte der sächsische Landessuperintendent Franz Lau die evangelischen Jugendlichen auf, die Möglichkeit der Mitarbeit in den Jugendausschüssen zu nutzen. Hinsichtlich der kirchlichen Arbeitsmöglichkeiten äußerte er sich vorsichtig: „Beschränkung auf unsere geistlichen Aufgaben betrachten wir nicht als Einengung unserer Arbeit. Wir haben zu anderen Dingen gar keine Zeit. Es geht uns frei[lich] nicht nur um die Möglichkeit, Bibelstunden zu halten, sondern um den ganzen Fragenkreis christlicher Lebensgestaltung."[21]

Entsprechend dem auf den Kirchgemeinden beruhenden Aufbau der Jungen Gemeinde kam die Entwicklung von Strukturen der Jugendarbeit auf zentraler Ebene nur langsam voran, hierin dem schleppenden Entwicklungsgang der EKD folgend.[22] Die Jugendkammer der EKD wurde im Mai 1946 gebildet.[23] Einziger Vertreter der Landeskirchen der SBZ war der brandenburgische Landesjugendpfarrer Peter Wolbrandt. Ausweis der besonderen Entwicklung in der SBZ war die Bildung der Jugendkammer Ost schon im April 1946, die bei der Kirchlichen Ostkonferenz unter der Leitung des Berliner Bischofs Otto Dibelius angesiedelt war. Sie besaß keine Leitungsfunktion und verfügte über keinen Apparat.[24] Sie bestand aus den einzelnen Landesjugendpfarrern und den Beauftragten der Evangelischen Jugendwerke (Burkhardthaus, Ostdeutsches Jungmännerwerk, Jugendwerk für entschiedenes Christentum, Mädchen-Bibelkreise) und diente vor allem dem Informationsaustausch und der Absprache der Landesjugendpfarrer.[25]

Auch in den einzelnen Landeskirchen hatte man zunächst darauf verzichtet, die Jugendarbeit landesweit zu zentralisieren und z. B. in der sächsischen Landeskirche die Jugendarbeit zuerst nur auf Kirchenbezirksebene geordnet, wobei man an im Nationalsozialismus entstandene Strukturen wie das Jugendpfarramt anknüpfen konnte oder ehrenamtliche Kräfte aus dem ehemaligen CVJM-Umfeld tätig wurden.[26] Die sächsische Landesjugendkammer wurde im September 1946 gebildet.[27] Landesjugendpfarrer, die den einzelnen Landesjugendkammern vorstanden, wurden erst 1947/48 berufen. In der sächsischen Landeskirche gab es auf der Ebene der 31 Kirchenbezirke im Schnitt zwei für Jugendfragen verantwortliche hauptamtliche Mitarbeiter.[28]

Die kirchlichen Werke wie etwa das Jungmännerwerk konnten nicht wieder als Vereine entstehen, aber unter dem Dach der Landeskirchen ihre Arbeit fortsetzen. Sie begannen unter schwierigen Bedingungen mit dem Aufbau eines Reisedienstes und suchten Kontakte zu den lokalen kirchlichen Stellen herzustellen. Dauerhafte Spannungen dieser beiden kirchlichen Arbeitszweige aufgrund schwer faßbarer Differenzen im Ansatz, in den Methoden und Zielen der Arbeit machten sich die ganze Zeit in der DDR bis 1989 bemerkbar.[29]

Diejenigen, die sich nach 1945 wieder der Jugendlichen und der Kinder annahmen, waren zumeist Frauen und Männer aus der Bekennenden Kirche, die vor dem Krieg Jugendarbeit geleistet oder in der damals vorfindlichen Form kennengelernt hatten.

Im Mittelpunkt der Jugendarbeit in den Gemeinden stand die Bibel.[30] Das Erleben von Gemeinschaft und Annahme und ein neuer theologischer Aufbruch nach dem Untergang des Nationalsozialismus gaben der Arbeit der evangelischen Kirche ihre besondere Prägung und machten sie für weite Kreise der Jugendlichen attraktiv. Durch die gesamtdeutschen Verbindungen erhielten junge evangelische Christen auch immer wieder Gelegenheit zu Reisen oder materielle Unterstützung.

In der Anfangszeit fielen Jugendarbeit und Katechese, d. h. die Unterweisung, im allgemeinen zusammen. In dem Maße, in dem Religionsunterricht an den Schulen schwieriger wurde, wurde die Christenlehre als eigenständiger Zweig ausgebaut.[31]

Der Erfolg der evangelischen Jugendarbeit in der unmittelbaren Nachkriegszeit ließ SPD und KPD aufhorchen. Die beiden Arbeiterparteien rückten im Widerstand gegen die

Erfolge der kirchlichen Jugendarbeit schon früh zusammen. Jene Kräfte, die eine stärkere Ausrichtung der Jugendausschüsse nach links befürworteten, sahen z. B. in Herbert Dost die Gefahr, „daß dieser Mann dem gemeinsamen Marsch der Jugendbewegung, den gemeinsamen Aufgaben und Zielen ein ziemlicher Stein am Bein ist. [...] Ich weiß, was Du mir antworten wirst, daß die Zeit dazu noch nicht reif ist, auch ich weiß das, aber dann müssen wir zumindest dem Dost und all den anderen Dosts einen Dämpfer erteilen".[32]

Im Frühjahr 1946 waren die Kommunisten personell stark genug, die Gründung eines einheitlichen Jugendverbandes voranzutreiben.[33] Zwar konnten sie sich über die Vorstellungen der kirchlichen Vertreter hinwegsetzen, die auf einen losen Dachverband hinausgelaufen wären,[34] die beiden Kirchen setzten ihren Anspruch auf die Gestaltung einer eigenen Jugendarbeit aber insofern durch, als ihnen Verbindungsstellen bis herunter zur Bezirksebene eingeräumt wurden, deren Vertreter sie selbst bestimmen konnten. Im zentralen Jugendausschuß war die evangelische Kirche mit Oswald Hanisch vertreten.[35] Die kirchlichen Vertreter im Zentraljugendausschuß erhoben aber schon damals ihre Bedenken gegen die immer stärker werdenden Bemühungen der SED, die Arbeit des Jugendverbandes zu dominieren: „Wenn wir im Gegensatz zum Westen mehr die Einheit betonen, so dürfen wir doch nicht leugnen, daß auch die freie Entfaltung aller guten Kräfte nicht unterbunden werden darf nach autoritativ-faschistischer Art. Wir müssen also Möglichkeiten zur eigenen Entwicklung geben, damit wir alle erfassen können. Tun wir das nicht, und geben wir im Gegensatz dazu Unbesonnenen, die es immer in der Jugend geben wird, Möglichkeiten und Handhaben, von sich aus oder durch Stellen der Besatzungsmächte Verbote zu erlassen gegen alles, was nicht in ihre eigenen Gedankengänge paßt, dann wird die Freie Deutsche Jugend in weitesten Kreisen trotz aller betonten Freiwilligkeit für eine Zwangsjugend bzw. Staatsjugend in neuer Aufmachung gehalten werden."[36]

Auf der unteren Ebene gab es in den Nachkriegsjahren enge personelle Überschneidungen zwischen Junger Gemeinde und FDJ. Auf dieser Ebene war das Bild der Jugendorganisation durchaus heterogen: Einerseits stand die FDJ für einen Neuaufbruch im Geiste des „Antifaschismus", andererseits empfanden manche sie schon frühzeitig als Instrument zur Disziplinierung und Indoktrination.[37] Diesem entsprach die Verschiedenheit der Gruppen, von denen manche fast völlig von der Jungen Gemeinde dominiert wurden. Im Bezirk Leipzig gehörte noch im Frühjahr 1953 fast jeder zweite Angehörige der Jungen Gemeinde auch der FDJ an.[38] Wie ein Bericht der sächsischen Landeskirche aus dem Januar 1947 beschreibt, waren die kirchlichen Mitarbeiter mit der Zusammenarbeit mit der FDJ im ganzen sehr zufrieden: In Sachsen wurden „in 26 Stadt- und Landkreisen Verbindungsstellen zur evangelisch-kirchlichen Jugend geschaffen. Dabei konnte festgestellt werden, daß die Verbindungsstellen tatsächlich von Beauftragten der Kirche besetzt wurden. Gleichzeitig konnten in diesen Kreisen örtlich aufgetretene Schwierigkeiten und Spannungen zwischen FDJ und Kirche beseitigt werden. Der Wille zur Mitarbeit wurde von kirchlicher Seite aus bestätigt".[39] So wurden Pfarrer zu Vorträgen in FDJ-Versammlungen geholt und in Leipzig wurde das Programm der Jugendbibelstunde im FDJ-Programm mitabgedruckt.[40] Verstärkt wurde die Position der Jungen Gemeinde durch personelle Verschränkungen mit der Parteijugend der CDU.[41]

Im Zusammenhang mit dem Beginn des Kalten Krieges trat ab Sommer 1947 eine Verschärfung der innenpolitischen Situation ein, die sich auch in der Jugendarbeit deutlich bemerkbar machte. Den Kommunisten war klar geworden, daß die beabsichtigte Gleichschaltung der kirchlichen

Jugendarbeit schwieriger als ursprünglich angenommen werden würde. Insbesondere überörtliche Freizeiten und Treffen unter dem Dach der Kirche erregten das Mißtrauen von SED und Besatzungsmacht. Dieses Mißtrauen entsprang dem grundsätzlich unterschiedlichen Verständnis von Jugendarbeit bei Kommunisten und kirchlichen Vertretern: Gegenüber dem Monopolanspruch auf Freizeitgestaltung, den die FDJ und andere gesellschaftliche Institutionen für sich reklamierten, betonte die Kirche als Ausfluß ihrer religiösen Handlungsfreiheit das Recht, Freizeiten und Rüstzeiten abhalten zu dürfen.[42]

So bekamen etwa die kirchlichen Vertreter in Leipzig, die in den Gremien der FDJ eine geringere Rolle spielten, diese Klimaverschärfung prompt zu spüren, als die FDJ daran ging, ihre eigenen Gruppen zu „säubern". Im November 1947 wurden auf einer Kreisvorstandssitzung der FDJ die christlich geprägten Gruppen aufgelöst und deren Leiter aus der FDJ entlassen. Das Protestschreiben der betroffenen Gruppenleiter rekurrierte auf den überparteilichen Konsens der Nachkriegszeit und manche Versprechungen der FDJ-Leitung, über die die Zeit allerdings schon hinweggegangen war: ... „daß unsere Zielsetzung immer von Anfang an eine christlich orientierte war, kann man uns im Rahmen der FDJ wohl kaum zum Vorwurf machen, genau so wenig, wie wir einer Gruppe ihre marxistische Ausrichtung übelnehmen. Es widerspricht daher nicht den Satzungen der FDJ, daß sich in ihr Jugend verschiedener Weltanschauungen zusammenfindet, gerade das will ja der Name Freie Deutsche Jugend zum Ausdruck bringen"[43].

Daß die Kirche mit dem Verzicht auf eine konfessionelle Jugendorganisation und der Anerkennung der FDJ als einheitlichem Verband für die gesamte Jugend in der SBZ keinesfalls das Recht auf eine eigene Jugendarbeit aufgegeben hatte, ließ sie sich angesichts dieser Konflikte noch im Oktober 1947 von der Sowjetischen Militäradministration bestätigen. Kirchenvertreter beschwerten sich bei deren Referenten für kirchliche Angelegenheiten, Oberleutnant Wsewolod Jermolaev. Dieser bekräftigte das Recht der Kirche, die Jugend zu versammeln, drohte aber mit dem Verbot der Jungen Gemeinde, falls sich einzelne Gruppen „in eine Organisation verwandeln".[44] Wenngleich auch danach die Behinderungen nicht aufhörten, zeigen diese und andere Äußerungen, daß die SMAD den Kirchen grundsätzlich das Recht auf eigene Jugendarbeit zugestand.

In der Zeit nach dem Herbst 1947 sollte der Transformationsprozeß der FDJ seine größte Beschleunigung erhalten. Doch in dem Maße, in dem diese ihre Eigenständigkeit verlor, wurde sie für eine immer größere Zahl Jugendlicher unattraktiv, was sich insbesondere 1948 in einer stark sinkenden Mitgliederzahl bemerkbar machte.[45] Nachdem die Vertreter der bürgerlichen Parteien ihre Mitarbeit in den Gremien der FDJ Anfang 1948 offiziell eingestellt hatten, verwundert es nicht, daß die kirchlichen Jugendgruppen zum stärksten Gegner der FDJ avancierten. Die besonders im Jahr 1947 verstärkten personellen und strukturellen Maßnahmen der Kirchen begannen nun zu greifen. Im Oktober 1948 wurde diese Entwicklung im Parteivorstand der SED heftig kritisiert: „Getarnt unter der genehmigten Firma ‚Junge Gemeinde' organisiert man evangelische und katholische Jugendarbeit, der wir noch nichts Entscheidendes entgegensetzen können." Erich Honecker als Vorsitzender des Zentralrats der FDJ hob die Gegnerschaft der Kirchen auf eine grundsätzliche Ebene: „Der unterirdische Kampf wird von diesen kirchlichen Kräften geführt, um die Entwicklung der sowjetischen Zone zur Volksdemokratie und zum Sozialismus zu verhindern. Initiator und Lenker dieses Kampfes ist die amerikanische Militärregierung."[46]

Den letzten Schein einer überparteilichen Organisation verlor die FDJ, die am Jahreswechsel 1948/49 ihre innerverbandliche Stagnation überwinden konnte, auf ihrem III.

Parlament im Juni 1949 in Leipzig. Dort gab sie formal den Anspruch der Überparteilichkeit auf. Daß mit dieser Verfassung die Verbindungsstellen zu den Kirchen aufgelöst wurden, war eine logische Konsequenz. So schieden Oswald Hanisch und sein katholischer Kollege Robert Lange aus dem Zentralrat der FDJ aus.[47]

Die Überwachung der Jungen Gemeinde

Schon frühzeitig begann die Überwachung der evangelischen Jugendarbeit durch die neu entstehenden Sicherheitsorgane in der SBZ. Im März 1946 wies der Chef der sächsischen Polizei die Polizeidienststellen an, Wochenberichte über die Tätigkeit der kirchlichen Vereine zu erstellen.[48] Der Einfluß von Polizeibehörden auf kirchliche Fragen nahm in der gesamten SBZ schließlich einen derart großen Umfang ein, daß sich die Volksbildungsminister der Länder veranlaßt sahen, auf ihrer Konferenz im Juli 1947 die grundsätzliche Frage zu erörtern, „welches Ministerium für die kirchlichen Angelegenheiten zuständig ist".[49] Ein hervorragendes Instrument zur Überwachung der kirchlichen Aktivitäten schuf sich die Polizei durch die im September 1948 erlassene Anordnung über die Genehmigungs- und Anzeigepflicht von Veranstaltungen, die die Kirchen zur Aufstellung von Monatsplänen über alle in nichtkirchlichen Räumen geplanten Veranstaltungen zwang.[50]

In Leipzig war zunächst eine Abteilung des Leipziger Nachrichtenamtes für „geheimdienstliche" Ermittlungen über die Kirchen zuständig. Sie war schon ab Juli 1945 mit der Sammlung von Stimmungsberichten betraut worden. Der Überwachungsapparat war im Jugendbereich besonders sensibel. Nach sowjetischer Einschätzung zeigten sich gerade bei der Jugend die stärksten Abwehrreaktionen gegen die sowjetische Besatzung.[51]

Auch FDJ-Stellen war die erfolgreiche kirchliche Jugendarbeit ein Dorn im Auge. Robert Bialek, Landesleiter der sächsischen FDJ, benannte im April 1946 dem sowjetischen Geheimdienst eine Reihe von CDU-Aktivisten mit Verbindungen zur Kirche, die prompt festgenommen wurden.[52] Die Verhaftung des Leiters der landeskirchlichen Verbindungsstelle zur FDJ, des Leipzigers Werner Ihmels, im September 1947 war hingegen eine eigenständige Aktion des NKWD.[53] Ihmels, der Enkel des ersten sächsischen Landesbischofs Ludwig Ihmels, war eine der herausragenden Persönlichkeiten der kirchlichen Jugendarbeit in Leipzig. Als Ihmels nach harten Auseinandersetzungen mit Erich Honecker um den Totalitätsanspruch in der Jugendpolitik keinen Handlungsspielraum innerhalb des Systems mehr sah, beschloß er, Informationen über die Verhältnisse in der SBZ an westliche Stellen weiterzugeben. Gemeinsam mit Kommilitonen – er hatte sich in Leipzig für das Theologiestudium eingeschrieben – versuchte er, eine Gruppe von Gleichgesinnten um sich zu scharen. Allerdings war unter ihnen ein Spitzel, der für den russischen Geheimdienst arbeitete und alle Aktivitäten verriet. Auf dem Weg zu seinem neuen Studienort Tübingen wurde Ihmels am 11. September 1947 auf dem Leipziger Bahnhof verhaftet. Er wurde im Dezember 1947 zusammen mit dem 16jährigen Horst Krüger zu 25 Jahren Arbeitslager verurteilt, ein weiterer Jugendlicher erhielt 15 Jahre. Ihmels wurde im Frühjahr 1948 in das berüchtigte Sonderlager IV nach Bautzen gebracht, wo er an Tuberkulose erkrankte und am 25. Juni 1949 an einer Lungenembolie starb.[54]

Für den Jugendbereich läßt sich auch schon sehr früh die Überwachung durch das K 5 beobachten, einer Vorläufereinrichtung des Ministeriums für Staatssicherheit. Die Ursprünge dieser Organisation lagen in Sachsen, wo sie aus der Überwachungsabteilung der Personalverwaltung der Stadt Dresden hervorging. Die Observierung der Kirchen spielte in ihrer Arbeit allerdings eine untergeordnete Rolle.[55] Noch im Herbst 1947 waren die Ermittlungen des Kommissariats 5 in Leipzig im Auftrag des sächsischen Landeskriminalamtes über den Aufbau der kirchlichen Jugendarbeit durch ihre Sachlichkeit und hohen Informationsgehalt geprägt.[56] Im Gegensatz zu Berichten aus den 50er Jahren enthielten sie keine von einer offensichtlichen Kirchenfeindschaft vorgeprägten Formulierungen. Ihre Ermittlungen bestätigten die kirchlichen Aussagen, wonach die Jugendarbeit der evangelischen Kirche sich im Rahmen der einzelnen Kirchgemeinde vollzog, ohne Mitgliederlisten und -beiträge. Auch bezüglich einer versteckten politischen Tätigkeit gab es keine Ergebnisse. 1948 hatte sich dieses Bild schon gewandelt. Der Bericht über den Jugendpfarrer Heinrich Wallmann, den das Kommissariat 5 des Leipziger Kriminalamtes erstellte, registrierte sehr aufmerksam das „oppositionelle" Potential der kirchlich eingestellten Jugendlichen: „Einer sehr scharfen Kritik wird der jetzige Jugendpfarrer Wallmann unterzogen. Er gilt in den Kreisen der FDJ und SED als ausgesprochener Reaktionär, der nur die religiöse Gesinnung als Maske trägt, in Wirklichkeit der politische Träger der Reaktion ist. In gewissen Abständen werden die Pfarrer, die in den einzelnen Kirchengemeinden [sic] die Jugendlichen betreuen, von Wallmann zusammengenommen und bekommen von ihm weitere Instruktionen."[57]

Die Partei sah in den vielfältigen Aktivitäten der Jungen Gemeinde eine systematische Arbeit der Kirchen gegen ihre erklärte Absicht, die Jugend für den Sozialismus zu gewinnen. Von grundlegender politischer Opposition der Jungen Gemeinde in ihrer Gesamtheit läßt sich jedoch – entgegen vieler überzogener Äußerungen von Volkspolizei und SED – nicht sprechen.[58] Vielmehr bot die Junge Gemeinde Freiräume, in denen vornehmlich bürgerlich geprägte Milieus ein gegenüber dem totalitären Machtanspruch der SED und ihrer Ideologie widerständiges Potential entwickeln konnten.[59] In der Geschichtswissenschaft hat sich für dafür der Begriff der „Resistenz" durchgesetzt. Dieser Begriff stammt aus der Widerstandsforschung zum Nationalsozialismus und bezeichnet jene gesellschaftlichen Selbstbehauptungsbestrebungen unterhalb der Schwelle konspirativer Verschwörung, die unabhängig von den eigenen Motiven strukturell die Herrschaft und Ideologie eines politischen Systems einschränken.[60]

Der Widerspruch der Jungen Gemeinde entzündete sich vor allem am ideologischen Totalitätsanspruch der SED, der Nichtachtung des Rechts und der zunehmenden Militarisierung in der SBZ/DDR. Vor allem in den Auseinandersetzungen um die Jungen Gemeinden wurde immer wieder die Kontinuität zum Kirchenkampf im Nationalsozialismus beschworen. Zur direkten Auseinandersetzung mit der Ideologie der Partei und ihren Auswirken kam es vor allem in den Schulen, vornehmlich an den Oberschulen, weil dort die Mitglieder der Jungen Gemeinde aufgrund ihrer großen Zahl häufig die FDJ-Gruppen dominieren konnten.

Bilanz

Die Entwicklung des Verhältnisses von FDJ und Junger Gemeinde verweist auf Probleme und Grenzen im Prozeß der „Diktaturdurchsetzung" in der SBZ.[61] Innerhalb der Jugendausschüsse besaßen die Kirchen eine so starke Position, daß sie der SED starke Zugeständnisse bei der Gründung der FDJ abringen konnten. Im Herbst 1947 begann, parallel zu den Entwicklungen auf Zonenebene, der offene Transformationsprozeß, der in der Auflösung der kirchlich dominierten FDJ-Gruppen sichtbar wird. Totalitäre Züge gewann die Auseinandersetzung im Jahr 1948, als die staatliche Repression zu Verhaftungen von Kirchenvertretern führte. Das III. Parlament der FDJ im Juni 1949 in Leipzig kennzeichnete den Abschluß dieser Entwicklung mit seinem offenen Bekenntnis zur Sowjetunion und zum Kampf für die „demokratischen Errungenschaften" in der sowjetischen Besatzungszone. Für den Aufbau des Sozialismus in der DDR kam der Jugend nicht nur aus ökonomischen, sondern auch aus machtpolitischen Erwägungen eine zentrale Stellung zu.

Die evangelische Kirche verfügte in der sowjetischen Besatzungszone und später in der DDR über einen im Vergleich zu anderen Ländern des Ostblocks relativ großen Bewegungsraum. Versuche von Protestanten, das Verbandswesen außerhalb kirchlicher Strukturen wiederaufzubauen, scheiterten zwar am Widerspruch der SMAD, doch im Jugendbereich verfügte die evangelische Kirche mit ihren Erfahrungen aus dem Dritten Reich und ihrer organisatorischen und personellen Basis über einen Vorsprung gegenüber der KPD/SED. So war die Hoffnung, in den Jugendausschüssen und später der FDJ eine herausgehobene Stellung einzunehmen und ihren Kurs mitzugestalten, keinesfalls unbegründet. Die zunehmende Dominanz der Kommunisten in der FDJ beantwortete die Kirche ab 1947 mit dem verstärkten Aufbau eigener Strukturen und ließ sich von der SMAD die grundsätzliche Rechtmäßigkeit kirchlicher Jugendarbeit bestätigen. Die Junge Gemeinde gewann nun als Alternative zur FDJ in einer zunehmend totalitäre Züge annehmenden Umgebung den Charakter einer verbandsförmigen Gemeinschaft, deren Mitglieder sich über ihren gemeinsamen Namen, das Bekenntniszeichen und die eigene Zeitschrift „Stafette" auswiesen.[62]

Anmerkungen

1 Zur Jugendarbeit der KPD/SED siehe den Beitrag von Ulrich Mählert in diesem Band.

2 Erst mit der staatlich massiv forcierten Entkirchlichung nahmen seit den 60er Jahren zunehmend auch nicht religiös sozialisierte Jugendliche die Junge Gemeinde als Möglichkeit unangepaßter Jugendarbeit wahr. Siehe Reinhard Henkys, Die Opposition der „Jungen Gemeinde", in: Klaus-Dietmar Henke/Peter Steinbach/Johannes Tuchel (Hrsg.), Widerstand und Opposition in der DDR (Schriften des Hannah-Arendt-Instituts für Totalitarismusforschung, 9). Köln u. a. 1999, S. 149–162, hier S. 150.

3 Ders., S. 152.

4 Zum Kugelkreuz siehe Fritz Dorgerloh, Geschichte der evangelischen Jugendarbeit. Teil 1: Junge Gemeinde in der DDR. Hannover 1999, S. 51f.

5 Ders., S. 57–60.

6 Ellen Ueberschär, Der lange Atem der kirchlichen Jugendarbeit – Repression von Freizeiten und Rüstzeiten, in: Horst Dähn/Helga Gotschlich (Hrsg.), „Und führe uns nicht in Versuchung ..." Jugend im Spannungsfeld von Staat und Kirche in der SBZ/DDR 1945 bis 1989 (Die Freie Deutsche Jugend. Beiträge zur Geschichte einer Massenorganisation, 4). Berlin 1998, S. 168–183, hier S. 169.

7 Henkys, siehe Anm. 2, S. 155.

8 Zur Rolle der evangelischen Kirche nach 1945 siehe Martin Greschat, Die evangelische Christenheit und die deutsche Geschichte nach 1945. Weichenstellungen in der Nachkriegszeit. Stuttgart 2002.

9 Zum Rechristianisierungskonzept siehe ders., S. 310–314.

10 Ders., S. 126.

11 Kurt Domsch, Der Weg unserer Kirche seit 1945. Erfahrungen und Auftrag, in: Handreichungen für den kirchlichen Dienst. Amtsblatt der Evangelisch-Lutherischen Kirche Sachsens (1985) Nr. 9–11, S. B 34–B 42, hier S. B 38.

12 Kurt Meier, Volkskirchlicher Neuaufbau in der sowjetischen Besatzungszone, in: Victor Conzemius/Martin Greschat/Hermann Kocher (Hrsg.), Die Zeit nach 1945 als Thema kirchlicher Zeitgeschichte. Referate der internationalen Tagung in Hüningen/Bern (Schweiz) 1985. Göttingen 1988, S. 213–234, hier S. 227.

13 Siehe dazu Klaus Scholder, Die Kirchen und das Dritte Reich, Bd. 1: Vorgeschichte und Zeit der Illusionen 1918–1934. Frankfurt/Main-Berlin 1986, S. 731–739.

14 Wolfgang Dierker, Himmlers Glaubenskrieger. Der Sicherheitsdienst der SS und seine Religionspolitik 1933–1941 (Veröffentlichungen der Kommission für Zeitgeschichte, B, 92). Paderborn u. a. 2002, S. 406.

15 Kurt Nowak, Christentum in politischer Verantwortung. Zum Protestantismus in der Sowjetischen Besatzungszone, in: Jochen-Christoph Kaiser/Anselm Doering-Manteuffel (Hrsg.), Christentum und politische Verantwortung. Kirchen im Nachkriegsdeutschland (Konfession und Gesellschaft, 2). Stuttgart u. a. 1990, S. 42–62, hier S. 43f.

16 Zur Kirchenpolitik der SMAD siehe Greschat, siehe Anm. 8, S. 40–46.

17 Bericht des Leipziger Jugendpfarrers Heinz Wagner, 30.7.1945. Zitiert in: Georg Wilhelm, Zweierlei Obrigkeit – die Haltung der Leipziger Pfarrerschaft nach 1933 und 1945, in: Günther Heydemann/Eckhard Jesse (Hrsg.), Diktaturvergleich als Herausforderung (Schriftenreihe der Gesellschaft für Deutschlandforschung, 65). Berlin 1998, S. 283–301, hier S. 298.

18 Fritz Riebold (1888–1968), 1913 Landesjugendwart Dresden, 1941 Stadtmission Dresden, 1947 Pfarrhelfer Dresden, 1952 Pfarrer in der Jacobi-Gemeinde Dresden.

19 Herbert Dost an Oberlandeskirchenrat Samuel Kleemann, 8.3.1946. Zitiert in: Dorgerloh, siehe Anm. 4, S. 26.

20 Herbert Dost, „Jugend auf neuem Wege". Zitiert in: Georg Wilhelm, Evangelisch-lutherische Kirche und staatliche Macht in Leipzig 1945–1949. Magisterarbeit Universität Leipzig 1995, S. 93.

21 5. Rundbrief von Franz Lau an die Pfarrer, 18.8.1945. Zitiert in: J. Jürgen Seidel, Aus den Trümmern 1945. Personeller Wiederaufbau und Entnazifizierung in der evangelischen Kirche der Sowjetischen Besatzungszone Deutschlands. Einführung und Dokumente. Göttingen 1996, Dok. 60/8, S. 503–512, hier S. 504.

22 Zum Aufbau der EKD siehe Annemarie Smith-von Osten, Von Treysa 1945 bis Eisenach 1948. Zur Geschichte der Grundordnung der Evangelischen Kirche in Deutschland (Evangelische Arbeitsgemeinschaft für Kirchliche Zeitgeschichte, B, 9). Göttingen 1980; Greschat, siehe Anm. 8, S. 96–188.

23 Dorgerloh, siehe Anm. 4, S. 23.

24 Henkys, siehe Anm. 2, S. 151.
25 Dorgerloh, siehe Anm. 4, S. 23.
26 Christine Koch, Handlungsspielräume der Kirchen in der DDR – dargestellt am Beispiel der evangelischen Jugendarbeit (1945–1953), in: Heiner Timmermann (Hrsg.), Die DDR in Deutschland. Ein Rückblick auf 50 Jahre (Dokumente und Schriften der Europäischen Akademie Otzenhausen, 93). Berlin 2001, S. 469–475, hier S. 470.
27 Wilhelm, siehe Anm. 20, S. 108.
28 Dorgerloh, siehe Anm. 4, S. 24.
29 Ders., S. 27.
30 Greschat, siehe Anm. 8, S. 305.
31 Dorgerloh, siehe Anm. 4, S. 56.
32 Gerhard Stoll an Hasso Grabner, 21.9.1945. Zitiert in: Wilhelm, siehe Anm. 20, S. 98.
33 Zur FDJ siehe den Beitrag von Ulrich Mählert in diesem Buch.
34 Wolfgang Tischner, Katholische Kirche in der SBZ/DDR. Die Formierung einer Subgesellschaft im entstehenden sozialistischen Staat (Veröffentlichungen der Kommission für Zeitgeschichte, B, 90). Paderborn u. a. 2001, S. 332.
35 Ulrich Mählert, Freie Deutsche Jugend 1945–1949. Von den „Antifaschistischen Jugendausschüssen" zur SED-Massenorganisation: Die Erfassung der Jugend in der Sowjetischen Besatzungszone. Paderborn u. a. 1995, S. 93.
36 Zitiert in Dorgerloh, siehe Anm. 4, S. 36.
37 Hagen Findeis, Das Licht des Evangeliums und das Zwielicht der Politik. Kirchliche Karrieren in der DDR. Frankfurt/New York 2002, S. 344.
38 Henkys, siehe Anm. 2, S. 154.
39 „Bericht über die Tätigkeit der Verbindungsstellen der evang.-kirchlichen Jugendarbeit in der Landesleitung der Freien Deutschen Jugend", 10.1.1947. Zitiert in Dorgerloh, siehe Anm. 4, S. 36.
40 Ebd.
41 Hermann Wentker, Jugendarbeit oder Jugendopposition? Die Junge Gemeinde im Urteil von SED und Ost-CDU und in ihrem Selbstverständnis 1950–1953, in: Ulrich Hermann (Hrsg.), Protestierende Jugend. Jugendopposition und politischer Protest in der deutschen Nachkriegsgeschichte (Materialien zur Historischen Jugendforschung). Weinheim/München 2002, S. 177–211, hier S. 187.
42 Ueberschär, siehe Anm. 6.

43 Wilhelm, siehe Anm. 20, S. 110.
44 Jermolaev auf der zehnten Sitzung der Kirchlichen Ostkonferenz, 22.10.1947. Siehe Michael Kühne, Die Neuordnung des kirchlichen Lebens in der Sowjetischen Besatzungszone. Die Protokolle der Kirchlichen Ostkonferenz 1945 bis 1950. Diss. masch. Naumburg 1993, S. 238.
45 Mählert, siehe Anm. 35, S. 266–268.
46 Erich Honecker auf der Sitzung der FDJ-Landesvorsitzenden, 12.11.1948. Zitiert in: Mählert, siehe Anm. 35, S. 296.
47 Dorgerloh, siehe Anm. 4, S. 39.
48 Das Schreiben ist zitiert in: Heinrich Schumann, Die Geschichte der Inneren Mission in Leipzig 1869–1959. [Leipzig 1959], S. 238.
49 Volker Stanke, Die Gestaltung der Beziehungen zwischen dem Land Sachsen und der Evangelisch-lutherischen Landeskirche Sachsens von 1945 bis 1949. Dargestellt unter besonderer Berücksichtigung eigentumsrechtlicher Regelungen (Europäische Hochschulschriften, III, 543). Frankfurt/Main 1992, S. 16.
50 Anordnung über die Genehmigungs- und Anzeigepflicht kirchlicher Veranstaltungen, 21.9.1948. Veröffentlicht in: GVBL des Landes Sachsen, 30.9.1948, Nr. 24, S. 514.
51 Norman M. Naimark, Die Russen in Deutschland. Die sowjetische Besatzungszone 1945 bis 1949. Berlin 1997, S. 480.
52 Ders., S. 693, Anm. 141. Zu Bialek siehe Michael Herms/Gert Noack, Aufstieg und Fall des Robert Bialek. Berlin 1998.
53 Zur Überwachung der Kirchen durch die sowjetischen Geheimdienste vgl. Naimark, siehe Anm. 51, S. 490.
54 Siehe auch Leipziger Volkszeitung, 20.9.2001: „Engagierter Christ starb als 23jähriger in Bautzen. Werner Ihmels – Opfer kirchenfeindlicher Politik der DDR". Vgl. Folkert Ihmels (Hrsg.), Im Räderwerk zweier Diktaturen. Werner Ihmels 1926–1949. Leipzig ²1999; Horst Krüger, Begegnungen mit Werner Ihmels. In memoriam Werner Ihmels zu seinem 75. Geburtstag. Dresden ³2003.
55 Clemens Vollnhals, Die kirchenpolitische Abteilung des Ministeriums für Staatssicherheit, in: Ders. (Hrsg.), Die Kirchenpolitik von SED und Staatssicherheit. Eine Zwischenbilanz (Analysen und Dokumente, 7). Berlin 1996, S. 79–119, hier S. 82.
56 Georg Wilhelm, Evangelische Kirche in Leipzig 1933 bis 1958. Kirchenpolitik moderner Diktaturen und ihre Auswirkungen im regionalen Kontext. Diss. phil. Universität Leipzig 2002, S. 351.

57 Kriminalamt Leipzig, Kommissariat K 5 an Landeskriminalamt Sachsen, 18.9.1948. Zitiert in: Wilhelm, siehe Anm. 56, S. 351f.
58 So auch Wentker, siehe Anm. 41, S. 180.
59 Henkys, siehe Anm. 2, S. 156f.
60 Siehe Ulrich von Hehl, Nationalsozialistische Herrschaft (Enzyklopädie deutscher Geschichte, 39). München 1996, S. 93f; kritisch dazu Wentker, siehe Anm. 41, S. 194.
61 Zur „Diktaturdurchsetzung" am Beispiel Sachsens siehe Mike Schmeitzner/Stefan Donth, Die Partei der Diktaturdurchsetzung. KPD/SED in Sachsen 1945–1952 (Schriften des Hannah-Arendt-Instituts für Totalitarismusforschung, 21). Köln u. a. 2002.
62 Ellen Ueberschär, Entkirchlichung und Verkirchlichung. Die evangelische Jugendarbeit in der DDR der 50er Jahre, in: Norbert Friedrich/Traugott Jähnichen (Hrsg.), Gesellschaftspolitische Neuorientierungen des Protestantismus in der Nachkriegszeit (Bochumer Forum zur Geschichte des sozialen Protestantismus). Münster 2002, S. 63–73.

Die Jugendpolitik der DDR 1950–1989

Peter Skyba

Die Jugendpolitik der DDR ist bis heute von Legenden umrankt. Einer dieser Legenden zufolge habe das SED-Regime vor allem in den fünfziger Jahren gerade bei den Jugendlichen seine glühendsten Anhänger gefunden, ja die Jugend sei insgesamt von allen Bevölkerungsgruppen die verläßlichste Stütze der Diktatur gewesen. Besonders die Medien suggerieren dies bis heute mit den immer gleichen Bildern von Demonstrationen und Aufmärschen Jugendlicher, von Massenveranstaltungen unter den Bildern von Ulbricht und Stalin und von Jugendlichen im Aufbaueinsatz unter der Fahne der FDJ. So beeindruckend diese Bilder auf den ersten Blick sein mögen – sie täuschen! Tatsächlich war das Verhältnis von Parteidiktatur und Jugend vor allem ein Konfliktverhältnis. Und gerade in den fünfziger Jahren wurden diese Konflikte besonders deutlich. Sie eskalierten sogar soweit, daß SED-Spitzenfunktionäre vom Scheitern der Jugendpolitik sprachen und darüber nachdachten, die FDJ aufzulösen. Dieser für die Geschichte der DDR praktisch einzigartige Vorgang wirft mehr als ein Schlaglicht auf die Schwierigkeiten des SED-Regimes mit seiner Jugend. Die Geschichte der Jugendpolitik ist weit weniger eine Geschichte von Erfolgen als eine Geschichte von unterdrückten und auch von offenen Konflikten. Etwas abstrahierend läßt sich der Grundkonflikt folgendermaßen charakterisieren: Jugendpolitik bewegte sich stets im Spannungsfeld zwischen den Zielen, die die SED-Diktatur mit und gegen die Jugend durchzusetzen versuchte, auf der einen Seite und den Interessen der Jugendlichen auf der anderen Seite. Wie die SED-Führung lernen mußte, war auch ein diktatorisches System nicht völlig unabhängig von den Interessen der Jugend: Denn es zeigte sich, daß die Masse der Jugend weder für die SED zu gewinnen noch für ihre Ziele einzuspannen war, wenn die Jugendpolitik deren Belange und Wünsche völlig ignorierte oder sogar unterdrückte.

Die Jahre bis 1957 hatten prägenden Charakter für den Umgang mit diesem Problem, denn hier bildete sich nach teilweise heftigen Auseinandersetzungen ein Grundmuster heraus, das den Umgang der Parteidiktatur mit der Jugend in der DDR bis zum Untergang bestimmte. Ich werde daher zunächst und ausführlicher auf diesen Zeitabschnitt eingehen und in einem zweiten Teil nachzeichnen, welche Antwort die Jugendpolitik auf die sich wandelnden Gegenstände dieses Grundkonflikts bereithielt. Wenn im folgenden von „der Jugend" die Rede ist, so ist dies der hier erforderlichen Kürze geschuldet, die zur Konzentration auf die großen Trends zwingt und es verbietet, der tatsächlich vorhandenen Heterogenität dieser gesellschaftlichen Gruppe Rechnung zu tragen.

I. Kurswechsel 1950: Ideologisierung und Militarisierung

Sehen wir uns zunächst die Konstellation zu Beginn der fünfziger Jahre an: Die FDJ bekannte sich nun auch öffentlich zu dem, was sie ungeachtet aller Propaganda seit ihrer Gründung gewesen war: zu ihrer Rolle als Massenorganisation, zu ihrer Rolle als jugendpolitisches Instrument der SED. Alle Funktionäre der nichtsozialistischen Parteien und der Kirchen waren aus den eigentlichen Führungsgremien des Verbandes ausgetreten oder entfernt worden; der unmittelbaren Umsetzung der Vorgaben der SED-Spitze in der Jugendorganisation stand nichts mehr im Wege; die SED-Führung brauchte auch keine taktischen Rücksichten mehr zu nehmen wie noch in der Entstehungsphase des Verbands bis 1948. Gleichzeitig war die FDJ formal zu imponierender Größe angewachsen: Anfang 1950 waren etwa eine Million Jugendliche in der Mitgliederkartei erfaßt.

In dieser Situation leiteten SED und FDJ gemeinsam eine programmatische Neuorientierung ein, die in ihren Auswirkungen schwerlich zu überschätzen ist. Dieser Kurswechsel hatte zwei Bestandteile: Die erste Komponente war das (erste) Jugendgesetz der DDR vom Februar 1950. Bis zu diesem Zeitpunkt hatte die FDJ programmatisch einen Doppelcharakter. Auf der einen Seite hatte sie sich in ihrer öffentlichen Selbstdarstellung primär als Interessenvertreter der Jugend in Politik und Gesellschaft präsentiert. Nicht aus eigener Initiative, sondern auf Betreiben von KPD und SED war sie gerade in den ersten Jahren ihrer Existenz für politische und soziale Rechte der Heranwachsenden eingetreten, hatte Aufstiegsmöglichkeiten für Jugendliche gefordert und sich für ansprechende Freizeitangebote stark gemacht. Nicht zufällig lautete der Titel des Gründungsprogramms „Grundrechte der jungen Generation". Dahinter stand die nüchterne Kalkulation des sich etablierenden SED-Regimes, mit Hilfe eines scheinbar attraktiven Programms der FDJ Mitglieder zuzuführen und ihre Monopolstellung durchzusetzen. Bereits ab Anfang 1948 war dieser Profilierungsversuch quasi als Jugendgewerkschaft schrittweise hinter den zweiten programmatischen Schwerpunkt zurückgetreten – nämlich die zunehmende Mobilisierung der FDJ und ihrer Mitglieder für politische und ökonomische Ziele und Vorhaben des SED-Regimes. Wenngleich die FDJ damit die ihr zugewiesene Rolle als Massenorganisation auszufüllen begann, hatte sie 1950 zumindest programmatisch ihren Charakter als

Interessenorganisation der Heranwachsenden noch nicht völlig verloren. Das aber änderte sich mit dem Jugendgesetz von 1950. Denn nunmehr galt die Jugendförderung – und das betraf sowohl den Freizeitbereich wie die Arbeitswelt – als Aufgabe der staatlichen Behörden und der Kommunen. Damit waren der FDJ praktisch alle die Bereiche entzogen, die bis dahin ihre eigentliche Attraktivität und Anziehungskraft ausgemacht hatten. Nunmehr fehlten der FDJ programmatische Angebote, die mit den Interessen der Jugendlichen korrespondierten.

Die zweite Komponente des Kurswechsels war die Ideologisierung der Jugendpolitik ab Sommer 1950. In völliger Überschätzung sowohl der organisatorischen Konsolidierung der FDJ – die sich noch mitten in der Aufbau- und Expansionsphase befand – als auch in Überschätzung der Folgebereitschaft der Jugendlichen verlangte die SED und namentlich Walter Ulbricht, nicht nur die Mitglieder der FDJ, sondern alle Jugendlichen systematisch mit der SED-Ideologie zu indoktrinieren. Diese Ideologisierung und Politisierung der Jugendpolitik läßt sich auf drei Ebenen verorten. Die FDJ diente erstens weit stärker als zuvor als permanentes Sprachrohr der SED-Propaganda und versuchte deren Tagespolitik an die Jugendlichen zu vermitteln. Sie wurde zweitens zum Hauptträger eines ins Absurde übersteigerten Personenkults um Stalin. Und drittens: Die FDJ unternahm in einer für die DDR einzigartigen Weise den Versuch eine gesamte Bevölkerungsgruppe systematisch ideologisch zu schulen. Der gesamten Jugend sollten in einem Schulungssystem die „Lehren von Marx, Engels, Lenin und Stalin" – also die jeweils gültigen Parteidogmen – vermittelt werden. Wichtigstes Mittel dieser Indoktrination wurde das sogenannte Schuljahr der FDJ, in dem möglichst alle Jugendlichen nach vorgegebenen Lehrplänen ideologisch indoktriniert werden sollten. Der Erfolg der Schulungsbemühungen blieb zwar weit hinter den Erwartungen zurück; nicht nur wegen der verbreiteten Ablehnung der Parteiideologie, sondern auch wegen deren dilettantischen und platten Vermittlung durch die FDJ mied der weitaus größte Teil der Jugendlichen das Schuljahr. Gleichwohl hatte die ideologische Offensive fatale Auswirkungen, auf die noch zurückzukommen sein wird.

Nach der Ideologisierung ab 1950 markiert das Jahr 1952 die zweite wichtige Zäsur in der Jugendpolitik. Bekanntlich ging die DDR in Absprache mit Stalin im April 1952 von der verdeckten zur mehr oder weniger offenen Aufrüstung über. Die Jugendpolitik wurde diesem Ziel völlig untergeordnet. Die FDJ hatte dabei wichtige Funktionen zu erfüllen. Erstens sollte sie ihre Mitglieder in Schießzirkeln paramilitärisch ausbilden. Und zweitens – und in der Breitenwirkung weit schwerwiegender – wurde die FDJ für die Aushebung des Personals für die im Aufbau befindliche Kasernierte Volkspolizei verantwortlich gemacht. Denn ohne Wehrpflicht war die ostdeutsche Armee auf Freiwillige angewiesen. Der FDJ oblag es, die entsprechenden „Freiwilligen" nach vorgegebenen Sollzahlen zu rekrutieren. Diese Kampagne war begleitet von einer geradezu militaristischen und scharf antiwestlichen Propaganda. Die Jugendlichen reagierten in der überwältigenden Mehrzahl dezidiert ablehnend auf die Rekrutierungsversuche der FDJ, wofür politische, pazifistische und egoistische Motive bestimmend waren. Der Erfolg der Soldatenwerbung blieb daher trotz rabiater Methoden, die Erpressung und Nötigung einschlossen, zwar gering und weit hinter den Sollzahlen zurück, entscheidend waren aber auch hier die unerwünschten Nebenfolgen der Militarisierung.

Wie gesagt, waren die Erfolge von Ideologisierung und Militarisierung – gemessen an den Zielen – sehr bescheiden, die damit verursachten „Kollateralschäden" allerdings umso schwerwiegender. Diese unbeabsichtigten Folgen lassen sich vor allem in drei Bereichen aufzeigen.

Erstens stürzten sie die FDJ binnen kürzester Zeit in eine tiefe Krise. Schon die ideologische Offensive ab 1950 markierte hier einen Einschnitt. In vielen Erinnerungsberichten von damaligen FDJ-Mitgliedern wird das Jahr 1950 als das Datum benannt, ab dem die FDJ für die Jugendlichen alle Attraktivität verlor. Denn die genannte Schulungsoffensive wurde sofort zum wichtigsten und bald zum einzigen Inhalt der Verbandstätigkeit, der alle anderen Aktivitäten insbesondere im Freizeitbereich verdrängte. Die FDJ wurde als rein politische Organisation wahrgenommen, die ihren Mitgliedern mit einem massiven und dogmatischen Erziehungsanspruch gegenübertrat, dessen Inhalte weithin abgelehnt wurden. Letztendlich wandelte sich die FDJ ab 1950 von einer Jugendorganisation zu einer reinen Erziehungsorganisation. Wenn man von der DDR als einer Erziehungsdiktatur sprechen will, so dürfte die Jugendpolitik der Bereich sein, in dem dieser Aspekt am deutlichsten hervortrat. Die Militarisierung ab 1952 verschärfte die sich bereits abzeichnende Krise. Zum Erziehungsanspruch kam nun der ganz konkrete und massive Druck auf die Jugendlichen, sich der SED-Diktatur als Soldat zur Verfügung zu stellen. Die FDJ trat hier nicht mehr als Jugendorganisation auf, sondern als Organisation gegen die Jugendlichen, als Teil des Repressionsapparats der SED-Diktatur. Die logische Folge war, daß sich zahlreiche Mitglieder von der Organisation zurückzogen, denn sie mußten bei jedem Kontakt mit der FDJ damit rechnen, zur Teilnahme an den politischen Schulungen gedrängt oder anderweitig politisch „aufgeklärt" zu werden. Junge Männer liefen zudem Gefahr, mit an Freiheitsberaubung grenzenden Methoden zum Wehrdienst gepreßt zu werden. Dieser Rückzug der Mitglieder von der FDJ wurde noch beschleunigt, weil sich der Verband unter dem Druck der SED völlig einseitig auf diese Kampagnen konzentrierte und keinerlei Angebote mehr bereithielt, die auf jugendliche Interessen reagierten. Insbesondere das Feld organisierter Freizeitgestaltung war völliges Brachland. Die FDJ bot insgesamt keine Möglichkeiten mehr, eigene Interessen zu artikulieren und zu befriedigen. Es kann also nicht verwundern, wenn sich die Jugendlichen von der FDJ abwandten und ihre Freizeit im Privaten verbrachten. Schon 1952 wurde die FDJ so zu einem Koloß auf tönernen Füßen, der trotz formal hoher Mitgliederzahlen nur noch über minimalen Masseneinfluß verfügte, und dessen Leitungen sich zunehmend mit sich selbst, aber kaum noch mit den Mitgliedern beschäftigten.

Zweitens führte der jugendpolitische Kurs dazu, daß das oppositionelle Potential in der Jugend wuchs und sich unter dem Druck der Verhältnisse auch lose zusammenschloß. Ganz ähnlich wie später in den siebziger und vor allem in den achtziger Jahren sammelten sich immer mehr Heranwachsende unter dem Dach der Kirche. Die Jungen Gemeinden der evangelischen Kirche hatten ab 1951 erheblichen Zuwachs. Denn hier fanden sich Jugendliche zusammen, die die Zwangsideologisierung durch die FDJ ebenso ablehnten wie den Militärdienst für die DDR. Dies waren zu einem großen Teil Oberschüler, da diese Personengruppe fast vollständig in der FDJ erfaßt und so deren Maßnahmen besonders ausgesetzt war. Die Jungen Gemeinden wurden zum Sammelbecken, in dem Jugendliche Bestärkung in der Abwehr der jugendpolitischen Zwangsmaßnahmen des SED-Regimes fanden. Diese kollektive Abwehr der Ideologisierung und der Militarisierung und nicht ihre kirchliche Tätigkeit oder die dort gepflegte Freizeitgestaltung machte die Jungen Gemeinden aus Sicht des SED-Regimes so gefährlich. Daß sich hier oppositionelle Heranwachsende zusammenfanden, war der Grund dafür, daß SED und FDJ ab 1953 mit brutalen Methoden versuchten, die Jungen Gemeinden vollständig – wie es zeitgenössisch hieß – zu „liquidieren"; diese auf die völlige Unterdrückung kirchlicher

Jugendarbeit gerichteten Maßnahmen wurden erst auf sowjetische Weisung im Vorfeld des 17. Juni 1953 abgebrochen. Der Volksaufstand des 17. Juni selbst zeigte darüber hinaus, wie groß das kritische Potential unter den Jugendlichen inzwischen geworden war, auch wenn es sich nicht organisiert hatte. An den Streiks und an den Demonstrationen beteiligten sich junge Menschen weit überproportional zu ihrem Anteil an der Bevölkerung. Die Gebäude von FDJ-Leitungen waren sogar häufiger Angriffsziel als die SED-Parteihäuser. Eine nach dem Volksaufstand angestellte Untersuchung kam resümierend zu dem fatalen Ergebnis, daß unter Jugendlichen die Ablehnung des SED-Regimes weiter verbreitet sei als unter der älteren Bevölkerung. Sicher war dafür nicht allein die SED-Jugendpolitik verantwortlich zu machen, aber ebenso sicher ist, daß die Jugend, auf die das Regime 1950 noch so große Hoffnungen gesetzt hatte, nur drei Jahre später als besonders unzuverlässige Bevölkerungsgruppe galt.

Drittens schließlich war die radikalisierte Jugendpolitik mit verantwortlich für die dramatisch hohe Zahl junger „Republikflüchtlinge" und damit für die wohl folgenschwerste Desintegrationserscheinung in der DDR der fünfziger Jahre. Der Anteil der Jugendlichen an der Gesamtzahl der illegalen Emigranten lag stets weit über ihrem Anteil an der Gesamtbevölkerung. Statt sich in der DDR im Sinne der SED für den Auf- und Umbau von Staat und Gesellschaft zu engagieren, liefen Heranwachsende in Scharen in die Bundesrepublik über. Im dritten Quartal des Jahres 1955 beispielsweise verließen pro Tag etwa 350 Jugendliche im Alter von 15 bis 25 Jahren illegal die DDR; dazu kamen noch etwa 130 Kinder unter 15 Jahren. Ein direkter Zusammenhang mit der SED-Jugendpolitik läßt sich allerdings nur bei einem Teil der jugendlichen Flüchtlinge nachweisen. Das dominierende Motiv gerade jugendlicher „Republikflüchtlinge" war wirtschaftlicher Natur. Sie hofften in der Bundesrepublik bessere Erwerbs- und Konsumchancen zu finden. Gleich dahinter rangierte als Fluchtgrund aber bereits der Versuch, der Rekrutierung für die Kasernierte Volkspolizei zu entgehen. Wie selbst das SED-Politbüro zur Kenntnis nehmen mußte, war es eben diese brutale Rekrutierungspraxis und damit eine Maßnahme der Jugendpolitik, die Heranwachsende massenhaft aus der DDR trieb. Wenngleich andere Fluchtmotive nicht mit der Jugendpolitik in Zusammenhang standen, so war die „Republikflucht" doch ein unübersehbares Zeichen, daß die FDJ bei der Integration der Jugendlichen in den SED-Staat versagt hatte.

Es war nun keineswegs so, daß die SED-Führung die jugendpolitische Krise nicht wahrnahm. Im Gegenteil, bereits Ende 1951 registrierte sie besorgt, daß der Apparat der FDJ sich in immer größeren Gegensatz zur Masse der FDJ-Mitglieder brachte und der Masseneinfluß der Organisation rapide schwand. Als Ursache wurde die völlige Vernachlässigung jugendlicher Interessen in der FDJ ausgemacht; allerdings kam für die SED nicht in Frage, ihren radikalen Kurs zu modifizieren und Raum für die Artikulation und die Berücksichtigung jugendlicher Belange in der FDJ zu schaffen. Die vereinzelten Aufrufe, in der FDJ unter dem Motto eines „frohen Jugendlebens" auch Sport oder Volkskunst zu betreiben, blieben aber im Klima von Ideologisierung und Militarisierung völlig realitätsfern. Anfang 1953 – auf dem Höhepunkt des „Stalinismus" in der DDR – versuchte die Parteispitze die Lösung ihrer Probleme mit der Jugend sogar auf radikale Weise: Die FDJ sollte einer ähnlichen Säuberung unterworfen werden wie zeitgleich die SED. Das Vorhaben fiel dann aber dem Volksaufstand vom 17. Juni zum Opfer.

Der 17. Juni selbst und die Beteiligung der Heranwachsenden an den Unruhen führten nicht zu einer nachhaltigen Kursänderung, aber immerhin dazu, daß die Probleme der FDJ genauer registriert wurden. Mehrere vergleichsweise ungeschminkte Berichte dokumentierten, daß die FDJ praktisch nur noch eine Funktionärsorganisation ohne Einfluß auf ihre Mitglieder war. Das Verhältnis der FDJ-Leitungen zu den Mitgliedern wurde mit Begriffen wie „Gängelei, Bevormundung, Kommandoton, Bürokratie" gekennzeichnet. Mehr oder weniger selbstkritisch wurde eingeräumt, daß die FDJ für ihre Mitglieder völlig unattraktiv sei und es in der Organisation keine Angebote gebe, die das Interesse der Mitglieder wecken könnten. Das Gegenteil sei der Fall – die FDJ schrecke durch ihre Arbeit die Jugendlichen ab. Trotz dieser Diagnosen hielt die SED-Spitze grundsätzlich an ihren Zielvorgaben fest. Nach einer kurzen Atempause mußte die FDJ sich bereits Ende 1953 wieder der Soldatenrekrutierung widmen, und auch die ideologischen Schulungen wurden wieder aufgenommen, wenngleich sie nicht mehr die Intensität früherer Jahre erreichten. Die Folge war, daß die FDJ mehr oder weniger in Agonie versank.

Neue Impulse erhielt die Jugendarbeit erst im Jahr 1956. Durch die dramatisch steigenden Zahlen jugendlicher „Republikflüchtlinge" und die Sklerose der FDJ hatte sich ein Problemdruck aufgebaut, der Reformen unausweichlich zu machen schien. Möglich wurden diese allerdings erst, weil Erich Honecker, der als FDJ-Vorsitzender im Zusammenwirken mit Walter Ulbricht bis dahin alle Neuansätze abgeblockt hatte, 1955 durch den wenig profilierten Karl Namokel ersetzt wurde und nunmehr in der SED-Führung statt Ulbricht dessen späterer Widersacher Karl Schirdewan für die Jugendpolitik verantwortlich zeichnete. Schirdewan war Reformen gegenüber erheblich aufgeschlossener als der dogmatische Ulbricht. Das unter Schirdewans Leitung entstandene neue FDJ-Programm vom Februar 1956 versprach scheinbar einen Neuanfang. Die Organisation übte darin ungewohnte Selbstkritik an ihrer bisherigen Tätigkeit und reduzierte zugleich ihren ideologischen Erziehungsanspruch. Zum ersten Mal sprach die FDJ ihre Mitglieder nicht als reine Objekte ihrer Tätigkeit an. Anstelle ideologischer Agitation und Propaganda signalisierte sie den Jugendlichen nunmehr Dialogbereitschaft – selbst in politischen Fragen. Statt Aktivitäten zu verordnen, wollte die FDJ künftig die Interessen der Mitglieder zum Ausgangspunkt der FDJ-Arbeit machen; dabei sollten sogar bisher stets bekämpfte Wünsche der Jugend, wie etwa nach Jazz- oder populärer Tanzmusik berücksichtigt werden. Offenkundig versuchten SED und FDJ mit diesem Programm einen Weg aus der Krise zu finden, in die sie auch geraten waren, weil sie die Interessen und Belange ihrer Zielgruppe vollständig ignoriert hatten. Gleichwohl markiert es keinen radikalen Kurswechsel in der Jugendpolitik. Denn aus dem Kreis der Spitzenfunktionäre dachte 1956 niemand daran, die Mitglieder über Kurs und Aktivitäten der FDJ bestimmen zu lassen. Vielmehr sollte den Interessen der Mitglieder nur in begrenztem Maße Raum gegeben werden, um sie an die FDJ heranzuführen und damit ihrem politischen Einfluß überhaupt erst zugänglich zu machen. Letztendlich handelte es sich also um ein taktisches Konzept, das zwar innovative Formen in die Jugendarbeit einführen sollte, das aber keineswegs mit dem ideologischen Erziehungsanspruch brach.

Allerdings blieb dieser Ansatz weitgehend wirkungslos, denn seine Umsetzung wurde überlagert von den Unruhen des Jahres 1956. In diesem Jahr des vermeintlichen Tauwetters im Ostblock waren es vor allem Studenten, die die vom XX. Parteitag der sowjetischen KP ausgehenden Signale scheinbarer Liberalisierung aufgriffen und in Reformforderungen für die DDR ummünzten. Besonders nach dem Aufstand in Ungarn radikalisierten sich die Parolen gegen die SED-Herrschaft und speziell gegen die Führung um Walter Ulbricht. Viele Jugendliche hielten sich mitnichten an die Grenzen des von der FDJ angebotenen politischen Dialogs und griffen in Diskussionen und einzelnen Demonstrationen die SED-Diktatur und ihre Repräsentanten direkt an. Unter Beschuß geriet dabei besonders das Organisationsmonopol der FDJ. Der Jugendverband galt an den Universitäten bei fast allen Studenten schlichtweg als überflüssig, weil er nicht ihre Interessen an der Hochschule vertrat, sondern deren Position gegen die Studenten. Verbreitet waren Forderungen nach einer eigenständigen und von der SED unabhängigen Interessenorganisation für Studierende. Aber auch aus anderen Kreisen wurde ein Ende des Organisationsmonopols der FDJ gefordert. Vereinzelt begannen Jugendliche sogar, sich in unabhängigen Zusammenschlüssen zu organisieren. Die FDJ selbst war diesen Angriffen nicht gewachsen. Vielerorts begannen sich die Leitungen aufzulösen, sodaß der Verband im Herbst 1956 kurz vor dem Zusammenbruch stand. Daß es dazu nicht kam, lag allein daran, daß die SED-Führung ab November begann, die politische Unruhe mit repressiven Mitteln einzudämmen.

Dennoch demonstrierte das Jahr 1956 unverkennbar, daß die SED mit ihrer Jugendpolitik völlig gescheitert war. Dies war die einhellige Meinung aller Spitzenfunktionäre der FDJ und der für die Jugendarbeit verantwortlichen Mitglieder der SED-Führung. Sie hielten im Dezember 1956 diese Form der Jugendarbeit – also das Modell der Einheitsjugendorganisation – nicht einmal mehr für reformfähig, sondern diskutierten intern freimütig darüber, ob es nicht sinnvoll sei, die FDJ aufzulösen oder zu einem SED-Jugendverband umzufunktionieren und auch andere Jugendverbände zuzulassen. Wenn davor zurückgeschreckt wurde, so lag das allein an der aus Sicht der SED berechtigten Erwartung, daß dies zur Neugründung auch bürgerlicher Jugendverbände führen würde – also zum Wiedererstehen von Jugendorganisationen von CDU und LDP und damit von Verbänden, die die SED in den vierziger Jahren nur unter Schwierigkeiten und mit großer Brutalität unterdrückt hatte. Das Regime hielt allein deshalb an der FDJ fest, weil es berechtigterweise befürchten mußte, daß sich andernfalls unabhängige und unkontrollierbare Jugendorganisationen bilden würden.

Damit hatte sich 1956 ein Spannungsfeld herausgebildet, das die Jugendpolitik bis zum Ende der DDR prägte und das von drei Polen bestimmt war, die sich zeitabhängig jeweils zu unterschiedlichen Konstellationen formierten. Minimalziel der Jugendpolitik blieb erstens die formale Erfassung der Klientel in der FDJ und die Verhinderung anderer, eigenständiger Organisationsformen der Jugendlichen. Ziel blieb zweitens die ideologische Indoktrination innerhalb der FDJ, auch wenn diese subtiler als in den frühen fünfziger Jahren gestaltet wurde.

Als drittes Element trat als Konsequenz des jugendpolitischen Desasters der fünfziger Jahre der Versuch hinzu, einzelne Interessen und Belange der Jugendlichen in der FDJ zu berücksichtigen. Dies war der schlichten Erkenntnis geschuldet, daß alle Bemühungen um Erfassung, Indoktrination und Mobilisierung der Heranwachsenden zum Scheitern verurteilt waren, wenn die FDJ nicht ein Mindestmaß an Angeboten machte, die den jugendlichen Interessen entgegenkamen. Die Gewichtung dieser einzelnen Elemente – quasi die Pendelausschläge zwischen der Berücksichtigung jugendlicher Interessen in der FDJ einerseits und dem politischen Zugriff auf die Heranwachsenden andererseits – unterlag in Abhängigkeit von der politischen Großwetterlage vielfachen Schwankungen.

II. Zwischen kleinen Reformen und strenger Kontrolle

Im Folgenden versuche ich diese Schwankungen der Jugendpolitik bis 1989 zumindest in den Grundzügen nachzuzeichnen. Nach dem Krisenjahr 1956 gewann Walter Ulbricht und damit auch die dogmatische Jugendpolitik erneut die Oberhand. Denn das Jahr 1956 hatte scheinbar bewiesen, daß auch vorsichtige Reformversuche die Gefahr bargen, die Kontrolle über die Jugend zu verlieren. Letztendlich wurde Schirdewans Reformansatz für die Existenzkrise der FDJ verantwortlich gemacht. Ab 1957 erhob die FDJ auf Weisung Ulbrichts unter dem neuen Etikett einer „Sozialistischen Jugendorganisation" erneut den aus früheren Jahren bekannten ideologischen Erziehungsanspruch. Die Interessen und Bedürfnisse der Heranwachsenden spielten demgegenüber eine völlig untergeordnete Rolle. Zwar gelang es, die FDJ organisatorisch auf niedrigem Niveau zu stabilisieren, die Reichweite ihrer politischen Agitation und ihrer Mobilisierungsversuche blieb aber auf einen kleinen Kreis beschränkt.

Dies umso mehr, als sich die Interessen vieler Jugendlichen von den ohnehin schmalen Freizeitangeboten der FDJ immer weiter entfernten. Denn in den späten fünfziger Jahren orientierten sich immer mehr Jugendliche an der westlichen – d. h. amerikanischen und bundesrepublikanischen – Jugendkultur. James Dean und Elvis Presley fanden auch in der DDR immer mehr Anhänger. Das aus Westdeutschland bekannte Phänomen der Halbstarken hatte auch in der DDR seine Entsprechung, wenngleich in weitaus kleinerem Umfang. Aber statt Hollywood und Rock'n Roll bot die FDJ nach den Vorstellungen Ulbrichts allenfalls Volksmusik und Laienspiel. Hinzu kam, daß die FDJ gerade in dem immer wichtiger werdenden Freizeitbereich praktisch nicht präsent war. Denn der Jugendverband war nach dem Vorbild der SED fast ausschließlich in den Betrieben, Schulen und Universitäten verankert. Dort, wo Jugendliche ihre Freizeit verbrachten, z. B. im Wohngebiet, herrschte ein organisatorisches Vakuum. Für die Masse der Jugendlichen blieb die FDJ eine Organisation, der man am Ausbildungs- oder Arbeitsplatz nicht ausweichen konnte und in der man pflichtgemäß Anpassungsleistungen zu erbringen hatte, die aber für die eigenen Interessen keinerlei Raum bot und der man sobald als möglich den Rücken kehrte. Dies blieb in der SED-Spitze keineswegs unbemerkt. Gerade vor dem Hintergrund der zunehmenden Westorientierung der Jugendlichen wurden die Schwäche der FDJ und ihr geringer politisch-ideologischer Einfluß als Problem gesehen. Anfang 1961 etwa kritisierte SED-Chefideologe Kurt Hager im Politbüro: „Was nützt es der FDJ, daß wir die Jugendlichen zu 100 % in der FDJ haben [...]. Sie bekennen sich zur FDJ aus Zweckmäßigkeitsgründen, weil ihnen das nützt, sonst haben sie kein Interesse an der FDJ"; anzumerken bleibt, daß zu diesem Zeitpunkt weit weniger als die Hälfte aller Heranwachsenden FDJ-Mitglied waren. Die Spitzenfunktionäre der FDJ wurden intern noch deutlicher: hier war offen die Rede davon, „daß die Jugendlichen die FDJ und die politische Arbeit als ein Grauen ansehen". Um Ausbildung und Karriere nicht zu gefährden reproduzierten die Heranwachsenden die von der FDJ verlangten politischen Dogmen; tatsächlich aber stand ein zunehmender Teil unter dem Einfluß westlicher Politik und westlichen Lebensstils. Unter diesem Eindruck wachsender Westorientierung der Jugend und der geringen politischen Reichweite der FDJ versuchte sich die SED-Führung im Februar 1961 erneut an einer graduellen Reform der Jugendpolitik. Ein Politbürobeschluß avisierte eine begrenzte Reduktion des Erziehungs- und Organisationsanspruchs der FDJ, denn Ausbildung und Karriere sollten künftig nicht mehr abhängig von einer Mitgliedschaft im Jugendverband sein – ein deutliches Eingeständnis, daß Jugendlichen ohne FDJ-Mitgliedschaft der Aufstieg versperrt war. Zugleich sollten jugendliche Interessen im Freizeitbereich stärkere Berücksichtigung finden.

Wirkung zeigte auch diese vorsichtige Öffnung in der gespannten politischen Atmosphäre vor dem Mauerbau nicht. Nach dem 13. August 1961 schlug das Pendel vielmehr in die andere Richtung aus: Im Schutze der Mauer kehrte die FDJ für kurze Zeit zu den brachialen Methoden der frühen fünfziger Jahren zurück und rekrutierte mit repressiven Mitteln formal Freiwillige für die Nationale Volksarmee. Ordnungsgruppen des Verbands gingen zudem massiv gegen anders denkende Jugendliche und auch gegen andere Bevölkerungsgruppen vor. Wenngleich diese Phase nur etwa ein halbes Jahr andauerte, brachte sich die FDJ damit erneut in Gegensatz zu ihrer Zielgruppe. Dies um so mehr als der Mauerbau selbst, die militaristische Propaganda der FDJ und das 1962 erlassene Wehrpflichtgesetz der DDR bei Heranwachsenden weithin auf Ablehnung stießen und vereinzelt Proteste auslösten. Das jugendpolitische Kardinalproblem, der geringe Einfluß der FDJ auf Denken und Handeln der Jugendlichen, blieb so nicht nur ungelöst, sondern verschärfte sich in den folgenden Jahren weiter.

Das Problem wurde erst wieder aufgegriffen, als die SED-Führung ab 1963 versuchte, mit partiellen Wirtschaftsreformen die Ökonomie des Landes schnell zu modernisieren. Nunmehr galt es die Einsatzbereitschaft der Jugendlichen speziell in der Wirtschaft zu stärken. Politischer Dogmatismus und die Gängelung im Freizeitbereich wurden als Hemmnisse für eine Mobilisierung des jugendlichen Potentials für das „Neue Ökonomische System" ausgemacht. Ein etwas größeres Maß an jugendpolitischer Freizügigkeit werde Engagement und Leistungsbereitschaft freisetzen, so hoffte zumindest die SED-Führung. Mit einem weiteren Beschluß versuchte das Politbüro im September 1963 jugendpolitische Impulse zu geben. Dieses sogenannte Jugendkommuniqué erkannte in bisher einmaliger Weise individuelle Bedürfnisse der Heranwachsenden an und signalisierte ungewohnte Toleranzbereitschaft etwa bei Mode, Tanzmusik und Freizeitgestaltung. Insbesondere verlangte es von der FDJ, in Form und Inhalt stärker auf die Belange ihrer Klientel einzugehen. Zwar war damit keineswegs der Verzicht auf den idologisch-politischen Wahrheits- und Erziehungsanspruch der SED verbunden, doch verschoben sich erneut die jugendpolitischen Schwerpunkte in Richtung der tatsächlichen Wünsche der Zielgruppe. Die FDJ zeigte sich in der Folge ungewohnt aufgeschlossen gegenüber den Freizeitinteressen der Jugendlichen. Diese aber interpretierten die neue Linie auf ihre eigene Weise: Statt maßvoll von den gewährten kleinen Freiheiten Gebrauch zu machen und vor allem das im Gegenzug verlangte Engagement in der FDJ und in der Wirtschaft zu zeigen, verstanden große Teile der Jugendlichen den neuen Kurs als Zeichen für die Akzeptanz der lange kritisierten westlichen Jugendkultur. Lange Haare und Jeans wurden ebenso zum Ausdruck dieses Lebensgefühls wie die Musik der Beatles und der Rolling Stones. Innerhalb kurzer Zeit entstanden zahlreiche Rockbands, die dieses Lebensgefühl transportierten. Viele Heranwachsende übernahmen mit der westlichen Musik aber auch das Verlangen nach individueller und gesellschaftlicher Freiheit und begannen dies auch unübersehbar zu demonstrieren; bekanntestes Ereignis ist hier die sogenannte „Leipziger Beat-Demo" des Jahres 1965, die zwar von der Staatssicherheit schnell unterbunden wurde, die aber dennoch politische Signalwirkung hatte. Obgleich die Rockszene der DDR keine politischen Ziele im eigentlichen Sinn verfolgte, war damit die Toleranzschwelle des SED-Regimes überschritten. Das berüchtigte „Kahlschlagplenum" des ZK leitete im Dezember 1965 in der gesamten Kulturpolitik der DDR eine neue Eiszeit ein. Der Kurs des Jahres 1963 galt nun als Entstellung der Jugendpolitik, die korrigiert werden müsse. Zahlreiche Bands erhielten in der Folge faktisch Auftrittsverbot und jugendliche Rockmusikfans wurden nunmehr schnell als „Gammler", als „asoziale Elemente" mit harten Bandagen angefaßt.

1965 zeigte sich damit das gleiche Muster wie schon 1956. Sobald die Heranwachsenden begannen, die eingeräumten Spielräume auszuloten, sie im eigenen Sinn auszufüllen und zu erweitern, sah das SED-Regime seinen Kontrollanspruch bedroht und versuchte, die gewährten kleinen Freiheiten wieder zurückzunehmen.

SED und FDJ waren sich aber im klaren darüber, daß damit die kulturelle Westorientierung der Jugend nicht nachhaltig und dauerhaft eingedämmt werden konnte. Nach den Erfahrungen der vergangenen zehn Jahre versuchten sie erstmals, der westlichen Jugendkultur eigenständige Entwicklungen entgegenzusetzen. Gegen die Rolling Stones wurde eine ostdeutsche „Singebewegung" in Stellung gebracht. Zu Melodien, die sich an amerikanischer Folkmusik orientierten, kündeten politisch korrekte Texte vom Sieg des Sozialismus in der DDR und auf der Welt. Die FDJ initiierte eine Vielzahl von Liederzirkeln und Singegemeinschaften und versuchte so, eine DDR-spezifische, eigenständige Musikkultur zu etablieren. Diese Bemühungen, die in dem bekannten „Oktoberklub" gipfelten, waren der letzte intensive Versuch, den latent destabilisierenden Einflüssen des Westens zu begegnen. Ungeachtet des großen Propagandaaufwands erlebte die „Singebewegung" einen langsamen, aber steten Niedergang. Sie verfehlte ihr Ziel, die geistige Westwanderung großer Teile der Jugend zu verhindern.

Die westliche Jugendkultur blieb in weiten Kreisen populär. Wie populär sie war, zeigte sich beispielsweise im Oktober 1969, als mehrere tausend Jugendliche auf das Gerücht hin, die Rolling Stones würden auf dem Springer-Hochhaus in West-Berlin ein Konzert geben, in den Sperrbereich vor der Berliner Mauer einzudringen versuchten.

Letztendlich kapitulierte die FDJ aber allmählich vor den westlichen Einflüssen und versuchte sich damit zu arrangieren. Sie entwickelte sich ab den siebziger Jahren immer mehr zum Dienstleister im Freizeitbereich. Bei ihren Diskos und Tanzabenden achtete sie lediglich darauf, daß neben westlicher Musik auch DDR-Popsongs zu hören waren. In den achtziger Jahren schließlich veranstaltete sie selbst Konzerte mit westlichen Stars der Rock- und Popmusik. Dieses Arrangement mit jugendlichen Interessen hatte aber dort seine Grenze, wo die FDJ politische Tabus, wie etwa bei den verhaltenen Protesten nach der Ausbürgerung Wolf Biermanns, verletzt sah.

Immerhin zeigte sich hier insofern ein innovatives Herangehen, als SED und FDJ erkannten, daß sie die Westorientierung der Jugend nicht unterdrücken konnten. Um eine unkontrollierte Entwicklung zu verhindern, versuchte die FDJ Teile dieser Jugendinteressen zu integrieren und damit in kontrollierte Bahnen zu lenken und sie mit ihrem politischen Erziehungsanspruch zu kombinieren.

Weitere Impulse für die Jugendarbeit blieben allerdings in den siebziger und achtziger Jahren aus. Das Verhältnis zwischen Jugend und SED-Diktatur wurde in diesen Jahren aber zunehmend durch einen Faktor belastet, auf den jugendpolitisch nicht reagiert werden konnte. Das Interesse der Jugendlichen richtete sich in wachsendem Maß auf materiellen Konsum. Hier weckte die SED-Führung neue Hoffnungen. Bekanntlich trat Honecker 1971 sein Amt als SED-Chef mit dem Versprechen einer raschen Wohlstandsmehrung an. Die Hoffnung war, die SED-Herrschaft durch die Berücksichtigung der in den sechziger Jahren vernachlässigten Konsumwünsche der Bevölkerung politisch zu stabilisieren. Geradezu symbolisch war der Import von Jeans-Bekleidung aus dem westlichen Ausland. Gleichwohl wuchsen die Kaufwünsche gerade junger Menschen – im Unterschied zu Älteren, die noch die Entbehrungen der Nachkriegszeit erlebt hatten – erheblich schneller als das Warenangebot in der DDR. Das Verlangen nach westlichen Konsumgütern, nach Motorrädern und Autos, nach Unterhaltungselektronik, nach eigenen Wohnungen und nicht zuletzt nach Auslandsreisen blieb vielfach unerfüllt. Die

Diskrepanz wuchs in den achtziger Jahren, als sich das Warenangebot sowohl quantitativ als auch qualitativ zu verschlechtern begann. Angesichts der Defizite verlor die Propaganda von SED und FDJ von der angeblichen Überlegenheit des Sozialismus in der DDR über den Kapitalismus in der Bundesrepublik nicht nur jede Glaubwürdigkeit, sondern sie wurde sogar kontraproduktiv, weil sie von der Wirklichkeit dementiert wurde. Die Berichte und Analysen der FDJ aus den späten achtziger Jahren deuten nicht darauf hin, daß die Jugend in großem Umfang politische Kritik am Parteiregime übte. Vielmehr finden sich dort vor allem die seit den fünfziger Jahren gängigen Klagen über die Vernachlässigung jugendlicher Interessen in der FDJ, die dort übliche Gängelei und Bevormundung und den Mangel an Artikulationsmöglichkeiten. Hinzu kam, daß die Parteiideologie weithin als obsolet galt. Den Schwerpunkt jugendlicher Kritik bildete aber der Hinweis auf Versorgungsengpässe und auf die Lücken im Konsumgüterangebot.

Über diesem Befund sollte aber nicht übersehen werden, daß es gerade auch junge Menschen waren, die seit den siebziger Jahren wesentliche Träger der oppositionellen Gruppierungen der DDR wurden. Dies trifft auf die Friedensbewegung genauso zu wie auf die Umweltbewegung. Für die übergroße Masse der Jugendlichen aber ist zu konstatieren, daß das unerfüllte Wohlstandsversprechen des SED-Staates und die verwehrte Reisefreiheit sie auf Distanz zum Parteiregime gehen ließ. Eine positive Bindung nennenswerter Teile der Jugend an das SED-Regime lassen die Berichte aus der späten DDR nicht erkennen. Insofern kann es nicht verwundern, daß es gerade junge Menschen waren, die ab dem Spätherbst 1989 die Masse der Flüchtlinge und Ausreisenden stellten. Und es kann auch nicht verwundern, daß die FDJ im Herbst 1989 in kürzester Zeit nahezu geräuschlos in sich zusammenfiel, als die diktatorischen Strukturen auseinanderbrachen, die allein ihre Existenz garantiert hatten.

In der pluralistischen Gesellschaft besteht offenkundig kein Bedarf an Form und Inhalten einer Jugendarbeit, wie sie die FDJ bis 1989 repräsentiert hatte. Zwar existiert noch ein Jugendverband unter diesem Namen; diese fdj ist aber nicht mehr als eine sektiererische Splittergruppe mit gerade einer Handvoll Mitglieder.

Literaturhinweise

Ulrich Mählert/Gerd-Rüdiger Stephan, Blaue Hemden – Rote Fahnen. Die Geschichte der Freien Deutschen Jugend. Opladen 1996.
Martin Michalzik, „An der Seite der Genossen ...". Offizielles Jugendbild und politische Sozialisation im SED-Staat. Zum Scheitern der sozialistischen Erziehung in der DDR. Melle 1994.
Marc-Dietrich Ohse, Jugend nach dem Mauerbau. Anpassung, Protest und Eigensinn (DDR 1961–1974), Belin 2003.
Michael Rauhut, Beat in der Grauzone. DDR-Rock 1964 bis 1972 – Politik und Alltag. Berlin 1993.
Olaf Schäfer, Pädagogische Untersuchungen zur Musikkultur der FDJ. Ein erziehungswissenschaftlicher Beitrag zur Totalitarismusforschung. Berlin 1998.
Peter Skyba, Vom Hoffnungsträger zum Sicherheitsrisiko. Jugend in der DDR und Jugendpolitik der SED 1949–1961. Köln 2000.
Michael Walter, Die Freie Deutsche Jugend. Ihre Funktionen im politischen System der DDR. Freiburg im Breisgau 1997.
Dorothee Wierling, Geboren im Jahr Eins. Der Jahrgang 1949 in der DDR. Versuch einer Kollektivbiographie. Berlin 2002.

Jugendreferenten in den Landesverbänden der SBZ

Berlin (August 1946)

Leiter des Ausschusses für Jugendfragen im CDU-Landesverband
Lorenz, Peter	Friedenau
Klöcker, Elisabeth (Stellv.)	Johannisthal

Landesjugendreferent
Keul, Heinrich	Rudow

Jugendsekretärin
Fechner, Ilse	Kaulsdorf

Jugendreferenten in den CDU-Kreisverbänden
Albert, Clemens	Wilmersdorf
Bergmann, Bruno	Tiergarten
Ciesilski, Wilhelm	Friedrichshain
Dovifat, Dr. Dorothee	Zehlendorf
Fröde, Alfred	Charlottenburg
Gebhardt, Helmut	Schöneberg-Friedenau
Gross, Johannes	Mitte
Kaiser, Maria	Wilmersdorf
Klein, Manfred	Prenzlauer Berg
Lemsch, Gotthard	Spandau
Lindner, Dr. Edith Marga	Steglitz
Scholz, Horst	Kreuzberg
Trampenau, Gerhard	Wedding

Quelle: ACDP 03-013-670/4 (weitere Landesverbände waren vermutlich noch nicht besetzt)

Mark Brandenburg (1947)

Jugendreferent beim CDU-Landesverband
Gerigk, Hermann	Finow

Jugendreferenten in den CDU-Bezirksverbänden
Gerigk, Hermann	Eberswalde

Jugendreferenten in den Landesverbänden der SBZ

Lukitz, Karl	Brandenburg
Schupp, Walter	Cottbus

Jugendreferenten in den CDU-Kreisverbänden

Becker, Bernhard	Frankfurt (Stadt)
Beschmann, Inge	Ostpriegnitz
Bolz, Friedrich	Oberbarnim
David, Fritz	Zauch-Belzig
Fischer, Willi	Wittenberg (Stadt)
Grede, Erich	Templin
Gröschke, Herbert	Beeskow-Storkow
Heese, Johannes	Eberswalde (Stadt)
Hegebüscher, Rolf	Calau
Kaschwig, Gerhard	Spremberg
Kissner, M.E.	Angermünde
Köhler, Irmgard	Lebus
Krebs, Heinz	Prenzlau
Lawatsch, Dr. Erich	Brandenburg (Stadt)
Liebig, E.	Guben (Stadt und Land)
Löffler, Hans	Luckau
Ludwig, Christlieb	Teltow
Peters, Engelbert	Osthavelland
Schmidchen, Frau	Westpriegnitz
Schulz, Fritz	Ruppin
Schupp, Walter	Cottbus (Stadt und Land)
Schwob, Peter	Luckenwalde
Stief, Heinz	Niederbarnim
Thiele, Christa	Potsdam (Stadt)
z. Zt. nicht besetzt	Forst (Stadt), Lübben, Rathenow (Stadt), Westhavelland

Quelle: ACDP 03-033-144 (o.D.)

Sachsen (August 1946)

Jugendvertreter im CDU-Landesvorstand

Alpermann, Hans-Bernhard	Dresden
Feist, Hans-Wolfgang	Bernsdorf
Feurich, Anneli	Dresden
Pilaczek, Waldemar	Dresden
Schelzel, Gerhard	Dresden

Jugendreferenten in den Landesverbänden der SBZ

Jugendreferenten in den CDU-Kreisverbänden

Bahner, Werner	Stollberg
Balschun, Werner	Grimma
Birkner, Walter	Meissen
Böhnisch, Lothar	Oschatz
Botte, Karl-Heinz	Grossenhain
Böttrich, Hans-Joachim	Chemnitz (Stadt)
Bruckholz, Herbert	Auerbach
Funk, Hans	Glauchau
Hagen, Josef	Flöha
Hartmann, Kurt	Annaberg
Hofmann, Otto	Dippoldiswalde
Kammel, Herbert	Kamenz
Matschos, Heinz	Freiberg
Meier, Helmut	Dresden-Land
Müller, Christian	Löbau
Neumann, Dr. Johann Gottfried	Wurzen
Nogai, Ernst	Zwickau
Richter, Karl	Marienberg
Schumann, Karl	Rochlitz
Stolpe, Egon	Pirna
Ullrich, Wolfgang	Dresden-Stadt
Wagner, Ernst	Döbeln
Weinhold, Heinz	Reichenbach
Wischetzki, Robert von	Borna
Zieran, Josef	Görlitz
z. Zt. noch nicht besetzt	Aue-Schwarzenberg, Bautzen, Chemnitz (Land), Hoyers_werda, Leipzig, Oelsnitz, Plauen, Weisswasser, Zittau

Quelle: ACDP 03-033-130

Sachsen-Anhalt (Juli 1947)

Jugendvertreter im CDU-Landesvorstand

Götting, Gerald	Nietleben bei Halle
Gralmann, Fritz	Wiepke Kreis Gardelegen
Jaroni, Hans	Eisleben

Landesjugendreferent
Hylla, Franz   Halle/Saale

Jugendreferenten in den CDU-Kreisverbänden
Abesser, Arthur   Quedlinburg
Bastian, Hans   Osterburg
Bibernell, Alfred   Calbe
Dehnert, Edgar   Zeitz
Dölling, Karl   Liebenwerda
Engel, Kurt   Halberstadt
Erler, Rudolf   Saalkreis
Fleischer, Walter   Halle (Stadt)
Gruschka, Franz   Zerbst
Harwig, Alfred   Wanzleben
Jaron, Hubert   Köthen
Kampfer, Helmut   Dessau
Kirchner, Gerhard   Magdeburg
Löhnert, Dr. Hans   Wernigerode
Löser, Hans-Georg   Delitzsch
Markart, Werner   Querfurt
Marquart, Kurt   Jerichow II
Marzi, Erika   Bitterfeld
Nachtifall, Wilhelm   Stendal
Nitzler, Herbert   Torgau
Pipprich, Franz   Oschersleben
Pohl, Willfried   Wolmirstedt
Puhlmann, Hans   Jericho I
Reichel, Gertrud   Ballenstedt
Reinhardt, Heinrich   Weissenfels
Schindelhauer, Hermann   Gardelegen
Schindler, Horst   Schweinitz
Schütz, Herbert   Sangerhausen
Schwemin, Leo   Salzwedel
Stöpel, Fritz   Eckartsberga
Streng, Karl-Heinz   Oschersleben
Theuß, Martin   Blankenburg
Thierig, Heinz-Friedrich   Wittenberg
Weidner, Käthe   Bernburg

Quelle: ACDP 01-297-13/8 (4 Kreisverbände konnten nicht ermittelt werden)

Für Thüringen und Mecklenburg-Vorpommern konnte eine entsprechende Aufstellung nicht ermittelt werden. Die Namen wurden aus Teilnehmerlisten ermittelt.

Thüringen (1947)

Jugendreferent im CDU-Landesverband
Hellwig, Kurt

Jugendreferenten in den CDU-Kreisverbänden
Bubner, Ilse-Ruth	Altenburg
Hellwig, Kurt	Weimar
Heuer, Kurt	Altenburg
Neumann, Wilhelm Herrmann	Jena
Scholz, Peter	Jena

Quelle: Teilnehmerliste der 2. Deutschlandtagung, ACDP 04-064-178

Mecklenburg-Vorpommern (1947)

Jugendreferent beim CDU-Landesverband
Parge, Wilfried   Schwerin

Jugendvertreter beim Landesvorstand
Müller, Bernhard   Greifswald

Quelle: ebd.

Autorenverzeichnis

Dr. Ralf Thomas *Baus*, geboren 1964, wissenschaftlicher Mitarbeiter in der Hauptabteilung Politik und Beratung der Konrad-Adenauer-Stiftung in Berlin. 2000 Dissertation zum Thema „Die Christlich-Demokratische Union Deutschlands in der sowjetisch besetzten Zone 1945–1948".

Dr. Ulrich *Mählert*, geboren 1968, wissenschaftlicher Referent bei der Stiftung zur Aufarbeitung der SED-Diktatur. 1995 Dissertation zum Thema „Die Freie Deutsche Jugend 1945–1949: von den ‚Antifaschistischen Jugendausschüssen' zur SED-Massenorganisation; die Erfassung der Jugend in der Sowjetischen Besatzungszone".

Dr. Mike *Schmeitzner*, geboren 1968, wissenschaftlicher Mitarbeiter am Hannah-Arendt-Institut für Totalitarismusforschung und Lehrbeauftragter an der TU Dresden. 1999 Dissertation zum Thema „Alfred Fellisch 1884–1973: eine politische Biographie".

Dr. Peter *Skyba*, geboren 1961, wissenschaftlicher Mitarbeiter am Institut für Zeitgeschichte München-Berlin. 1996 Dissertation zum Thema „Vom Hoffnungsträger zum Sicherheitsrisiko. Jugend in der DDR und Jugendpolitik der SED 1949–1961".

Jochen *Stern*, geboren 1928, Schauspieler und Schriftsteller. Er wurde als 19jähriger am 14. Oktober 1947 in Frankfurt an der Oder verhaftet und am 25. September 1948 zu 25 Jahren Zwangsarbeit verurteilt.

Dr. Wolfgang *Tischner*, geboren 1967, wissenschaftlicher Mitarbeiter am Historischen Seminar in Leipzig. 1999 Dissertation zum Thema „Katholische Kirche in der SBZ/DDR 1945–1951. Die Formierung einer Subgesellschaft im entstehenden sozialistischen Staat".

Dr. Johannes *Weberling*, geboren 1958, Rechtsanwalt in Berlin, Lehrbeauftragter für Medienrecht an der Europa-Universität Viadrina Frankfurt/Oder. 1989 Dissertation zum Thema „Für Freiheit und Menschenrechte: Der Ring Christlich-Demokratischer Studenten (RCDS) 1945–1986". Von 1981–1983 war er Bundesvorsitzender des RCDS.

Dr. Georg *Wilhelm*, geboren 1966, Referent für politische Jugendbildung im Ludwig-Windthorst-Haus in Lingen. 2002 Dissertation zum Thema „Evangelische Kirche in Leipzig 1933–1958. Kirchenpolitik moderner Diktaturen und ihre Auswirkungen im regionalen Kontext".

Abkürzungen

ACDP	Archiv für Christlich-Demokratische Politik
ADN	Allgemeiner Deutscher Nachrichtendienst
CDU	Christlich-Demokratische Union
CDUD	Christlich-Demokratische Union Deutschlands (zeitweise als Synonym für die Ost-CDU gebräuchlich)
CSU	Christlich-Soziale Union
CVJM	Christlicher Verein Junger Männer
DDR	Deutsche Demokratische Republik
FDJ	Freie Deutsche Jugend
HJ	Hitler-Jugend
JU	Junge Union
KPD	Kommunistische Partei Deutschlands
LDP	Liberal-Demokratische Partei
MdL	Mitglied des Landtags
MGB	Ministerstwo gossudarstwennoi bezopassnosti (sowjetisches Ministerium für Staatssicherheit, ab 1946)
MWD	Ministerstwo Wnutrennych Del (sowjetisches Ministerijm für innere Angelegenheiten, ab 1946)
NKWD	Narodny Komissariat Wnutrennich Del (Volkskommissariat für Innere Angelegenheiten der UdSSR, dem die Geheimpolizei unterstellt war)
NS	Nationalsozialistisch
NSDAP	Nationalsozialistische Deutsche Arbeiterpartei
OS	Oberschlesien
RCDS	Ring Christlich-Demokratischer Studenten
RSFSR	Russische Sozialistische Föderative Sowjetrepublik
SBZ	Sowjetisch besetzte Zone
SED	Sozialistische Einheitspartei Deutschlands
SMA	Sowjetische Militäradministration
SMAD	Sowjetische Militäradministration in Deutschland
SMAS	Sowjetische Militäradministration in Sachsen
SMT	Sowjetisches Militärtribunal
SPD	Sozialdemokratische Partei Deutschlands
ZK	Zentralkomitee

Abbildungen

Besprechung der JU-Referenten im Juni 1946 in der Reichsgeschäftsstelle in Berlin: v. li. Rita Wrusch, Peter Lorenz, Annemarie Rosga, Ewald Ernst, Manfred Klein, Rudolf Franzkowiak, Dorothee Dovifat, Ernst Benda (ACDP)

Ausflug der Erfurter CDU-Jugend nach Riechheim, Mai 1946 (W. Sonntag)

2. Deutschlandtag der Jungen Union in Berlin, Juni 1947. – Kundgebung mit Jakob Kaiser in der Taberna Academica, 31. Mai 1947 (ACDP)

2. Deutschlandtag der Jungen Union in Berlin, 1947. – Blick ins Publikum (ACDP)

Abbildungen

Treffen der JU, vermutlich in Weimar 1947, 1. Reihe: Franz Hylla (3 v. re.), Kurt Hellwig (4.) und Fred Sagner (6.); (F. Hylla)

Dr. Josef Bock 1946
(ACDP)

Abbildungen

Georg Wrazidlo, 1946 (ACDP)

Abbildungen

Delegierte der Exil-CDU aus Sachsen-Anhalt auf dem CDU-Parteitag in Karlsruhe (1951); v. re.: Heinrich Hübenthal, Rudolf Erler, Hildegard Reinhardt, Franz Hylla (F. Hylla)

JU-Mitglieder der Exil-CDU auf der Deutschlandtagung der JU in Bonn, 1951; v. li.: Hans Jaroni, Franz Hylla, Hildegard Reinhardt, N.N., Siegfried Dübel (F. Hylla)

Abbildungen

Ewald Ernst (li.) dankt auf dem Bundesparteitag 1957 in Hamburg im Namen der politischen Häftlinge Bundeskanzler Konrad Adenauer; Mitte: Franz Meyers (ACDP)

Treffen ehemaliger politischer Häftlinge in Eichholz, 1967; v. re: Werner Offen, Joachim Stern, Heinz Greifenhain, Viktor Zyzik, Hans Joachim Zuch (W. Offen)

Abbildungen

1 Hans-Bernhard Alpermann, 1946

2 Wolfgang Marcus, ca. 1950

3 Christian Müller, ca. 1950

4 Hans-Wolfgang Feist, 1950

5 Wolfgang Ullrich, 1950

Personenregister

Abesser, Arthur 290
Abramowski, Günter 155, 169, 198
Adamczyk, Erna 139
Adenauer, Konrad 47, 300
Albert, Clemens 287
Alpermann, Hans-Bernhard 34, 40, 45, 57, 75, 81, 95–99, 101f., 130, 138, 150, 288, 301
Alpermann, Helga 138
Amrehn, Franz 154, 158, 188
Apelt, Werner 139
Ascher, Paul 93f., 97, 99, 112, 130f., 135f.
Auerbach, Ludwig 188
Axen, Hermann 92, 94, 113

Bahner, Werner 289
Bail, Franz 175, 202
Balschun, Werner 289
Bartel, Hans 219, 221
Bartsch, Gerhard 146f.
Bastian, Hans 290
Becker, Bernhard 65, 86, 219, 288
Begler, Joachim 62
Behler, Wolfgang 93, 132, 135
Beitz, Hans 65, 86, 158, 164, 195
Belter, Herbert 59
Benda, Ernst 47, 166f., 295
Berger, Gottfried 170f.

Bergmann, Karl 192
Beschmann, Inge 288
Bialek, Robert 16, 30, 52, 92, 94, 101, 113, 117, 142, 232f., 257
Bibernell, Alfred 290
Biedenkopf, Kurt 148
Biermann, Wolf 284
Birkl, Rudolf 192
Birkner, Walter 139, 289
Blum, Georg-Robert 64
Blumenstein, Heinz 212–216, 218, 220f.
Bock, Josef 70, 102–107, 109f., 121, 123, 130f., 138, 198
Bodin 232
Böhnisch, Lothar 139, 289
Bokow, Fjodor I. 13
Bolz, Friedrich 288
Borchert, Karl 139
Böttrich, Hans-Joachim 289
Botte, Karl-Heinz 289
Broich-Oppert, Georg von 216, 220
Bruckholz, Herbert 139, 289
Bubner, Ilse-Ruth 291
Bude, Roland 175, 202
Butke, Karl 82
Bründl, Edmund 64f., 86, 121
Burr 187

Ciesilski, Wilhelm 287
Courtois, Heinz 139

Personenregister

Dammköhler, Georg 219
Daske, Rudolf 77
Dean, James 279
Dehnert, Edgar 290
Dertinger, Georg 39, 66
Dibelius, Otto 83, 250
Dietrich, Annerose 144, 146f., 176
Dimitroff, Georgi 28
Dölling, Karl 290
Dost, Herbert 248f., 252
Dovifat, Dorothee 33, 37, 69, 75, 80f., 287, 295
Dovifat, Emil 39, 47, 159, 192
Dübel, Siegfried 299

Ehard, Hans 160
Ehrlich, Ruth 138
Eichelbaum, Ernst 123, 144
Eingrieber, Günther 188
Elchlepp 168
Elschner, Gerhard 185
Endler, Hans-Joachim 45, 80, 101f., 104, 109f., 114f., 122, 130, 137, 138
Engel, Kurt 290
Engels, Friedrich 270
Erler, Rudolf 290, 299
Ernst, Ewald 34, 37f., 41f., 46, 49, 62f., 75, 80f., 150, 168, 184, 198, 295, 300
Esch, Arno 59, 174, 201
Estel, Werner 139
Evers, Carl-Heinz 169

Fascher, Erich 169, 177, 198
Fasel, Johannes 121, 126f., 130, 138, 146

Fechner, Ilse 37, 287
Feist, Hans-Wolfgang 98, 100, 111, 117, 130, 137, 142, 288, 301
Feist, Ilse 131
Fensch 202
Feurich, Annelie 45, 80, 98, 104, 106, 288
Findeisen, Christa 138
Fischer, Willi 288
Fleischer, Walter 290
Franzkowiak, Rudolf 33, 35, 41, 44f., 79f., 81f., 100, 136, 150, 295
Freitag, Otto 107
Fricke, Anneliese 219
Friedrichs, Rudolf 101
Fröde, Alfred 287
Funk, Hans 139, 289

Galen, Clemens August von 94
Gallus, Otto 64, 86
Gebhardt, Helmut 287
Gedowski, Karl Alfred 59, 202
Gensich, Heinz 205
Gerats 52
Gerigk, Hermann 30, 34, 40, 45, 70, 75, 81, 184, 287
Gerlach, Walter 211
Giersch, Franz 167, 197
Goebbels, Peter 80
Götting, Gerald 43, 71, 146, 169, 199, 289
Gorelow 211
Gradl, Johann Baptist 47, 159, 191
Gralmann, Fritz 43, 289

Gramlich, Elmar 192
Grede, Erich 288
Greifenhain, Heinz 129–131, 147, 300
Grekowski, Anita 62
Gries, Wilhelm 69
Gröschke, Herbert 288
Gross, Johannes 287
Grotewohl, Otto 181
Grünke, Brigitte 216
Gruschka, Franz 290

Haberthür, Werner 82f.
Häfele 151
Hagen, Joseph 111, 116, 139, 289
Hager, Kurt 280
Hahn, Günther 33, 39, 56, 74, 77, 80, 82
Hanisch, Oswald 83, 230, 252, 256
Harlem, Annemarie von 78
Hartmann, Kurt 139, 289
Harwig, Alfred 290
Hastenrath, Werner 192
Heese, Johannes 288
Hegebüscher, Rolf 288
Heidel, Heinz 104, 106, 109, 116f.
Heilmann, Peter 199
Heilmann, Walter 139
Hellwig, Kurt 45, 79, 162, 291, 297
Hermes, Andreas 14, 33
Hertz-Eichenrode, Michael 196
Herwegen, Leo 36, 48

Herzog, Kurt 78
Heß, Otto 154, 166f.
Heuer, Kurt 290
Hickmann, Hugo 34, 68, 93, 107f., 112, 121–124, 126, 129f., 144
Hiecke, Hanfried 139
Hildebrandt, Wolfgang 156, 178, 188, 205
Hoffmann, Rudolf 211, 216f., 221
Hofmann, Otto 289
Honecker, Erich 9, 11–14, 21f., 27, 30, 51, 230, 233–235, 257, 275, 284
Hübenthal, Heinrich 299
Hylla, Franz 43, 45, 79, 289, 297, 299

Igiel, Bernhard 82
Ihmels, Ludwig 257
Ihmels, Werner 59, 64, 121, 130, 170, 199, 257

Jahn, Hans-Georg 171
Jahn, Wolfgang 192
Jaron, Hubert 290
Jaroni, Hans 43, 79, 289, 299
Jatzke, Gerhard 92, 113
Jensen, Hans-Hinrich 176
Jermolaev, Wsewolod 255

Kämpfe, Helga 164, 195
Kaiser, Jakob 20, 46., 48–50, 65–68, 72, 107f., 110, 119f., 123, 131, 133, 164, 166, 234, 296
Kaiser, Maria 287
Kammel, Herbert 289

Kampfer, Helmut 290
Kaschwig, Gerhard 288
Kenter 80
Keul, Heinrich 37, 40, 45, 49, 77, 81, 287
Kiefer, Helmut 18
Kirchner, Gerhard 290
Kissner, M. E. 288
Klauck, Fritz 33f., 37, 40, 78
Klein, Manfred 13, 19, 33, 39, 46, 54, 56, 61–63, 77, 82, 154, 165, 191, 196, 230, 234f., 240, 242, 287, 295
Klepsch, Egon 175, 202
Klöcker, Elisabeth 287
Knabe, Martin 109, 125, 130
Köhler, Irmgard 288
Köster 126
Kohlrusch, Guntram 211, 220
Kolosnitschenko 193
Kratyn, A. 33, 68, 70
Krebs, Heinz 288
Krone, Heinrich 32
Krüger, Horst 64, 86, 257
Kusimov 123

Landsberg, Kurt 34
Lange, Helga 101, 117, 142
Lange, Robert 56, 83, 230, 256
Langendorf, Luise 64, 86, 121, 170, 199
Lau, Franz 250
Lawatsch, Erich 288
Legler, Marianne 101
Lehmann, Horst 185
Lehnert, Franz 121f., 126f., 130, 146

Lemmer, Ernst 68
Lemmer, Gerd 192
Lemsch, Gotthard 287
Lenin, Wladimir I. 269
Leuninger, Ernst 32f., 40, 44, 77
Liebig, E. 288
Liebler, Ralph 141
Lindner, Edith Marga 33, 47, 56, 74, 77, 80–82, 84, 287
Lindner, Kurt 57, 75
Lindner, Renate 83
Linke, Dieter 221
Lobedanz, Reinhold 36
Löffler, Hans 288
Löhnert, Hans 290
Löhrke, Theodor 211, 220
Löser, Hans-Georg 290
Lorenz, Peter 33, 36f., 40, 55, 68, 73, 77, 81, 287, 295
Ludwig, Christlieb 288
Ludwig, Horst 196
Ludwig, Willi 220
Ludwig, Wolfgang 214, 220f.
Lukitz, Karl 288
Luster, Rudolf 37, 40, 77

Magen, Albrecht 164, 186
Magen, Karl 186
Makosch, Günter 220
Mann, Albrecht 104, 109, 122, 143
Marchl, Hans Georg 83
Marcus, Wolfgang 93, 97, 100, 130–132, 135, 148, 301
Markart, Werner 290
Marquart, Kurt 290

Marx, Karl 269
Marzi, Erika 290
Mascher, Heinz-Wolfram 179, 181
Matschos, Heinz 289
Matzel, Klaus 196
Mau, Hermann 47, 81, 109–111,120, 130f., 138, 170
Mauser, Hanns 192
Meier, Helmut 139, 289
Meyers, Franz 300
Michel, Harald 221
Mischnick, Wolfgang 12, 93, 137
Möbus 187
Möbius, Fritz 122, 124
Mölders, Werner 226
Müller, Bernhard 291
Müller, Christian 89, 93, 121f., 125, 127–131, 135, 138, 139f., 143f., 146f., 289, 301
Müller, Eduard 211, 219
Müller, Johannes 178, 204
Müller, Kurt 211, 219
Müller, Ludwig 63
Müller Ludwig (Reichsbischof) 247
Münch, Karl-Heinz 177, 204
Munkwitz, Margit 116

Nachtifall, Wilhelm 290
Nagel, H. 82
Natonek, Wolfgang 156, 170–172, 200
Nete 221
Neumann, Horst 216, 219
Neumann, Johann Gottfried 106, 139, 289
Neumann, Werner 151f.
Neumann, Wilhelm Hermann 291
Neupert, Peter 185
Niepmann, Klaus 210, 212–214, 216f., 219–221
Nitzler, Herbert 290
Nogai, Ernst 289
Nuschke, Otto 68

Oertel, Johannes 139
Oesterlein, Willi 109, 122, 130f., 138–140, 144
Offen, Werner 300
Ohse, Bernhard 174f.
Otto, Hans-Dieter 104, 111, 126
Oxenius, Hans-Götz 139

Parge, Wilfried 34, 42, 45, 57, 75, 82, 291
Pauly, Gerhard 195
Peter, Walter 195
Peters, Engelbert 288
Pieck, Wilhelm 13f., 28, 58
Pietsch, Inge 211, 219
Pilaczek, Waldemar 52, 55f., 83, 93, 98f., 112, 122, 288
Pipprich, Franz 290
Pistorius, Siegfried 62
Plettner, Gregor 192
Pohl, Willfried 290
Popp, Gerhard 173–175, 177, 202
Praus, Reinhard 165, 196
Presley, Elvis 279
Preysing, Konrad Graf von 94, 230f., 234, 242

Personenregister

Probst, Wolf-Arnim 61, 86
Prokuratow 219
Püschel, Peter 197
Puhlmann, Hans 290

Radzinski, Werner 117
Rambo, Josef 124, 139f., 144, 172
Ranft, Helmut 155f., 170
Rathenau, Walther 124
Reichel, Gertrud 290
Reichenbach, Bernhard 153, 164, 178
Reinhardt, Heinrich 290
Reinhardt, Hildegard 299
Richter, Karl 139, 289
Richter, Manfred 93
Riebold, Fritz 249, 262
Rösch, Gerda 61, 165, 196
Rosga, Annemarie 44, 77, 295
Rothe, Gerhard 139
Rücker, Walter 42, 45, 79, 150
Rüfer, Karl-Heinz 188
Ruhland, Carl Günther 107, 144

Sagner, Alfred 33, 41, 46, 49, 69f., 74, 77, 81f., 110, 121, 150, 297
Saring, Veronika 147
Scheer, Ursula 139
Schelzel, Gerhard 40, 78, 81, 98, 139, 288
Schenk, Wolf-Dieter 217, 221
Schiema, Ernst 83
Schindelhauer, Hermann 290
Schindler, Horst 290
Schipke, Wolfgang 59, 165, 196
Schirdewan, Karl 275, 279
Schmidchen 288
Schmidt, Hans 62
Schmidt, Klaus 64
Schmidt, Waltraud 216
Schmitt, Wolfgang 201
Schmitz-Stölting 62
Schollbach, Karl-Heinz 170, 181
Scholz, Horst 287
Scholz, Peter 151f., 158, 162, 164, 291
Schreiber, Walther 33f.
Schröder (Pfarrer) 83
Schütz, Herbert 290
Schultheiß, Roland 92
Schulz, Fritz 288
Schulze, Gerda 216, 221
Schulze, Inge 216
Schumann, Johannes 196
Schumann, Karl 139, 289
Schupp, Walter 288
Schwarz, Heinz 26
Schwarz, Joachim 167, 192
Schwarze, Karl 64, 86
Schwemin, Leo 290
Schwob, Peter 288
Schyma, Paul 56
Seibert, Wolfgang 34f., 37, 40, 45, 49, 54, 66f., 75f., 82, 150
Seidel, Hans 221
Selle, Horst 47, 77, 82, 166
Seyfart, Gerhart 196
Shigatschow 211
Six, Bruno 38
Sögtrop, Günther 62–64, 82, 85
Sogalla, Klaus-Peter 176, 203

Personenregister

Spaleck, Barbara 63
Spiekermann, Hermann 216f.
Stapel, Rolf 196
Stalin, Josif W. 58, 119, 266, 269f.
Stephan, Walter 62
Stern, Joachim 300
Stief, Heinz 288
Stiller, Gerhard 155
Stöpel, Fritz 290
Stolpe, Egon 139, 289
Stolz, Otto 167
Streng, Karl-Heinz 290
Stück, Oskar 195
Suworrow 216

Tesch, Ruth 220f.
Teubert, Hans 121
Theis, Paul 139
Theuß, Martin 290
Thiele, Christa 288
Thierig, Heinz-Friedrich 290
Tieke, Werner 216
Tohak, Willi 104
Trampenau, Gerhard 287
Treffot, Wilhelm 192
Treimer, Ferdinand 57, 80, 82, 184
Trilling, Wolfgang 80
Tschirch, Reinmar 177
Tulle, Armin 211, 216, 219
Tulpanow, Sergej I. 67f.

Ulbricht, Walter 27, 30, 97, 266, 270, 275, 278f.
Ullrich, Wolfgang 42, 78, 101, 104, 106, 114–117, 121f., 132, 137f., 142, 144, 148, 289, 301
Uschakow 210, 212, 215

Vatnik 118
Vogel, Walter 211, 220
Vogt, Alfons 104
Vogtmann, Alfred 172

Wagner, Ernst 139, 289
Wallmann, Heinrich 258
Walther, Heinz 139
Wandrey, Kurt 218, 221
Wehner, Willy 151, 164, 187
Weidner, Käthe 290
Weigel, Hans-Otto 77
Weigelt, Hans-Georg 176
Weinhold, Heinz 289
Weinoldt, Wolfgang 64, 86, 111, 120, 130, 170
Weissbender, Anneliese 80
Werneburg, Helmut 194
Westphal, Hans 62
Wiese, Friedrich-Franz 174, 201
Wirth, Günter 179–181
Wischetzki, Robert von 289
Woiteczek, Kurt 82
Wolbrandt, Peter 250
Wolf, Joachim 62f., 85, 165, 196
Wolny, Georg 199
Wradzidlo, Georg 33, 46, 60–63, 77, 153f., 158, 165, 186f., 196, 298
Wrusch, Rita 56, 82, 295
Wunsch, Helga 211, 219

Personenregister

Zastrow, Heinz 188
Zedtwitz, Georg Vollmar Graf 192
Zibolsky, Annerose 42, 56, 83f.
Zieran, Josef 289

Zuch, Hans Joachim 300
Zuschneid, Dieter 216f., 221
Zuschneid, Kurt 220
Zyzik, Viktor 300